黑龙江省自然科学基金项目（G201010）
黑龙江大学创新团队支持计划（Hdtd2010-24）研究成果
黑龙江大学重点学科经费资助

信息管理系列丛书

高校信息公开政策研究

GAOXIAO XINXI GONGKAI ZHENGCE YANJIU

马海群 等◎著

知识产权出版社
全国百佳图书出版单位

内容提要

本书较为系统地探讨了高校信息公开政策这一新颖而前沿的研究主题，阐述了高校信息公开的理论基础、特点及基本原则，分析了现代大学治理及高校信息公开政策的价值定位，论证了高校信息公开政策的法律依据及正当性；并基于对国外高校信息公开政策制定实施经验的分析与评价，重点从政策过程视角，创新性地分别探讨了高校信息公开政策制定及内涵，高校信息公开指南模版构建，高校信息公开政策执行过程与效果，高校信息公开中的政策执行偏差及其规制，高校信息公开政策执行中的公开与保密博弈，高校信息公开政策评价理论体系的构建，高校信息公开政策方案评价体系构建，高校信息公开政策实施效果评价体系构建等问题。

本书是信息管理学、信息政策研究、高等教育研究、公共管理研究等领域的交叉研究成果，既有理论性，又有实践可操作性，可供相关学科专家以及高校管理和教育行政管理部门决策者借鉴参考，并可作为高校教学研究参考资料。

责任编辑：许波　　　　**责任出版**：卢运霞

图书在版编目（CIP）数据

高校信息公开政策研究/马海群 等著. —北京：知识产权出版社，2013.11

ISBN 978-7-5130-2498-3

Ⅰ. ①高…　Ⅱ. ①马…　Ⅲ. ①高等学校—信息管理—研究—中国　Ⅳ. ①G647

中国版本图书馆 CIP 数据核字（2013）第 291300 号

高校信息公开政策研究

GAOXIAO XINXI GONGKAI ZHENGCE YANJIU

马海群　等著

出版发行：知识产权出版社

社　　址：北京市海淀区马甸南村 1 号　　邮　　编：100088

网　　址：http：//www. ipph. cn　　邮　　箱：xubo@ cnipr. com

发行电话：010-82000860 转 8105　　传　　真：010-82005070/82000893

责编电话：010-82000860 转 8380　　责编邮箱：xbsun@ 163. com

印　　刷：保定市中画美凯印刷有限公司　　经　　销：新华书店及相关销售网点

开　　本：720mm×960mm　1/16　　印　　张：17. 5

版　　次：2014 年 1 月第 1 版　　印　　次：2014 年 1 月第 1 次印刷

字　　数：311 千字　　定　　价：58. 00 元

ISBN 978-7-5130-2498-3

前　言

2007年4月5日，国务院颁布《中华人民共和国政府信息公开条例》（国务院令第492号），并于2008年5月1日起施行。该条例第三十七条规定，教育等与人民群众利益密切相关的公共企事业单位在提供社会公共服务过程中制作、获取的信息的公开，参照本条例执行，具体办法由国务院有关主管部门或者机构制定。2008年6月上旬，教育部在调研全国学校开展校务公开工作情况的基础上形成了《高等学校信息公开办法（征求意见稿）》，经过多轮次的征求意见及反复修改，2010年4月6日，教育部颁布《高等学校信息公开办法》（教育部令第29号），并于2010年9月1日起开始施行。该办法第三十一条规定，省级教育行政部门可以根据需要制订实施办法，高等学校应当依据本办法制订实施细则。2010年4月28日，教育部办公厅发布《教育部办公厅关于施行<高等学校信息公开办法>的通知》（教办厅函［2010］44号）。教育部制定和实施《高等学校信息公开办法》及相应政策文件，既是对《中华人民共和国政府信息公开条例》法律法规相关要求的落实，也是进一步深化高校校务公开，促进高校依法治校，保障公众知情权，提升高校管理水平的必然要求。从高校信息公开政策的形成与发展可以看出，高校信息公开工作开始逐步走上制度化、规范化、经常化的轨道。

高校信息公开的实质是政府信息公开在教育领域中的延伸，高校信息历来被认为是一种重要的资源，需要科学地加以开发和利用。时代的进步对高校信息公开不断提出挑战，高校信息公开的价值也在这一过程中得以确立和延续，成为一个开放的、动态的价值体系。随着《中华人民共和国政府信息公开条例》及《高等学校信息公开办法》两部法律规范的出台及实施，高校信息公开逐渐引起了公众广泛的关注。而高校如何面向社会及公众需求，构建科学合理有效的信息公开制度，首先需要政策的设计与引导。在民主化与信息共享时代，现代大学治理将高校信息公开政策推到了影响社会发展的重要位置。在大学治理过程中，高校信息公开政策作为大学的重要教育政策，必然起到独特的作用并具有不可替代的地位。另一方面，高校信息政策又是国家信息政策体系及公共政策体系的有机组成部分，对高校信息公开政策的制定及评价研究，其客观依据来自于社会公众对高校信息公开的基本诉求和国家政策法律对高校信息公开的要求。

开展高校信息公开政策研究不仅具有较强的理论意义，而且具备解决实际问题的实践意义。理论意义表现在，其一、完善信息政策理论的内容。信息公开政策是信息政策的重要内容，信息政策的体系结构包括信息公开政策，高校信息公开政策是信息公开政策的重要组成部分。因此，开展高校信息公开政策的评价研究可以完善信息政策理论的内容。从大学信息政策体系与内容构成来看，高校信息公开政策属于高校信息管理政策的一部分，是大学信息公开政策体系的组成内容。其二、充实信息公开政策研究的内容。高校信息公开政策无疑是信息公开政策的内容，对高校信息公开政策的评价研究，是信息公开政策评价在高校政策上的体现，可以充实信息公开政策研究的内容。其三、丰富高校信息公开政策研究的理论体系。按照政策过程理论，政策评价是政策研究的重要内容，目前对有关高校信息公开的研究中，很少涉及对高校信息公开政策的评价研究。通过对高校信息公开政策的评价研究，来形成系统的高校信息公开政策评价理论框架，以丰富高校信息公开政策研究的理论体系。

实践价值更多地表现在高校信息公开政策评价的效用之上，其一、有利于提高高校信息公开政策质量，有效指导高校信息公开工作。高校信息公开政策对高校信息公开工作具有全局性的影响，在政策出台前进行政策方案的优选及其全面评价，可以不断提高高校信息公开政策的科学性，对促进高校信息公开有着重大指导意义。在政策实施后对政策执行实施效果进行评价，并将评价结果反馈给高校信息公开政策制定者，可以对政策更新提供依据，更好地促进高校信息公开政策的有效调整。其二、有利于提高高校信息公开政策评价的质量。开展系统的高校信息公开政策评价研究，不仅可以为相应高校信息公开部门指明开展高校信息公开政策评价的方向，还可以找出高校信息公开政策评价目前存在的问题，进而找出解决对策，以便更有效地提高高校信息公开政策评价质量，有效地指导和科学地规范我国高校信息公开政策评价实践工作，使高校信息公开政策评价发挥最大效应。其三、有利于形成反馈机制，优化高校信息公开政策。结合我国高校实际情况，在建立高校信息公开评价指标体系的基础上，构建适合我国高校的信息公开政策评价模型。通过高校信息公开政策的评价，及时对高校信息公开政策的全过程进行调控，有利于高校信息公开政策系统中反馈机制的形成，减少高校信息公开实践工作对高校信息公开政策目标的偏差。在评价结果反馈的基础上，对高校信息公开政策进行优化，以便更好地开展我国高校信息公开实践工作。可以说，高校信息公开政策评价是决定中国高校信息公开政策走向（政策补充、政策修正、政策终结）的重要依据。

由于国内外高校信息公开政策的研究成果并不丰富，可资借鉴和参考的研究资料有限，我们根据政策科学的理论指导，结合高等教育及高校信息公开的特征，试图有创建地架构高校信息公开政策研究体系。全书的内容架构如下：基于高校信息公开政策研究背景与价值分析、高校信息公开研究文献综述，阐述高校信息公开的理论基础、特点及基本原则，开展我国高校信息公开公众响应情况及意识需求调查分析、高校信息公开网站建设现状调查并提出进一步改进我国高校信息公开的对策与推进措施，分析现代大学治理及高校信息公开政策的价值定位，论证高校信息公开政策的法律依据及正当性。在此基础上，作为重点章节，从政策过程视角，创新性地分别探讨高校信息公开政策制定及高校信息公开指南模版构建；高校信息公开政策执行的内涵、过程以及高校信息公开中的政策执行偏差及其规制，高校信息公开政策执行中的公开与保密博弈；高校信息公开政策评价理论体系的构建，高校信息公开政策方案评价体系构建，高校信息公开政策实施效果评价体系构建等问题。本书由集体创作，第一章由马海群撰写，第二章由马海群、李博撰写，第三章由吕红、马海群撰写，第四章由马海群、王英撰写，第五章由马海群、温丽丽撰写，第六章由马海群、王英、吕红撰写，第七章由高思静、王涛、左晨、马小琪、宗诚、马海群撰写，第八章由吕红、马海群撰写，并由马海群整体策划、构架、统稿。本书写作过程中参考了国内外许多专家、学者的论著和资料，在此一并表示衷心的感谢！

马海群

2013 年 11 月

目 录

1 绪论

民主化社会建设推动着信息资源的公开、共享与开发利用，作为政府信息公开制度的必要组成部分的高校信息公开，关乎着与百姓利益密切相关的教育公正透明。《国家中长期教育改革和发展规划纲要（2010—2020 年）》提出：建设现代学校制度，完善中国特色现代大学制度，构建政府、学校、社会之间新型关系。现代大学制度的核心是在国家的宏观调控政策指导下，大学面向社会，依法自主办学，实行科学管理；现代大学制度涉及规范和理顺大学与政府、大学与社会的关系，涉及大学内部治理结构的完善和改革。该纲要同时提出：完善考试招生信息发布制度，实现信息公开透明，保障考生权益，加强政府和社会监督；完善教育信息公开制度，保障公众对教育的知情权、参与权和监督权。可见，该纲要从某种角度讲，为教育信息公开（包括高校信息公开）提供了政策导向。需要说明的是，由于语境和使用习惯的不同，本书在不同场合下或使用大学，或使用高校或高等学校，对二者并不做严格区分。

高校信息历来被认为是一种重要的资源，需要科学地加以开发和利用。时代的进步对高校信息公开不断提出挑战，高校信息公开的价值也在这一过程中得以确立和延续，成为一个开放的、动态的价值体系。随着《中华人民共和国政府信息公开条例》（本书中简称为《条例》）及《高等学校信息公开办法》（本书中简称为《办法》）两部法律规范的出台及实施，高校信息公开逐渐引起了公众广泛的关注。而高校如何面向社会及公众需求，构建科学合理有效的信息公开制度，首先需要政策的设计与引导。在民主化与信息共享时代，现代大学治理将高校信息公开政策推到了影响社会发展的重要位置，在大学治理过程中，高校信息公开政策作为大学的重要教育政策，必然起到独特的作用并具有不可替代的地位。高校信息政策又是国家信息政策体系及公共政策体系的有机组成部分，对高校信息公开政策的制定及评价研究，其客观依据来自于社会公众对高校信息公开的基本诉求和国家政策法律对高校信息公开的要求。

1.1 高校信息公开政策研究背景

高校信息公开既关乎与百姓利益密切相关的教育公正透明，又是政府信息公开制度的必要组成部分与具体落实手段[1]。在我国《条例》的推动与规范下，教育部出台了《办法》，不少高校也在纷纷制定自己的信息公开条例或实施办法。但从整体上看，当前我国高校的信息公开制度建设普及面不充分、信息公开范围及内容不清晰、信息公开机制不完善，根本原因在于缺乏有效的信息政策的引导与支撑。而受信息公开法的影响，国外高校信息政策的制定与运行已有相当长的时间，尤其在信息公开政策方面特别引人注目。

例如，英国 Brunel University 于 2008 年出台了《信息自由政策》(Freedom of Information Policy and Procedures)，其依据是 2005 年 1 月 1 日实施的《信息自由法》(The Freedom of Information (FOI) Act 2000)、2004 年的《环境信息法》(Environmental Information Regulations (EIR) 2004) 和 1998 年的《数据保护法》(Data Protection Act 1998)。美国 Mary Washington 大学 (University of Mary Washington) 为履行《弗吉尼亚州信息自由法》(Virginia Freedom of Information Act) 赋予的职责而制定了《信息自由政策》(Policies on Freedom of Information Act)。澳大利亚 Sunshine Coast 大学 (University of the Sunshine Coast) 和 Queensland 科技大学 (Queensland University of Technology at Brisbane) 根据《Queensland 省信息自由法》(The Queensland Freedom of Information Act 1992)，分别于 2000 年 4 月和 2006 年 11 月制定了各自大学的《信息自由政策》(Freedom of Information policy)。加拿大 Regina 大学 (University of Regina) 根据《萨斯喀彻温省地方机构信息自由与隐私保护法》(The Local Authority Freedom of Information and Protection of Privacy Act (Saskatchewan)) 和《地方机构信息自由与隐私保护法规》(The Local Authority Freedom of Information and Protection of Privacy Regulations)，于 2006 年 10 月制定了《信息自由与隐私保护政策》(Freedom of Information and Protection of Privacy Policy)，旨在重视信息资产、遵守法律法规、保护个人隐私，促进信息的合理收集、获取、使用与公开。

相比之下，我国高校的信息公开政策则较为松散，而且国内公共政策及信息政策的学术研究中有关高校信息公开政策的研究较为匮乏，更很少涉及对国外高校信息公开政策的考察、分析与借鉴，与公众对高校教育信息公开的期待与要求相距甚远。应该说，《办法》的公布，推动了我国高校信息公开制度的建设，如

《上海外国语大学信息公开条例（试行)》、《东南大学信息公开实施办法（试行)》等已经在各自校园网上发布。但高校信息公开的理论依据是什么、高校信息公开政策与国家信息政策法规的关联、高校信息公开政策如何理性制定、如何构建高校信息公开指南模版、高校信息公开中如何处理信息保密、高校信息公开政策如何有效地执行和规制、如何评价高校信息公开政策等问题仍需深入研究。

1.2 高校信息公开政策研究意义与价值

作为一类具有独特使命和运行规律的社会组织，高校应当通过制定合理有效的信息政策，发挥其应有的社会功能。而信息公开制度建设既是世界潮流[2]，又是我国民主制度建设中信息法制的热点问题。当代高校必须明确其社会角色及功能定位，实行信息公开，开放办学。因此，高校信息公开政策制定与评价的研究意义与目标是要解决现代大学管理与大学治理中的信息公开政策制定、实施与评价问题，提高高校信息公开的效率，促进高等教育发展的同时增进社会福利。其研究价值体现在：

（1）拓展与丰富信息政策的研究视角与内涵。高校信息政策应当是信息政策的重要组成部分，我国信息政策研究已有数十年历史，尤其在国家信息政策、网络信息政策、科技信息政策等方面取得了较大的进展。但是高校信息政策的研究十分匮乏，不论是现实观察还是数据库检索都能发现，大学作为一类具有特定功能的社会机构，其信息公开政策的制定和研究并未引起人们的充分重视，与社会公众的诉求形成强烈反差。因此有必要从现代大学治理与社会公众的信息资源需求出发，结合《条例》的法制推动，探索高校信息公开政策的内涵、制定方式以及政策方案和实施效果的评价，拓展信息政策的研究视角并丰富我国信息政策研究的内涵。

（2）体现信息管理学科与高等教育管理乃至政策科学领域的交叉与相互促进。大学治理是高等教育管理的核心组成部分，信息政策研究是信息管理学科的人文维度之一，也是政策科学理论指导下的一种应用研究，因而，高校信息公开政策研究既是高等教育管理中大学治理的研究命题，又是信息管理学科中信息政策研究的拓展与丰富，体现了在政策科学指导下高等教育管理与信息管理学科的交叉与互补。尤其在开放、透明、公正的现代社会价值理念与环境下，高校信息公开政策研究既是大学治理又是信息政策乃至政策科学领域的引人注目的研究热点，必然可以实现高等教育管理、信息管理学科、政策科学的相互促进。

(3) 充分借鉴发达国家高校信息公开政策经验，科学理性地制定我国高校信息公开政策。发达国家高校信息公开政策实践已有十余年甚至更长的历史，为我们提供了可资借鉴的宝贵经验。尽管国情不同、价值观有所差异，但是大学治理的方法与工具具有相通性，公众对大学一类公共机构信息公开的社会诉求的价值判断是总体一致的。因此应充分借鉴发达国家业已积累的高校信息公开政策实践，探索我国高校信息公开政策的制定方式与实施效果，并在一定程度上弥补我国现有的信息政策与大学治理研究在高校信息公开政策领域的缺失。

(4) 建立高校信息公开政策方案及实施效果的评价体系并开展现实政策的评价工作。我国《条例》现实地影响了高校信息公开政策制定和发展，如何进行高校信息公开政策方案及实施效果的评价，需要制定合理的有针对性的评价标准及指标体系。因此有必要借鉴政策科学与大学治理中的评价方法与工具，建立高校信息公开政策方案及实施效果的评价体系并开展现实政策的评价工作。

1.3 高校信息公开政策研究内容

(1) 高校信息公开政策制定的社会需求及法律依据。国外高校信息政策制定与实施的一个主要基础与根据是其国家较为完备的信息政策与法律体系及相关的规范与要求[3]。例如，美国《信息自由法》、《联邦信息资源的管理：A-130号通告》、《保存图书馆计划》《计算机安全法》、《隐私法》、《数字千年版权法》等，加拿大《隐私法》、《信息存取法》等；英国《数据保护法》、《信息自由法》等；澳大利亚《信息自由法》、《隐私法》等；瑞典《出版自由法》、《表达自由法》等；日本《信息公开法》等。其中尤以英、美、澳国家的信息政策法律较为完备，又以信息公开与自由法律规范建设被许多国家所普遍重视，这种状况较为明显地反映在高校信息政策之中[4]。因此，国家信息公开政策法律是高校信息公开政策的主要依据与产生根源。同时，日益涉及民生及社会公正的高校信息公开的公众呼吁，又成为高校信息公开政策制定的现实社会需求。既要关注国家信息公开法制对高校信息公开政策的直接影响及相互关联，又要探讨高校信息公开的政策需求这一社会问题以及高校信息公开政策制定及实施对国家信息公开法制的反馈作用[5]。其中一个重点是考察《条例》及《办法》发布实施前后，高校信息公开政策的演变与制定状况。

(2) 高校信息公开政策的制定内涵与方式。主要思路是根据政策科学的理论，从政策的制定层面探索高校信息公开政策的制定方式。研究内容包括：一是高校信息公开政策的内涵界定。从大学的性质与社会功能、国家相关政策法律的要求、公众对大学价值发挥的诉求、国内外既有的高校信息政策的比较研究等方面，明确我国高校信息公开政策的范围与重点。二是高校信息公开政策的制定方式探讨。利用政策科学的理论与方法以及大学治理的工具，从现实需求中发现问题，探索高校信息公开政策的形成与规划、政策方案的评估与选择。三是高校信息公开政策的环境研究。主要分析高校信息公开政策在整体大学治理中的地位与价值、高校信息公开政策与大学的其他政策的关系与衔接协调等。其中的一个重点是引导并推动在政府信息公开、信息需求多样化环境下大学治理理念的转变，即开放、透明、公正的社会价值体现。

（3）高校信息公开政策运行途径与执行过程。由于缺乏相关法律规范，我国高校信息公开政策或隐或现，虽然绝大部分高校都有自己的网站和信息发布渠道，但信息公开体制均较为模糊且不完整。因而有必要借鉴国外的信息自由法律规范，引导高校制定系统完整的信息公开体制，并从政策执行层面充分体现高校信息公开政策的内容及其运行机制。研究的主要着力点是借鉴国外大学做法，探讨高校如何建立信息公开主管机构、如何编制高校“信息公开指南”、如何规定信息获取方式与渠道、如何建立信息公开申诉与救济制度等，通过信息公开，促进高校更好地服务于社会。其中的重点是高校信息公开指南的制定研究，因为我国虽然在《条例》的推动与规范下，教育部出台了《办法》，但尚缺乏具有可操作性的高校“信息公开指南”模版。而通过网站调研英国大学的信息自由政策，我们发现几乎每所大学的信息自由政策都含有 Publication Scheme（可理解为“信息公开指南”），如 Newcastile upon tyne 大学，Brunel 大学，Buckinghamshire Chillems 大学等。不仅如此，它还占据了信息自由政策的大量篇幅，甚至有些大学的信息自由政策就是 Publication Scheme。所以，有必要分析国外大学信息公开指南的适用范围、发展状况及内涵，并借鉴其推进我国大学信息公开指南的制定与完善。

（4）高校信息公开政策与高校信息安全及保密政策的博弈与协调。美国是全球最早制定信息自由与公开政策法律的国家之一，但美国国家档案与记录管理局（NARA）专门下设有“信息安全预见办公室”（ISOO），负责总统国家信息安全分类系统及国家产业安全计划的政策与预见工作。2009 年 12 月 29 日，美国白宫还专门发布了题为“国家安全信息保密”的第 13526 号总统令。为修订美国《2002 年国土安全法》并加强其它涉及网络及通信基础设施法律的效力，2011 年 2 月 17 日一项新的法案《信息安全与互联自由法》已被提交到美国国会进行审议。可见，政府信息公开与信息安全及保密是一对共生体，如何确定政府信息公开的限度，是保障国家信息安全的重要组成部分[6]。同样，政府信息公开推动了高校信息的开放与民众化，但从西方国家看，大学在制定信息公开政策的同时也都纷纷制定本校的信息安全与保密政策，如美国 Pennsylvania 大学（University of Pennsylvania）为规范对学校计算机及网络资源的利用，制定了一整套较为严密的《计算环境政策与指南》(Computing Policies and Guidelines)，其中包括:《信息安全政策》（Information Security Policies)、《隐私政策》（Privacy Policies)、《网络政策》(Network Policies）等。我国也出现了诸如“高等学校信息发布保密审查暂行规定”之类的文件。因而，高校信息公开政策与信息保密的制度博弈与设计是我们必须关注并研究的一个重要问题。

（5）高校信息公开政策的影响与评价。包括高校信息公开政策方案的评价和高校信息公开政策实施效果的影响与评价。对于高校信息公开政策方案的评价，可以选取网络上公布的国内外高校信息公开政策或实施办法进行比较研究，并基于公共政策相关理论，采用一定的科学方法建立评价模型进行信息公开政策方案的评价，评价结果一定程度地反馈给相关高校。对于高校信息公开政策实施效果的影响与评价，可以采用观察法、社会调查方法（如问卷调查、网络打分等)、实验法等广泛收集各类相关主体（如公众、教师、学生、政府官员等）对我国高校信息公开政策的意见、评判，如对《办法》的反馈，并有选择地针对某些高校信息公开政策的实施效果进行评价，评价结果将被反馈给相关高校。其中的一个重点是考察高校信息公开政策对大学治理在公开、透明、可信、负责等方面的影响。

1.4 高校信息公开政策研究方法及创新点

高校信息公开政策及评价的主要研究方法包括：

（1）调查法。通过对我国高校信息公开公众响应情况及意识需求的调查，了解公众对高校信息公开的了解情况及持有态度，公众对高校信息公开的内容需求、获取方式、满意度、对高校信息公开办法的评价，以及信息公开产生的主观影响等情况。采用网络调查法，对我国高等学校信息公开网站进行调研，分析高校信息公开网站存在的问题，提出相关优化建议。采用专家访谈、网络问卷调查和传统问卷调查相结合的方式，咨询相应高校信息公开政策评价指标体系的构建以及相应评价指标权重的分析。

（2）定性与定量结合的方法。通过定性方法对高校信息公开政策的价值定位、法律依据、公民诉求、正当性、政策评价理论等内容进行分析。通过层次分析法、模糊综合评价法等定量半定量方法，在总结国内外高校网站信息公开相关评价研究成果的基础上，构建高校网站信息公开效果评价指标体系；通过制定我国高校网站信息公开能力评价指标体系，选取国内数所高校网站并对其信息公开能力进行比较和评价。层次分析法体现了人们决策思维中分析、判断、综合的基本过程和特征，使人们决策思维过程模型化，是一种定性与定量相结合的层次化、结构化决策分析方法；基于层级分析法，计算相应高校信息公开政策评价指标体系中各项评价指标的相对权重数值，并对高校信息公开绩效评价指标体系的构建进行研究。模糊综合评价法作为模糊数学方法的一种具体应用，是一种解决复杂化、主观化信息的评价方法，其最大的特点就是可以处理人类思维的主动性和模糊性，使得处理的结果具有相对的科学性和客观性，从而提高决策的科学性和正确性；基于模糊综合评价法，构建高校信息公开政策方案评价模型和高校信息公开政策实施效果评价模型。

高校信息公开政策研究的主要创新点体现在：

（1）阐述政府信息公开背景下的高校信息公开理论，分析高校信息公开政策的内涵；结合高校信息公开政策的介绍，在大学治理的语境下分析高校信息公开政策的价值，深化高校信息公开的责任意识和价值观念，推动大学治理理念的转变，构建以信息公开为核心的大学治理新范式。

（2）论证高校信息公开政策的正当性。提出了高校信息公开政策正当性的标准，并从理论正当性及实践正当性两个方面对其进行论证。

（3）构建高校信息公开指南模版。结合国外 Model Publication Scheme 等公开指南模版的内容，并根据我国《办法》的相关规定，构建高校信息公开指南模版。

（4）在分析高校信息公开政策执行内涵及影响因素的基础上，以突发事件为视角探索高校信息公开政策执行过程，探讨高校信息公开中的政策执行偏差及其规制，以高校网站建设水平探究高校信息公开政策执行效果以及高校信息公开政策执行中的信息公开与保密博弈。

（5）提出高校信息公开政策评价的理论体系与评价模型。从高校信息公开政策评价主体与客体、高校信息公开政策评价标准与方法、高校信息公开政策评价实施过程分析、高校信息公开政策评价系统要素构建四个方面论述我国高校信息公开政策评价理论体系的构建问题。运用层级分析法研究高校信息公开绩效评价指标体系的构建，运用模糊综合评价法构建高校信息公开政策方案评价模型和高校信息公开政策实施效果评价模型。

参考文献

[1] 陈富智. 关于《政府信息公开条例》的几个问题（上）[J]. 中国行政管理，2007（11）：21-23.

[2] Elizabeth Shepherd. Freedom of Information and Records Management in the UK: What has been the Impact? [J], Journal of the Society of Archivists, Volume 28, Issue 2, 2007: 125-138.

[3] Harold C. Relyea. Federal freedom of information policy: Highlights of recent developments [J]. Government Information Quarterly, Volume 26, Issue 2, 2009: 314-320.

[4] Neil Francis Doherty, Leonidas Anastasakis, Heather Fulford. The information security policy unpacked: A critical study of the content of university policies [J]. International Journal of Information Management, Volume 29, Issue 6, 2009: 449-457.

[5] [美] S. 布拉曼，章悦摘译. 后人定法：信息政策与机器世界 [J]. 国外社会科学，2007（4）：48-52.

[6] 王锡锌. 政府信息公开语境中的"国家秘密"探讨 [J]. 政治与法律，2009（3）：2-11.

2 高校信息公开理论研究

高校信息公开既关乎与百姓利益密切相关的教育公正透明、又是政府信息公开的必要组成部分与具体落实手段。作为一类具有独特使命和运行规律的社会组织，高校应当通过制定合理有效的信息公开政策，明确其社会角色及功能定位，实行信息公开、开放办学。

2.1 高校信息公开概述

高校信息公开是民主法治时代基于高校的公共性，即办学资金来源的公共性和高等教育产品与服务的公共性而萌芽生发的一种办学理念，是对高校公权力和办学行为进行民主控制的制度安排[1]。

2.1.1 信息公开相关理论概述

(1) 信息及信息公开的含义

信息是现代社会中经常使用的词汇，但其概念却是多层面的，在不同领域可能有不同的使用和理解方式。根据《辞海》的解释，信息是指音讯、消息，也指通信系统传输和处理的对象（消息和信号的具体内容和意义）[2]。美国《韦氏新国际辞典》则认为信息是用来通信的事实、观察到的数据、新闻和知识。《中国大百科全书》认为，信息是关于事物运动的状态和规律的表征，也是关于事物运动的知识[3]。在美国联邦信息资源管理局备忘录中，则将信息定义为以文本、数字、图形、测绘、叙述或视听等任何媒介形式交流及陈述的事实、数据、观点等知识[4]。按照信息论的观点，信息是指用符号传送的报道，而报道的内容又是接受符号者预先所不知道的。信息以物质介质为载体，传递和反映各种事物存在的方式和运动状态的表征；不同的事物有不同的本质、特征，因而其传递的信息是不一样的[5]。可见，信息是多种多样的，广泛存在于自然界、生物界和人类社会中。而就信息公开而言，我们所研究的信息属于人类社会信息的范畴，涉及经济信息、法律信息、市场信息、政府信息、文化信息、营销信息、商业信息等多个方面、多个层次。

信息公开中的公开一词的涵义可以理解为：相关信息的属性是公开的，相关机构信息的公开是一种行为方式，相关机构通过主动公开或依申请公开并对外公布相关信息的行为过程。广义上的信息公开主要包括两个方面的内容，一是政府及相关公共机构的事务（政务、校务等）公开，二是信息公开；狭义上的信息公开指事务公开，是指政府及相关公共机构公开其行政事务，强调的是政府及相关公共机构要公开其执法依据、执法程序和执法结果，属于办事制度层面的公开。广义上的信息公开的内涵和外延要比事务公开广阔的多，它不仅要求事务公开，而且要求政府及相关公共机构公开其所掌握的信息[6]。研究者们对信息公开的代表性表述有以下几种：信息公开是政府和社会公共组织向人民公开自身拥有文件和信息的制度，其核心内容是保障公民知情权[7]；信息公开是政府等公共事务管理机构向社会公开其在行使公共事务职能中形成和掌握信息的一种制度，法律规定不能公开的除外[8]；信息公开是政府和社会公共机构等，将其公共事务职能活动的过程及结果依法定的程序、范围、方式、时间发布，使公众方便获取和使用的行为[9]。

美国新闻记者肯特·库柏（Kent Cooper）在1945年率先使用了“了解权”一词，当时美国政府内部存在着消极对待政务信息公开化，任意扩大保密权限的官僚主义倾向，肯特·库柏在文章中呼吁，公民应当享有更加广泛的了解权，并建议将了解权提升为一项宪法权利。了解权在更多的场合又被称为知情权（right to know），它成为各个国家政府或行政事务信息公开制度的重要理论基础。目前，信息化已成为中国一项重要的国家发展战略，信息化最基本的目标就是让信息充分流动和共享，以降低信息不完全性、不确定性和不对称性对社会经济发展的负面影响[10]；而信息公开、信息管理及信息服务，是克服信息鸿沟、消除信息不确定性的重要前提和手段。

（2）信息公开的本质内涵

如上所述，知情权是信息公开的重要理论基础，但是对于信息公开的本质内涵，不同领域的专家或基于不同角度的认识，看法是多种多样的。根据相关研究者研究发现[11]，在目前的信息公开理论研究中，有许多人把信息公开的实质理解为是民主政治的要求，从广义上说这是正确的，民主政治要求信息公开，在秘密政治条件下，不可能存在民主政治。但民主政治是一个非常宽泛的概念，它是对当代政治总体特征的概括，既包括人民的权利、权力，也包括保证人民权力、权利实现的现代政治制度、结构设置及其政治活动原则。而信息公开仅仅是民主政治下的一个政治活动程序和具体政治制度问题，是属于民主政治的一个具体环节。因此，如果把信息公开界定为民主政治，这仅仅是从一般意义上进行概括，但究竟是民主政治形态下的哪一个具体方面，则需要具体说明。

也有人从监督与制约的角度，认为信息公开的实质是通过自我革命的方式对行政运作存在的问题进行监督，从而达到整治失范、实现社会整合的目的。从理论上来说，信息公开确实能够使公共权力的运转过程置于社会监督之下；但从根本上来说，这仅是实现公民知情权的结果。所以，信息公开实质并不是为了监督而监督，而是为了保证公民知情权的实现，正如当代民主制度形式是为了保证人民主权实现一样。从功能的角度来说，信息公开可以导致许多客观后果，如有利于民主的完善，有利于社会公众的监督，有利于提高行政效率，有利于促进依法行政等等，这些后果的出现对于开展信息公开无疑具有积极的意义。但这些方面又是信息公开的客观后果，或者说是为了达到这些目的需要借助于信息公开这种形式，不能把其归结为信息公开的实质。

可见，把信息公开的实质归结为上述的一个方面或几个方面，都是不恰当的。经过具体分析，有研究者提出，公民拥有权利而国家又必须保证公民权利；在公民诸多权利中，只有知情权在实质意义上是与信息公开直接相对的，信息公开的实质应该是直接指向公民的知情权。信息公开从其表现形式来看，虽然是国家行使公共权力的一种形式，是属于制度方面、程序方面的问题，但信息公开又有其深刻的内在本质和目的要求。在当代政治形态下，开展信息公开，其本质是公民权利的体现和要求，是与民主政治发展相一致的；而在公民权利中，相对应于信息公开的则是公民的知情权。为实现公民的知情权，必然要求有其实现形式，这一形式和程序保证就是信息公开或是扩展意义上的政治公开[12]。

因此，不论是在政府还是高校等公共机构信息公开制度的立法中，强调依法行政，规范行政行为，当然具有重大的意义，在客观上对于保障公民知情权是有积极意义的；但是，从价值理念上讲，信息公开法律规范立法的首要目的仍应是保障公民的知情权，从而实现对公民的赋权，以实现建立在公民知情权基础上的对公民的参与权和监督权等的保障，并且使之能够成为约束行政权力和建设民主政治的基础。反之，不以保障公民知情权为信息公开法律规范立法的首要目的，其制度必然是管理性的而不是赋权性的；如果以保障公民知情权作为信息公开法律规范立法的首要目的，其制度就会呈现出赋权性的特征。另外，信息公开立法如果没有保障公民的知情权，那么公民的参与权、监督权也就无法在立法中得到真正的体现[13]。

(3) 信息公开的义务主体

信息公开的义务主体又可简称为信息公开主体，是受人民委托掌握国家权力的主体，即立法、行政、司法机关，以及由政府授权的半官方社会公共机构和中介组织，他们必须公开与社会成员利益相关的政务或公共事务[14]。从世界各国和地区来看，大多数国家的信息公开立法基本上是将行政主体或行政机关（行政机构）作为政府信息公开的义务主体的。例如美国的《信息自由法》规定的义务主体是行政机构，包括任何行政部门、军事部门、政府公司、政府控股公司，或其他隶属行政部门之机构（包括美国总统所直接主管之机构在内），以及独立性质之管制机构在内。新西兰 1982 年《信息公开法》明确将大学等教育机构列入信息公开的义务主体范围之中。按照《条例》的规定，我国信息公开的义务主体既包括政府行政机关，也包括法律法规授权的具有管理公共事务职能的组织以及教育、医疗卫生、计划生育、供水、供电、供气、供热、环保、公共交通等与人民群众利益密切相关的公共企事业单位。

(4) 信息公开立法简况

信息公开法最初源于瑞典的出版自由法。1766 年，瑞典颁布了《新闻自由法案》，也称《出版自由法》，该法规定政府文件须向社会公开，公民享有查阅政府所持有的官方文件的权利。对于公民查阅文件的请求，法律有具体、明确的规定，政府不得拒绝，其目标是保障公民的知情权和话语权。瑞典的政府信息公开制度不仅仅是一部《出版自由法》，更是由《政府宪章》、《表达自由法》、《保密法》三部具有宪法性的法律文件相互配合、共同作出合理的界定，使其具有牢固的法律基础。瑞典政府信息公开制度是世界上最早的政府信息公开法规，对世界各国的信息公开制度的建立具有一定的引导作用。

1966 年，美国制定了《情报自由法》（Freedom of Information Act），也称《信息自由法》，彻底改变了信息公开制度，该法建立了公众有权向政府索取任何材料的制度，政府机关有义务对公众的请求作出决定。如果政府机关拒绝公众的特定请求，它必须说明理由。1974 年制定的《隐私权法》是《信息自由法》的补充。《隐私权法》限制向他人提供与特定个人有关的信息。《信息自由法》和《隐私权法》所要求的政府信息的公开，不涉及政府的活动或者会议。1976 年制定的《阳光下的政府法》要求合议制的政府机关的会议必须对外公开。随着电子数据的大量采用，1996 年，美国国会通过了《电子信息自由法修正案》，要求每一个政府机关以电子数据方式为公众提供索引材料或指南，以便利公众提出信息申请。在美国信息自由法的影响下，各国纷纷制定了有关政府信息公开的法规、条例。

1999 年 5 月 7 日，日本《政府信息公开法》经国会审议正式通过，在国家层面上正式建立了政府信息公开制度。该法于 2001 年 4 月正式施行。在欧洲，西欧大多数国家已经制定了信息公开法，英国于 2000 年 11 月制定信息公开法。中东欧国家大多数也于近几年制定了信息公开法，如波黑、波兰、乌克兰等。

在我国，2000 年，中共中央办公厅、国务院办公厅发布了《关于在全国乡镇政权机关全面政务公开的通知》，2005 年，又发布了《关于进一步推行政务公开的通知》。2004 年，国务院印发的《全国推行依法行政实施纲要》，把行政决策、行政管理、政府信息公开作为推进依法行政的重要内容。2002 年，中国开始了政府信息公开方面的立法工作，由“国家信息化领导小组”牵头，国务院有关部门启动了政府信息公开法规的研究。2003 年，《条例》列入了国务院的立法计划。2005 年 3 月，中共中央办公厅、国务院办公厅颁发了《关于进一步推行政务公开的意见》。2007 年 1 月 17 日，国务院第 165 次常务会议审议通过《条例》，2007 年 4 月 5 日公布，自 2008 年 5 月 1 日起施行。《条例》将“提高政府工作的透明度，促进依法行政，充分发挥信息对群众生产，生活和经济活动的服务作用”作为实施目的；《条例》以法律的形式将政府明确为作为政府信息公开的主体，并明确其应承担的责任和义务[15]。

2.1.2 政府信息公开相关理论分析

政府信息资源是政府在公务活动中所涉及的信息资源的集合，政府信息公开是政府信息资源管理的一项重要内容。我国 2008 年 5 月 1 日实施的《条例》宗旨是：保障公民、法人和其他组织依法获取政府信息，提高政府工作的透明度，促进依法行政，充分发挥政府信息对人民群众生产、生活和经济社会活动的服务作用。

（1）政府信息的概念

根据《条例》，所谓政府信息，是指行政机关在履行职责过程中制作或者获取的，以一定形式记录、保存的信息。《条例》同时规定，教育、医疗卫生、计划生育、供水、供电、供气、供热、环保、公共交通等与人民群众利益密切相关的公共企事业单位在提供社会公共服务过程中制作、获取的信息的公开，参照该条例执行，具体办法由国务院有关主管部门或者机构制定。

(2) 政府信息公开的涵义

政府信息公开是指国家行政机关和法律、法规以及规章授权和委托的组织，在行使国家行政管理职权的过程中，通过法定形式和程序，主动将政府信息向社会公开或依申请而向特定的个人或组织公开的制度[16]。

从政府信息公开的定义中可以看出其包括以下几方面内容：

1）政府信息公开的主体，包括义务主体和权利主体。义务主体是指政府信息公开适用的组织[17]，我国政府信息公开的义务主体包括政府机关及其职能部门、法律法规授权行使行政职权的非国家机关或组织、受行政机关委托代为行使部分行政职权的非国家机关或组织，以及国有的企事业单位等[18]。权利主体是指政府信息公开的对象，即有权参与行政活动的运行过程，并可接受或请求获得行政信息的主体。

2）政府信息公开的客体，即政府信息。所谓政府信息，是指行政机关以及其他一些行使行政职权的组织为履行职责而产生、获取、利用、传播、保存和处理的信息。从具体内容看，政府信息包括行政法规、行政规章与政府规范性文件、政府机构职能、人员配置、办公程序、执法依据等信息；从行政过程看，政府信息包括决策前信息、决策过程、决策内容以及执行和反馈等信息；从形式上看，政府信息不仅包括文字、图表、音像、计算机文件等资料信息，还包括公开举行的会议活动。

3）政府信息公开的范围。政府信息公开范围是在政府信息公开法中所确立的应当向社会公布的政府所掌握的信息范围以及在实践中政府实际公开的政府信息范围[19]。这一模式在理念上体现了公开信息以“公开为原则，不公开为例外”的指导思想，在立法技术上也体现了一定的科学性，避免了列举公开信息的艰巨任务，而又能够明确限定不公开信息或例外信息的范围，只留给信息公开主体较小的自由裁量空间，有效防止信息公开主体恣意扩大保密范围损害公众利益。英国《信息自由法》就是通过排除例外信息来界定信息公开范围的，在规定例外信息时，主要考虑两方面的因素：一是公共利益，信息公开不能以损害公共利益为代价；二是第三方的利益，信息公开不能以损害公共机构和信息申请人以外第三方的利益为价[20]。

4）政府信息公开的方式。政府信息公开的方式包括两个层次的含义：一是从政府信息公开的主体角度来讲，是主动公开（或叫义务公开）还是被动公开（或叫依当事人申请公开）；二是从政府信息公开的形式、手段看，是通过政府公报公开还是通过政府网站公开或通过其他形式公开。我国传统的公开方式主要有：政府公报、大众传媒、旁听、听证、告知等。除此以外，现代政府机关还采取与现代信息手段相联系的现代化公开方式，主要有：设立统一的政府综合门户网站，设立固定的政府信息公开厅、公开栏、电子屏幕、电子触摸屏等，定期召开政府新闻发布会，公布政府掌握的公共信息，设立政府信息公开服务热线等[21]。

（3）政府信息公开的分类

政府信息公开可以分为以下几类[22]：

1）主动公开与依申请公开

政府信息公开根据信息公开的主动程度，可以分为主动公开与依申请公开两种形式。主动公开是指政府机关主动公开其拥有的政府信息的行为。主动公开的信息的范围一般要有明确的法律规定，政府机关负有主动公开的义务，如果政府机关不予以公开法律明确规定应该主动公开的信息，将要承担法律责任，其责任的追究一般通过政府信息公开的监督机制来实现。依申请公开是指政府机关依据申请人的申请，根据法律规定，依照一定的程序公开政府信息的行为。依申请公开的公开义务主体政府机关是消极被动的，没有申请人的申请，政府信息公开的程序则不予启动。

但是，一旦公民、法人或其他组织申请公开政府信息，政府机关就必须受理当事人的申请，并通过审查判断，作出决定。属于法律规定可以公开的信息，政府机关必须作出准予公开的决定，否则，也要承担一定的法律责任。对于责任的追究，一般要由不服不予公开决定的申请人启动救济程序，继而由监督救济机构通过对责任的追究，保护具体公民的知情权利。

2）全部公开与部分公开

全部公开与部分公开也称作整体公开与局部公开。它是根据所公开的政府信息的内容完整性程度来做的划分。如果一件政府信息的全部内容得以公开，就称作全部公开；如果一件政府信息仅有其部分内容得以公开，则称作部分公开。就一件完整的信息而言，既可能是依据法律可以公开的信息，也可能是依据法律属于例外信息不能公开的信息。这样，就存在全部公开与部分公开这一分类。这一种分类告诉人们，尤其是告诉政府机关及其工作人员，判定一件信息能否公开，不能简单地一刀切，还必须注意分析整体信息的内容。可以全部公开的信息应予以全部公开，可以部分公开的信息应予以部分公开。既不能以部分内容不能公开为借口，不予公开可以公开的信息部分，侵犯公民的知情权；也不能以部分内容可以公开为借口，公开全部信息内容，侵犯国家的秘密。

3）全面公开与限制程度的公开

根据阅览政府信息对象的不同，可以把政府信息公开分为全面公开与限制程度的公开。政府信息公开主要是面向社会公开的，如果阅览信息的对象是社会全体公民，那么，这种公开就被称作是全面公开；如果阅览信息的对象受到限制，那么，这种公开就被称作是限制程度的公开。全面公开是政府信息公开的主要形式，法律规定的政府依职权主动公开的政府信息都是属于全面公开的信息；依申请公开的信息一般也属于全面公开的信息，但是，有一部分则是属于限制程度公开的信息，比如，依申请公开的政府机关管理的个人档案中的某些信息就属于限制程度公开的信息。另外，有些信息只准在一定范围内传播，或者只准一类特殊身份的人阅览，这些信息也属于限制程度公开的信息，比如在我国，部分单位或地区设立的处级阅览室等。

（4）政府信息主动公开的范围

《条例》对各级政府主动公开信息的范围及重点作出了明确规定：

行政机关对符合下列基本要求之一的政府信息应当主动公开：

1）涉及公民、法人或者其他组织切身利益的；

2）需要社会公众广泛知晓或者参与的；

3）反映本行政机关机构设置、职能、办事程序等情况的；

4）其他依照法律、法规和国家有关规定应当主动公开的。

县级以上各级人民政府及其部门应当依照本条例第九条的规定，在各自职责范围内确定主动公开的政府信息的具体内容，并重点公开下列政府信息：

1）行政法规、规章和规范性文件；

2）国民经济和社会发展规划、专项规划、区域规划及相关政策；

3）国民经济和社会发展统计信息；

4）财政预算、决算报告；

5）行政事业性收费的项目、依据、标准；

6）政府集中采购项目的目录、标准及实施情况；

7）行政许可的事项、依据、条件、数量、程序、期限以及申请行政许可需要提交的全部材料目录及办理情况；

8）重大建设项目的批准和实施情况；

9）扶贫、教育、医疗、社会保障、促进就业等方面的政策、措施及其实施情况；

10）突发公共事件的应急预案、预警信息及应对情况；

11）环境保护、公共卫生、安全生产、食品药品、产品质量的监督检查情况。

设区的市级人民政府、县级人民政府及其部门重点公开的政府信息还应当包括下列内容：

1）城乡建设和管理的重大事项；

2）社会公益事业建设情况；

3）征收或者征用土地、房屋拆迁及其补偿、补助费用的发放、使用情况；

4）抢险救灾、优抚、救济、社会捐助等款物的管理、使用和分配情况。

乡（镇）人民政府应当依照本条例第九条的规定，在其职责范围内确定主动公开的政府信息的具体内容，并重点公开下列政府信息：

1）贯彻落实国家关于农村工作政策的情况；

2）财政收支、各类专项资金的管理和使用情况；

3）乡（镇）土地利用总体规划、宅基地使用的审核情况；

4）征收或者征用土地、房屋拆迁及其补偿、补助费用的发放、使用情况；

5）乡（镇）的债权债务、筹资筹劳情况；

6）抢险救灾、优抚、救济、社会捐助等款物的发放情况；

7）乡镇集体企业及其他乡镇经济实体承包、租赁、拍卖等情况；

8）执行计划生育政策的情况。

（5）政府信息公开的价值分析

首先，政府信息公开是公民个人权利的基本保障。宪法赋予公民的权利包括多方面的政治权利和自由，如公民的选举权与被选举权、言论、出版、集会、游行的自由；公民的人身权利；批评、建议、申诉权等[23]。公民这些个人权利的实现都必须首先了解政府信息，如果政府信息不公开，公民个人就不能获得有关信息，甚至对自己有什么权利、权利是否遭到侵害、侵害的程度、是否有救济的途径等都不了解。政府信息的公开，可以使公民了解相关法规和政策，了解与自己切身利益的相关信息，明确享有的权利，并有效地行使他们的权利，保护其权利不受侵犯[24]。

其次，政府信息公开是民主政治的基本要求。民主政治是一种参与政治，没有公民的政治参与，就没有民主政治。公民对政治的参与程度与有效程度是建立在对信息、尤其是对政府信息了解之上的。政府信息公开，可以建立政府与公民之间的信任，提高公民政治参与的积极性和保障公民的知情权。人民当家作主的权利是在有效享有知情权、参与权、选举权、监督权等政治权利的基础上实现的，其中，知情权是一项基础性权利，没有政府信息公开，就没有公民的知情权，也就没有真正意义上的民主。

再次，政府信息公开是建立廉洁政府的有效途径。政府信息公开是行政监督的前提，没有制约的权力必然要导致腐败。政府信息公开不充分，行政监督也不会完整。“阳光是最好的防腐剂”，贪污腐化总是在黑暗之处滋生的，在一个封闭的体系内，必然会产生混乱无序，滋生腐败和不正之风。政府信息公开自身具有预防腐败的品性，政府活动向公众公开，使之置于社会各界和各种专门监督机构的监控之下，这样会给那些有贪污腐化企图的官员以巨大的威慑，稍有不慎便会暴露在整个社会舆论强大的谴责之下，这样才能彻底铲除腐败的土壤，倡廉政之风[25]。

另外，政府信息公开是维护社会稳定的需要。随着人类进入信息社会，信息已经成为人们的基本生存方式和交流手段，只有让人们充分行使其知情权，提高其判断能力，才能不断增强民众的心理承受能力，抵御各种风浪的冲击和考验。政府信息公开，可以使公众了解行政权力行使的状况，同时可以使公众发表言论，提意见和建议，这些将直接影响政府的决策。在稳定的发展时期，政府信息公开可以让公众了解国家的发展势头、鼓励社会各界齐心协力地发展经济；而在面对重大灾害时，政府信息的公开则可使公众对事态有正确全面的认识，加强预防准备，防止谣言的趁虚而入，这对于维护社会的稳定是很重要的[26]。

2.1.3 高校信息公开的概念与范围

为了保障公民、法人和其他组织依法获取高等学校信息，促进高等学校依法治校，根据《高等教育法》和《条例》的有关规定，教育部于 2010 年 4 月 6 日公布了《办法》，自 2010 年 9 月 1 日起施行。2010 年 4 月 28 日，教育部办公厅发布《教育部办公厅关于施行<高等学校信息公开办法>的通知》，就高校信息公开的意义、编制或修订高校信息公开目录和指南、建立健全高校信息公开工作制度、完善高校信息公开配套措施、加强高校信息公开组织领导等内容进行进一步细化和明确。2011 年 9 月，教育部办公厅发布《教育部办公厅关于开展直属高校信息公开工作专项检查的通知》，开始按照《办法》的要求对高等学校的信息公开工作进行监督检查。

（1）高等学校的范围界定

《办法》明确规定：本办法所称的高等学校，是指大学、独立设置的学院和高等专科学校，其中包括高等职业学校和成人高等学校。高等学校以外其他高等教育机构的信息公开，参照本办法执行。因此，不论是国家兴办的公立高等学校，还是利用非国家财政性经费面向社会举办的民办高校或私立高校，均有信息公开的法定义务。相对来说，公立高校更凸显其社会公共性，包括功能的公共性及社会共享性[27]。而根据《民办教育促进法》的规定，私立高校也应当坚持社会效益优先。

（2）高校信息的概念

根据《办法》，所谓高校信息，是指高等学校在开展办学活动和提供社会公共服务过程中产生、制作、获取的以一定形式记录、保存的信息。所谓开展办学活动，包括开展教学科研活动以及与教学科研活动密切相关的财务、基础建设、后勤等相关活动；所谓社会公共服务，是指高校依托其自身资源，直接对外进行服务的活动，包括提供教育拓展服务、科研服务、产学研联合体、高校资源服务等[28]。高校信息是多种多样的，既有在行政管理中所形成的行政信息，也有在学术研究及管理中形成的学术信息；既有学生信息，也有教师信息；既有学校自己在办学在制作过程中的信息，也有从其他组织或个人那里获取的信息。

（3）高校信息公开的内涵及意义

高校信息公开的特别之处在于高校是一个由公共财政投入支持运作的机构，对于这样的公共资源的使用者，也要求它向社会公开它的内部运作，这是一个关涉每个人的利益的问题。信息公开是各种权利博弈的过程，这中间有公民的知情权，也有个人的隐私权，这都是我们要考虑的内容。我们不能够因为公开而损害到公民的隐私权，同样我们也不能因为保护国家秘密、个人隐私或者其他一些非正当理由来回避公开的责任。

高校信息是与高校相关的信息，包括一般信息和特殊信息。一般来说，高校运行过程中产生的部分行政、管理、业务、财务和政策制定信息属于一般信息，应当公开。高校信息公开是指高校根据相关法律法规及规章，按照一定的程序，将其在开展办学活动和提供社会公共服务过程中产生、制作、获取的办学信息及时、准确地向学校师生和社会公众公布。这一定义里面包含以下涵义：一是信息公开的义务主体是高等学校；二是信息公开的对象或权利主体是学校师生员工及社会公众；三是信息公开的范围是高校在开展办学和社会服务过程中所制作和获取的信息；四是信息公开必须依据一定的法律法规和规章，按照一定的程序进行[29]。

高校是传播知识、提高发展科技的成果，同时也是通过自身的一些活动促进社会公众对于社会的一些理解的途径，所以高校通过信息公开可以进一步增强高校在传播知识、发展科技方面的作用。对于高校信息公开的价值意义，不同领域的研究者从不同的视角和思路做了深入而细致的分析，可以归纳为三个方面：第一，充分利用高校办学信息资源。相关学者认为，高校是个多目标、多层次、多系统的复杂组织体系，各个系统、各个层面都会收集、产生大量信息，高校信息资源涉及高校办学活动的各个方面，是社会信息资源重要的组成部分。因此，高校信息公开有助于师生和公众充分利用高校信息资源以服务于多元化的需求。第二，推动高校依法治校和建设民主政治，遏制高校腐败滋生。相关学者认为，高校信息公开是师生和公众知情权的本质体现，是实现高校多元利益相关者参与高校治理的逻辑前提，是推动高校依法治校和建设民主政治的根本要求。信息公开是治理高校腐败的一剂良方，只有信息公开才能提升高校工作透明度，才能形成对办学权的有效内部监控和有力社会监督，进而从源头上遏制腐败。第三，提升高校的公信力。公信者，公众信赖之谓也。高校公信力，是指高校办学活动所具备的为社会公众认同和信任的影响能力，其本质是高校发展与社会期待的契合度。作为高校宝贵的无形资产，公信力能生成持久的“声誉磁场”效应，同时又是表征高校核心竞争力的重要载体。对于高校，公信力的根本意义在于其蕴涵着较高的社会信任度与美誉度，它可以为高校赢得基于软实力提升的导向力和吸引力，能够积极引导公众合理认知，有效整合高校内外部资源，进而为高校发展带来持续的竞争优势[30]。

(4) 高校信息公开的范围

高校信息公开的现行主要法律法规依据是《条例》，因此，高校信息公开从某种意义上讲要遵循政府信息公开的一些规范；但是，高校毕竟不是政府或其职能部门，高校享有学术自由并拥有一定的自治权，因而，高校信息公开范围的界定就显得尤为重要而又有其特征。《办法》对高校主动公开的信息、依申请公开的信息以及不予公开的信息范围，作出了较为明确的规定：

高等学校应当主动公开以下信息：

1）学校名称、办学地点、办学性质、办学宗旨、办学层次、办学规模、内部管理体制、机构设置、学校领导等基本情况；

2）学校章程以及学校制定的各项规章制度；

3）学校发展规划和年度工作计划；

4）各层次、类型学历教育招生、考试与录取规定，学籍管理、学位评定办法，学生申诉途径与处理程序；毕业生就业指导与服务情况等；

5）学科与专业设置，重点学科建设情况，课程与教学计划，实验室、仪器设备配置与图书藏量，教学与科研成果评选，国家组织的教学评估结果等；

6）学生奖学金、助学金、学费减免、助学贷款与勤工俭学的申请与管理规定等；

7）教师和其他专业技术人员数量、专业技术职务等级，岗位设置管理与聘用办法，教师争议解决办法等；

8）收费的项目、依据、标准与投诉方式；

9）财务、资产与财务管理制度，学校经费来源、年度经费预算决算方案，财政性资金、受捐赠财产的使用与管理情况，仪器设备、图书、药品等物资设备采购和重大基建工程的招投标；

10）自然灾害等突发事件的应急处理预案、处置情况，涉及学校的重大事件的调查和处理情况；

11）对外交流与中外合作办学情况，外籍教师与留学生的管理制度；

12）法律、法规和规章规定需要公开的其他事项。

除高等学校已公开的信息外，公民、法人和其他组织还可以根据自身学习、科研、工作等特殊需要，以书面形式（包括数据电文形式）向学校申请获取相关信息。

高等学校对下列信息不予公开：

1）涉及国家秘密的；

2）涉及商业秘密的；

3）涉及个人隐私的；

4）法律、法规和规章以及学校规定的不予公开的其他信息。

需要注意的是，高校所持有的关于教学、科研及内部管理体制等重大改革、决策信息中，可能既包含需要让师生和公众知晓的重大改革决策举措以及其他决议事项和工作部署等信息，也包含改革决策中必然会涉及的某些不宜公开的信息，如高校对改革决策进行调查、讨论、处理过程中的信息，因其内容尚不确定，公开后可能影响高校的和谐与稳定。这部分信息被称为高校混合信息，对于混合信息的公开申请，高校应当如何处理？为了提高高校信息的利用率，充分保证公众知情权的实现，《办法》通过设定高校信息可分割提供制度对混合信息的公开问题作了妥善的制度安排。《办法》第18条指出，申请公开的信息含有不应当公开的内容但能够区分处理的，应当告知申请人并提供可以公开的信息内容；对不予公开的部分，应当说明理由。如果免除公开的信息可以从信息载体中与其他信息相分离，则高校应当在涂抹掉不能公开的信息，或者作其他适当处理后将其余信息予以公开。高校既不能以部分信息属于免除公开的信息为由拒绝全部信息的公开，也不能公开依法不能公开的信息[31]。

当然，我国高校信息公开的工作刚刚起步，《办法》还存在不少缺陷，如：并未对适用信息公开高校的范围作出判断，也并未对是否适用于高校内部机构等加以规定；对高校信息不同于一般政府信息的特殊性考虑不足，对高校自治和学术事务信息的特殊性并未提及；信息属性上区分不够细致，不同种类的公开——对社会公众公开、对高校成员的校务公开和对个人的信息公开——还有待进一步的规定；涉及隐私的个人信息缺乏具体规定等[32]。

2.2　高校信息公开研究文献综述

高校信息公开是政府信息公开在高等教育领域的延伸，随着网络时代政府功能的演化和高等学校社会价值的不断衍变，高校信息公开逐渐受到越来越多的关注和研究。

2.2.1 国内高校信息公开研究文献综述

高校信息公开是在高等教育深化改革和政府信息公开强力推进大背景下出现的新的交叉前沿研究领域，国内公开出版的相关主题著作尚为数不多，相关领域的学术活动也较为少见。中国政法大学马怀德教授主编的《公立高校信息公开研究》[33]是第一本系统研究高校信息公开的著作。该书在政府信息公开以及公共企事业单位信息公开工作蓬勃发展的大背景下，以公立高校信息公开为主题，专门研究公立高校信息公开的历史源流、基本理论、制度内容、域外比较等内容，试图展现一幅内容丰富的公立高校信息公开图景。以《办法》等规范为制度载体，在分析、解读现行高校信息公开制度问题与不足的基础上，尝试提出完善公立高校信息公开制度的若干想法，并以这些完善建议为基础，专门起草《北京市高等学校信息公开实施办法（专家建议稿）》，服务于北京市教育法治建设事业。作者还专门设计开发了《高校信息公开评估指标》，通过网站、案例、电话等方法手段，对北京市46所具有代表性的公立高校的信息公开工作进行实证评估，从而探索北京公立高校信息公开工作的实际问题与成功经验，以服务于公立高校信息公开制度的发展与完善，其研究成果在国内具有较强的学术引领性和实践示范性。朱科蓉所著《教育信息公开研究》[34]一书是国内较早地专门而系统研究教育领域的信息公开问题的著作，主要内容包括教育信息公开的意义、教育信息需求分析、教育信息公开的困境、教育信息公开的内容、教育信息公开的方式与途径、教育信息公开的保障机制、学校危机信息公开策略以及国外教育信息公开借鉴，该书对于促进教育公平、增进教育和谐、保障学生安全、遏制教育腐败、提高办学效益都有重要意义。2012 年 10 月 15 日，由中国政法大学法治政府研究院主办的高校信息公开国际研讨会在北京顺利召开，与会专家就“高校信息公开的域外视角”、“高校信息公开的理论透视与制度展望”、“高校信息公开的实践反思”、“大学信息公开制度的建设与反思”、“中国高等学校信息公开范围的扩展”、“公立高校校长遴选信息公开的法律问题”等相关问题进行了深入讨论，该会议具有较强的学术引导和示范意义。会议期间，中国政法大学法治政府研究院还举办了第 63 期政府法治论坛，主题为“美国高校信息公开的理论与实践”，邀请美国耶鲁大学中国法研究中心执行主任、高级研究员杰米·贺诗礼（Jamie Horsley）女士，以及美国华盛顿大学信息公开办公室主任伊莉莎·桑德斯（Eliza Saunders）女士，围绕信息公开在美国高校中的理论与实践，举办学术讲座并进行学术交流。

为了更全面客观地反映“高校信息公开”主题的研究现状，我们分别采用 CSSCI 数据库和 CNKI 数据库对该主题论文及被引状况进行了统计分析。在 CSSCI 数据库中选择“被引文献”并分别以“高校信息公开”、“大学信息公开”和“高等学校信息公开”作为检索词进行所有字段检索（检索时间为：2013 年 10 月 23 日），共计检索出 24 篇相关被引文献。对上述 24 篇被引文献进行研究主题分析，可以发现关于“制度研究”的文献多达 11 篇，关于“国外制度引介”的文献有 3 篇，关于“政策研究”的文献有 2 篇，这表明高校信息公开“制度”和“政策”研究是当前学术界的两个重要研究领域。另外，在 CNKI 数据库中同时以“高校信息公开”、“大学信息公开”和“高等学校信息公开”作为“篇名”进行“或逻辑”模糊字段检索，发表时间为：从 2004 年至今（检索时间同上），共计检索出 145 篇相关文献。根据时间分布情况，在 2008 年以前有关“高校信息公开”的研究论文数量非常少，说明这一研究主题此前未能引起学术界的关注；2008 年《条例》实施之后，尤其是 2010 年《办法》颁布实施之后，有关“高校信息公开”的研究论文数量出现了大幅增长，教育学、档案学、会计学、情报学等不同学科的学者对这一研究主题展开了较多研究。对其进行研究主题分析，可以发现关于“制度研究”的论文多达 20 篇，关于“政策研究”的论文有 6 篇，关于“国外制度引介”的论文有 6 篇，这也印证了上述对于 CSSCI 被引文献的分析结论。系统归纳高校信息公开研究主题，可以划分为以下几个主要研究领域。

(1) 高校信息公开制度研究

研究者们主要针对高校信息公开制度体系的构建与实施、高校信息公开问责制的构建、与现代大学制度建设的关系等问题展开研究。曾兵较早地开展各项高校信息公开制度建设研究，他在借鉴政府信息公开制度建设的基础上，试图从公共管理和法律的角度探讨高校信息公开建设的基本理论和基本内容，分析高校信息公开制度建设的实践和存在的问题，并在此基础上提出了建设高校信息公开制度的思路和对策[35]。王彤分析了我国高校信息公开的历史发展概况，并对高校信息公开的现状进行了梳理；从高校信息公开的机制、公开范围、内容以及监督等救济方面指出我国高校信息公开目前面临的困境；并以《条例》为基础，着眼于我国高校信息公开的实践，从组织体系、配套制度、主动公开、依申请公开以及监督救济五个方面对我国高校信息公开制度进行了探索性的建构[36]。张妍妍提出：高等教育信息公开的长效机制的建立必须立足于大学生受教育权保护，首先要制定全国统一立法，还要转变政府职能，以合法、合理地规制高校公权力；搭建信息交流平台，规范化信息公开程序；打造高校信息公开责任和监督机制，并兼顾学生隐私权保护[37]。徐敏认为：高校信息公开体现了现代大学制度的内在规定性，有益于促进高校与社会的有效联系，有益于建立高校信息公开问责制，有益于推进教育国际化的进程，还有益于提高高校的社会公信力[38]。尹晓敏认为：高校信息公开法律制度的确立具有理论和实践层面的合理性根据，制度建构的实体内容涵括公开当事人、公开与豁免公开的信息范围等方面；制度建构的程序规范分为主动公开和依申请公开两种，另外还包括高校信息公开工作机构、举证责任等内容。为确保高校信息公开能落到实处，教育部新颁《办法》进行了信息公开年度报告制度、社会评议制度、责任追究制度等相关的制度设计[39]。马海群等认为：高校信息公开制度体系框架是有关高校信息公开的基本原则和基本制度所构成的集合，涉及如下四个组成部分：高校信息公开的主体、范围、程序制度；高校信息公开的信息发布、保密审查、信息分割制度；高校信息公开的信息主动公开与信息依申请公开制度；高校信息公开的年度报告、监察救济、评价反馈制度[40]。

研究者们还针对美国、英国、澳大利亚和加拿大等发达国家的大学信息公开制度的建设情况进行了归纳总结，并在此基础上分析了其对我高校信息公开制度建设所带来的诸多启示。姚金菊认为，美国在信息公开立法和实践均走在世界前列，高校信息公开也不例外，美国高校有关信息公开的法律涉及联邦法、州法、高校规章制度和法院判例，原则上公立高校及其内部机构都适用信息公开法律；

较为系统地介绍并分析了美国高校信息公开制度建设发展现状，提出我国高校信息公开应当借鉴美国经验。并进一步指出，我国《办法》的不足包括：并未对适用信息公开高校的范围做出判断，也并未对是否适用于高校内部机构等加以规定；对高校信息不同于一般政府信息的考虑不足，对高校自治和学术事务信息的特殊性并未提及等等[41]。

(2) 高校信息公开政策研究

研究者们主要针对我国高校信息公开政策的法律依据及价值定位、高校信息公开政策评价理论体系的构建等问题展开研究。马海群等指出：《条例》和《办法》是我国高校信息公开政策的主要制度依据，《宪法》和《消费者权益保护法》中也可以找到我国高校信息公开政策的法律依据；但《中华人民共和国档案法》和《中华人民共和国高等教育法》中的部分法律规定阻碍了高校信息公开政策的实施[42]。马海群等分析了大学治理语境下高校信息公开政策的价值定位，并指出：高校信息公开政策符合国际惯例中大学治理的要求，充实了高等教育管理的内涵，既是大学社会责任担当的保障，也是利益相关者享有知情权的关键，并有利于利益相关者参与共同治理[43]。吕红从评价主体与客体结构体系、评价标准与方法体系、评价实施过程分析、评价系统要素构建这四个方面构建了我国高校信息公开政策评价理论体系[44]。马海群等运用改进的层次分析法确定了高校信息公开政策实施效果评价指标权重，并运用动态模糊集合理论构建了高校信息公开政策实施效果动态模糊综合评价模型，还通过模拟试验对高校信息公开政策实施效果的优劣程度以及执行效果的发展趋势进行了动态评价[45]。湛中乐认为：我国出台的《办法》，对信息公开制度从理念和规范上起到了根本的推进作用，但也存在若干不足；从信息公开的理论与实践上看，我国实行大学信息公开的环境还存在诸多制约因素，大学信息公开制度的进一步发展需要我们制定标准、规范办学、提升决心[46]。

(3) 高校信息公开相关法律研究

有关这一主题的研究成果主要涉及：高校信息公开的法律制度、高校信息公开行为的司法判定及司法救济、高校信息公开背景下个人（如教师、学生）的权利保护（如隐私权）及权利救济等问题。邵亚萍认为：高校信息公开决定权的实质是在法律层面对高校自主权的进一步强化，其目的在于保障高校自治。高校信息公开决定权存在于高校工作的不同领域，但其行使应以学术自由为界限。为保障权力合法、有效行使，应对《办法》第十条第四项进行修正[47]。李庆珍认为：应该转变思想观念，树立高校信息公开的法治意识；设立独立的高校信息公开机构，配置专项编制；加强法律制度建设，提供物质设备有力保障；构建内外监督机制，引入复议诉讼绩效考核与责任追究制度[48]。尹晓敏结合《办法》对我国高校信息公开法律制度展开了全面评述，并指出：我国高校信息公开制度构建的实体内容涉及高校信息公开当事人、高校信息公开与豁免公开的范围界定；制度建构的程序规范包括高校主动公开和高校依申请公开，另外还包括高校信息公开工作机构、高校信息公开的举证责任等内容；此外，《办法》还设计了监督检查制度、年度报告制度、社会评议制度、举报调查制度、责任追究制度等制度规范以加强对高校信息公开的监督保障[49]。程琥认为：高校信息公开行政诉讼有着重要的立论依据，迫切需要在理论和实践中推进；高校信息公开行政诉讼涉及公开与不公开、主动公开与依申请公开的司法认定，这是法院审理高校信息公开行政诉讼案件的基础性问题；同时，法院在审理高校信息公开行政诉讼案件时应该平衡好信息公开与学术自主的关系[50]。周兰领等提出：《办法》没有明确规定高等学校信息公开工作中的具体行政行为的可诉性问题，但是根据我国行政诉讼法、高等教育法、政府信息公开条例等法律、法规的规定，个人和组织对高等学校信息公开中的具体行政行为，可依法提起行政诉讼，人民法院有权依法作出相应裁判[51]。

（4）高校信息公开实务探讨

研究者们针对高校信息公开实务展开了较多研究，主要涉及：高校财务及校务信息公开、高校信息公开平台构建、高校信息公开与保密工作的协调等问题。尹晓敏较早地开展了高校招生信息公开研究，她认为：一系列因高校招生权力违法或不当行使而发生的腐败事件，原因是制度设计本身的缺陷问题，其根源在于没有确立高校招生信息公开制度，实现招生录取过程的公开与透明，致使高校招生的某些环节处于“信息黑箱”状态而促成了权力的寻租[52]。从规范高校招生权行使的视角看，以西方国家为模本的行政法上的信息公开制度，是对高校招生录取中由于信息资讯屏蔽而极易导致的招生权违法或不当行使而采取的解决应对方案之一[53]。周斑指出：我国高校财务信息相关制度与规范、财务预算和核算体系的不健全制约着高校财务信息公开，并提出建立起“以项目管理为核心，会计科目为基础，控制码为细分”的预算、核算体系以完善高校财务信息公开制度[54]。杨丽芳等认为：高校信息公开是高校治理走向规则之治的必要途径，高校治理中的信息公开应当视情况进行选择：对于涉及教职工、学生切身利益的信息应当充分公开；对于涉及其隐私和依据规范需要保密的信息应当依法公开；对于需要教职工和学生对高校治理予以理解的信息应当适度公开[55]。

（5）高校档案信息公开研究

研究者们针对高校信息公开制度对高校档案开放及保密管理工作的影响、高校信息公开背景下高校档案馆的职能转型、高校信息公开环境下高校人事档案管理等问题展开研究。易涛认为，我国高校文档信息公开在执行主体、业务标准以及适用法规等方面还存在诸多问题，并从加强公开平台建设、提升管理理念和规范业务标准等方面提出了高校文档一体化管理的实现路径[56]。韩彬彬认为，作为高校核心信息保管机构的高校档案馆理应成为高校信息公开职责的主要承担机构，并从职能定位转型、职能活动内容拓展与职能履行方式转换等三个方面提出了高校档案馆职能转型的具体表现[57]。

2.2.2 国外高校信息公开相关研究文献综述

国外发达国家大学信息公开领域的实践要比我国早得多，相关政策与规范的制定也较为成熟且成规模，然而，令人遗憾的是，通过检索 Web of Science、Emerald 等数据库，我们很少能够查找到有关大学信息公开领域的研究成果，不论是大学信息公开制度，还是大学信息公开政策，抑或是大学信息公开法律等主题，都难以检索到十分相关而又有针对性的研究论文。涉及信息公开领域的文献，主要分布在政府信息公开、环境信息公开、公司治理信息公开以及医疗信息公开等主题；涉及高校信息领域的文献，主要分布在信息化环境中的高校定位、高校信息技术战略、高校网站与信息质量等主题。因此，我们无法按照梳理国内高校信息公开领域研究成果的框架，来归纳综述国外的研究文献，仅能从以下两个方面进行一定程度的相关概括和总结。

（1）相关领域信息公开研究

国外在政府信息公开方面发表了数量较为丰富的研究成果[58]，Jennie M. Burroughs 对美国蒙大纳大学进行了随机、分层的问卷调查，问题包括政府信息的使用频率、查询方法、政府信息文本的学习、服务和形式偏好等。通过此调查，得出的初步结论是：大部分研究者使用政府信息，通常使用常用的搜索引擎，受访者对自动通知服务、教程、虚拟参考架、主题帮助特别有兴趣；同时发现，尽管有一部分受访者对某些特别的信息偏好纸质资料，但用户更喜欢在线查找和获取政府信息[59]。Takashi Koga 论述了在信息技术发展的基础上，日本政府采取了一系列的措施将政府信息公开逐步向网络化、电子化转变，包括提高政府内部 IT 的使用度，政府信息公开法规、记录管理、一般政策都向信息化转变，并指出了政府信息公开中依然存在的政府对政府信息的垄断，信息传递及存储方面存在的管理不善等问题，从法律条款、政策实施和管理、策略开展评价等角度提出了相应的建议和对策[60]。Michael K. McLendon 等人提出，政府阳光法案为高等教育机构提供了达成一系列目标的重要基础，如学术诚信、财政稳定、财务管理、机构有效性及效率，以及决策预期与结果的一致性[61]。

在环境信息公开领域，欧洲经济委员会于 1998 年 6 月 25 日在丹麦奥胡斯发布了《在环境问题上获得信息、公众参与决策和诉诸法律的公约》（奥胡斯公约，The Aarhus Convention）。为促进保护今世和后代人人可以在适合其健康和福祉的环境中生活的权利，每个缔约方应按照本公约的规定保障在环境问题上获得信息、公众参与决策和诉诸法律的权利，Michael Mason 认为，奥胡斯公约是公众环境权中获取信息的一个重要里程碑，相关机构有责任向公众提供环境信息公开、决策公开以及环境事件的司法公开，并分析了信息公开责任的性质、范围以及公众信息公开权的特征[62]。Bae Hyunhoe 等人分析了两类政府信息公开政策及效果，认为政府仅仅公开并传播碳排放等环境数据，并未降低公众的健康风险；而政府依据环境数据进行相关处理并向公众公开信息，则可大大降低健康风险[63]。

在公司治理及社交网络信息公开领域，Baruch Lev 提出，自愿信息公开对于企业的资本运作等市场行为有着实质性的影响，信息公开同企业的投资、生产和营销活动一样，都将为企业带来相当大的利润和收益，因此，企业应当积极制订信息公开战略[64]。Ascensión Andina-Díaz 以选举博弈为例，研究了媒体竞争对信息公开的偏好特征[65]。Zimmer 等人利用社会响应和互利原则，研究企业对消费者信息公开目的与实际公开之间关联度强度的影响，提出采用一定的方式并告知收集信息的原因，个人更倾向于消费者敏感信息的实际公开，有助于企业利用互利原理强化信息获取系统的设计[66]。Monika Mital 等人考察了社会网络网站的信息交换类型与信息公开关系中信任的媒介效果，认为基于信任，社交网络成员会在社交过程中粘贴传递更多真实信息，从而提高信息公开的质量[67]。

（2）大学信息公开相关研究

Warren D. Huff 认为：信息技术规划虽然费钱耗时，但对学术机构至关重要；大学只有适应技术变化，才能不断成功。大学的整体规划中应当集成信息技术战略、优先项目、规划等，并通过集成、及时、准确、易于获取的网络，满足用户的需求[68]。

一些研究者开展了高等学校网站的研究，Green 于 2002～2006 年跟踪了高校网站一系列联机服务的应用情况（如联机课程注册、课程管理系统等），并形成了“校园计算计划”报告；虽然这种联机服务应用每年都在增加、也出现了一些热点问题，但是，该报告并未关注网站作为公众信息提供者的角色，因此该报告无法满足立法者、家长和普通公众的信息需求[69][70][71][72][73]。Katrina A. Meyer认为，尽管一些网站设计界面良好，但还有不少网站难以利用，尤其是高校网络“虚拟形象”对于内部用户可以发挥功能，但是可能不利于新用户及外部用户的利用。通过调查高等学校网站的信息可获取性，研究信息获取对立法决策者和学生家长的重要性以及高等学校网络“虚拟形象”的内容，包括哪些信息难以获取、获取信息需要点击鼠标的次数等，发现有关校长的信息容易获得，而有关学生及课程评价、教师及经验，尤其是校园犯罪统计的信息较难获取，因而大学通过网站呈现的“虚拟形象”尚需进一步改进[74]。St. Sauver对大学网站管理进行了评价，尽管该研究主要关注技术问题如流行软件、cookies的使用等，但它也涉及大学使用的方式与途径，如视频片段、信息包等。Meyer分析了大学网站视频片段对满足家长等用户信息需求的情况[75]。Eduventures对高等学校网站特定类型信息的可获得性进行了调查，尽管表示满意的被调查者比例尚可，但高等学校尚需改进信息内容的质量、深度和检索功能[76]。María Pinto等人分析评价了西班牙大学网站信息及质量，目标是改进大学网站并提供可参照的标杆；提出了一系列标准和指标供构成的模型以测定网站信息质量，探讨了网站质量与大学特征之间的关联性[77]。

与大学信息公开主题领域相关度较高的文献数量不多，Cleveland较早地关注了政府阳光法案应用于公立大学环境时所产生的影响，他提出：高等学校的强制公开可能导致大学三重目标的进一步博弈，即确保公开问责、保护个人隐私权、大学完成社会目标所需的机构自治，毕竟大学不同于政府行政机关，政府阳光法案在大学中应用时，应当注意结合大学的特点及需求[78]。然而，近二十年来，虽有少量相关文献产生[79][80]，但这方面的研究依然很不充分。Michael Kevin等人提出了政府阳光法律环境下大学强制公开活动中的若干个研究发现，例如：公立高校的公开具有广泛而深刻的共享价值、高校安全问题对政府阳光法律的应用及公共知情权的落实提出严峻挑战等，探讨了大学治理及政策应用等问题[81]。Gawley认为，公开透明的概念已经渗透进许多管理活动，但对高校而言，行政透明和问责显得尤为重要[82]。Isabel Gallego等人认为，尽管大学具有重要社会价值并由公共基金资助，但大学财政信息公开方面的研究还很欠缺；她们试图分析西班牙大学网站公开的信息内容构成，如财政信息、大学治理、社会责任和战略、教学研究活动等，考察展示大学财政信息的因素如规模、范围、大学获利性等，并提出：大学公开的教学研究信息较多、社会责任信息较少、财政信息数量最少，存在很大的不平衡[83]。Isabel Gallego-Álvarez 等人还分析了一系列影响西班牙大学公开透明实践的变量因素，如大学收益性、学生数量的增减、学校历史传统、大学类型及国际化等，同时也探讨了大学网页的制作技术、交互性、结构及网上导航性能[84]。日本研究者山崎慎一提出，提升高等教育的质量以及问责制在日本和其他发达国家变得越来越重要，而信息资源在促进高校改革以及向公众宣传其重要性方面是必不可少的；作者以美国高等教育中公开信息活动的一个案例，即美国公立大学的领导小组和两个高等教育协会创设的“自愿问责制”（Voluntary System of Accountability，VSA）以解决教育信息公开问题，来研究日本高校的公开制度和信息收集状况，提出了 VSA 计划以及“大学肖像”平台可以提供一系列获取大量精确而有意义的数据以提升日本教育质量和问责制的建议[85]。

根据以上国内外研究成果的分析统计可以发现，随着开放型现代高等教育的发展，高校信息公开伴随着政府信息公开的脚步，日益成为人们关注的重要研究领域；然而，高校信息公开的理论研究尚较为薄弱，实践研究还有待深化。虽然国内研究成果中已经出现了一些探讨高校信息公开政策及其评价的研究文献，但该主题研究的数量尚十分有限，作者群体也有较大的局限性，尤其是系统性研究还有待深入探索及概括升华。

2.3 高校信息公开的理论基础

高校信息公开涉及信息管理学、法学、教育学、政治学、政策学、经济学和公共管理学等多个领域，相关学科知识从不同角度为高校信息公开研究提供了充实的理论基础。

2.3.1 高校信息公开的政治学理论基础

高校信息公开是实现现代大学治理的重要途径，需要依赖一定的政策、法律和制度的手段来实现，人民主权理论和政策工具理论为高校信息公开研究奠定了重要的政治学理论基础。

(1) 人民主权理论

人民主权观念最早萌芽于 14 世纪的意大利。根据卢梭的社会契约论，国家是根据人们订立的契约建立的，大家必须服从公意，公意即为最高权力，即主权，主权应当属于人民。我国也在1949年《中华人民共和宪法》第二条规定："中华人民共和国的一切权力属于人民。"宪法学家列文斯丹教授把对人民主权和自由的保障定义为对政治权力的一种垂直制衡机制。美国《信息自由法》序言这样写道："如果要实现民有、民治、民享，那么人民就必须能够详细地了解相关信息。"因为没有任何事物比秘密更能损害民主[86]。

人民是主权的享有者，没有私益、没有私权，包括知晓高校突发事件具体信息的权利，以及知晓所有和自己相关信息的权利。依照人民主权理论，政府机构既然从事的是公务活动，就负有向国家权力的主人公开其掌握的公共信息的义务，政府及相关公共企事业单位必须及时公开政府及事务信息，自觉、自愿接受授权者的监督。那么在高校各类活动中必须将所获得的信息采取最低成本、最为便捷的方法，准确无误地公开给大众。信息公开是为了保障公民的权益，增进公民的利益，接受人民的监督；信息公开能够有效地消除行政权力扩张所带来的危险性，有助于体现对人的自由尊重，从而使得国家和人民在信息的获取与利用上达到利益的均衡。

（2）政策工具理论

政策工具目前已经成为公共管理和政策科学的重要研究领域，无论是学术界还是实践界，在公共行政学还是政策科学领域，政策工具理论都以其强大的解释力和广泛的应用性获得了普遍关注[87]，政策工具研究的核心就是"如何将政策意图转变为管理行为，将政策理想转变为政策现实"[88]。基于政策工具层次的宽泛性，政策工具有时候与政策本身难以泾渭分明：特定的政策工具从某一层面上看它是一项政策；但从更高层面看又只是上层政策的一个工具；从另一角度看，政策（政府）工具既指政府用于改善内部流程和管理方式的机制，又包括政府提供公共管理和公共服务的机制。对于高校信息公开而言，政策工具理论的引入一方面使高校内部体制改革的理念和战略能够落实到操作层面，另一方面又使得高校管理与服务的多元化机制得以实现。

2.3.2 高校信息公开的法学理论基础

高校信息公开的法学理论基础涉及公民受教育权、知情权、信息获取权等。

（1）公民受教育权

高校不同于政府，高等教育具有社会公益性和个人权利性的双重属性。为保障高等教育公益目的和个人权利的全面实现，世界各国无论教育体制如何，均确认高等教育系具有公共性质的事业。高校资金来源渠道之一是公共财政投入，从国家资源和社会资源投入者的角度看，国民作为纳税人，享有公共信息的知情权。随着教育的普及，每个公民接受高等教育的机会增加了，但是公民高等教育权受保护的程度却存在降低的危险。从受教育者角度说，充分的信息可以帮助他们更好地实现受教育权。高等教育服务具有无形性、非标准性、消费服务与参与生产的同时性等特点，消费者不仅对信息的真实性和服务质量难以进行判断，还要由自己承担服务质量的风险责任[89]。要保证大学生现实及潜在的受教育权益顺利、充分的得以实现，教育信息的自由流通是先决条件。

现代大学制度的核心是在政府的宏观领导下，面向社会，依法自主办学，实行民主管理。高校信息公开有利于厘清政校关系，强化政府法律监督，保障师生和社会公众的知情权和监督权，激发其参与权和表达权，优化大学内部治理结构，降低行政成本，提高学校运行效能，是推动高等教育改革的重要制度[90]。高校依据法律、法规授权行使相应办学自主权和行政管理权，其性质为公权力，它直接关系到教育法律关系另一方主体——学生受教育权是否实现。建立高校信息公开机制，是铲除高校公权力异化现象的当务之急，更是保障学生受教育权的充分实现及依法治校的根本需要。在现代法治社会，高校信息公开制度被很多发达国家视为保障学生受教育权实现的有效方式[91]。

（2）公民知情权

知情权（the right to know），又称为知悉权、了解权，由美国新闻编辑肯特·库泊（Kent Copper）在1945年1月的演讲中首次提出来的，其基本含义是社会公众有权知道他所应该知道的事情，保障公民获取信息的权利[92]。1946年，联合国大会通过第五十九号决议，知情权被列为最基本人权之一。随后，1948年的《世界人权宣言》中明确阐述了知情权，其中第十九条规定：人人都有权享有发表意见的自由，包括持有主张并且不受干涉的自由，不论国界寻求、接受和传递信息的自由[93]。“知情自由”与“知情权利”是知情权的两个组成部分。知情自由是指根据法律规定公民、法人及其他团体不受妨害地获得信息的自由；知情权利是指根据法律规定公民、法人及其他组织向国家机关、公共机构，以及其他公民、组织请求公开信息的权利。

从性质上分析，知情权一般被认为是一种民事权利和政治权利、社会权利的综合体，但更多地体现为政治权利和社会权利方面。作为民事权利，它主要体现在公民对个人信息的知情权方面，这是民事主体人格权的一部分。作为政治权利和社会权利，主要体现在公民和政府关于信息公开的权利分配方面，这里不仅仅是公民单方的个体，更重要的是作为公共权力主体的政府，他们之间的权利和权力的分配，已经带有了政治属性[94]。知情权还是公民的生存权、发展权的题中应有之意。公民个人需要足够多的信息增长知识、形成和发展人格。尤其在现代社会中，信息如同空气和水一样对人们时刻不可或缺，已成为人们活动的基础和动力，每个人都需要大量信息来判断自身的处境并做出选择。同时，现实中存在着大量与个人生活息息相关的信息，诸如自然环境、社会治安、政府决策等，直接影响甚至威胁着个人的生存与发展。只有充分了解这些信息，公民才能采取各种手段予以应对[95]。

我们可以看出，知情权的实现不但要靠自己主动获取信息，还要依靠相关部门公开信息，这关系着知情权的顺利实现。高等学校主动公开信息以及提供依申请公开信息，目标就是保证利益相关者的知情权充分实现。

(3) 公众信息获取权

信息获取权是知情权的重要组成部分，信息公开是知情权的基本保障，没有信息公开，知情权就流于形式和空谈，参与权和监督权更无从谈起。信息公开的根本目的是保障公民的信息获取的权利。只有承认公民的信息获取权利，并以此为立法基础，信息公开才有其实质性的意义[96]。英国《信息公开法》(2002 年第 36 章) 第一部分的开篇语是“信息的权利”，第一条款名称为“获取公共当局拥有信息的一般权利”。加拿大的信息公开法名为《信息获取法》，该法直接提及“获取信息的权利”：“本法的目的是扩大目前加拿大法律，以提供获取在政府机构控制下的已记录的信息的权利。”克罗地亚的信息公开法的法律名称中包含了“获取权利”一词，名为《信息获取权利法》。该法指出“获取信息的权利，对于执行和保护公众知情的利益与权利、确保一个自由和民主的社会、确保政府制度的透明和公开的目的是必要的。”

2.3.3 高校信息公开的管理学理论基础

高校信息公开的管理学理论基础包括企业管理理论中的利益相关者参与治理理论、信息管理理论中的信息资源共享理论等。

(1) 利益相关者参与治理理论

利益相关者本是经济学和企业管理中的概念，随着现代大学治理理念的发展而延伸至高等教育领域。利益相关者理论推翻了传统公司法理论中以股东利益为中心的观点，认为公司是一种集多种利益相关者的利益于一身的组织，如股东、员工、客户、消费者、分销商等，因而公司应当考虑这些主体参与公司治理及利益实现的途径。大学也是如此，大学治理涉及众多利益主体，因而应通过信息公开等机制，实现这些利益主体的利益。美国学者罗索夫斯基在其出版的《美国校园文化——学生、教授、管理》一书中列举出大学的四类群体，即大学利益相关者，并按照重要程度划分为四个层次：第一层次是教师、行政主管和学生，为大学最重要的群体；第二层次是董事、校友和捐赠者，为大学重要的利益相关者；第三层次是政府等“部分拥有者”的利益相关者；第四层次是大学利益相关者中的边缘部分，即市民、社区、媒体，是可以纳入次要层次的利益相关者[97]。不论这种划分的科学性如何，反映的本质是现代大学治理已经不仅是大学自己的事情，诸多利益相关者都参与到大学的治理并影响大学的政策、规划、愿景及实施手段。高等教育作为一个领域，涉及学生和教职工等直接利益群体；高等教育作为一项公共事业，又具有很强的效用外溢性，涉及整个社会[98]。利益相关者只有掌握必要的信息才能介入大学治理，为此高校需要建立一个完善的信息沟通机制，让利益相关者及时地获取学校的教育管理与社会服务信息，彰显现代大学制度的核心特征[99]。制定并实施信息公开政策、构建信息公开制度、导入社会参与机制并建立利益相关者参与逻辑下的共同治理模式，是现代大学制度建设的精髓。

（2）信息资源共享理论

在当今的信息时代，信息公开不仅具有民主价值，同时还具有信息资源共享从而降低获得信息成本的经济价值，为信息资源共享提供了管理方面的保障。信息公开工作的开展涉及各个职能部门，有利于打破部门之间的信息垄断，其运作实践需要建立部门之间协调工作，实现信息资源的共享。在传统模式下，信息垄断是普遍现象，各部门极力维护自己对信息的独占权，一是信息意味着权力和利益，二是信息也意味着业绩，因此各个部门都不愿意将作为业绩的信息进行共享。只有实现信息资源共享，才能推进信息的有效利用，产生更大的信息价值；信息利用服从于收益递增规律（increasing return），即信息被利用得越充分，其产生的收益就越大[100]。信息公开是信息共享的基础，而信息共享是信息公开的结果与目的，高校信息公开本身就是最大范围的实现信息共享。

2.3.4 高校信息公开的经济学理论基础

高校信息公开的经济学理论基础是信息不对称理论和博弈论。

（1）信息不对称理论

信息不对称是指决策所依赖的信息在其相对应的组织、个体之间呈现不对称、不均匀的分布状态，即一方占有的信息的数量和质量优于另一方。传统的经济学理论是假设市场交易双方具有对称的信息，即在市场交易过程中消费者和生产者都拥有作出正确决策所需要的信息。但是，在实际交易过程中，双方所掌握的信息往往是不对称的，这必然影响市场交换、经营及决策，当这种负面作用达到一定程度时就会导致市场混乱。交易双方在交易前后分别发生的道德风险和逆向选择，将进一步降低市场运行效率。据此，Michael Spence 设计出“信号传递模型”，提出在市场中具有信息优势的个体可以将“信号”准确无误地公开给处于信息劣势的个体，这将有效克服市场信息不对称的问题[101]。

在信息不对称的背景下，如何在制度上进行适当的设计，减少拥有信息优势的人利用信息优势损害公共利益，就非常必要，信息不对称问题的解决关键在于信息的公开机制[102]。高校信息具有较强的公共性，需要建立公开机制，打破高校与利益相关者之间的信息不对称，同时降低信息交易的成本。如果高校信息公开不完善，社会公众就难以获得高校活动信息，就会导致信息不对称现象的出现。解决高校信息不对称问题的根本方法就是高校信息公开，高校是信息公开过程中的核心环节，其拥有信息优势的行为主体实行信息公开，有利于信息流以高校为核心顺畅地辐射到政府、社会、个人信息受体，促进信息均衡。

（2）信息交易及其成本理论

在经济学中，信息不只是对交易的一种支持（对经济交换的外部支持），而且信息本身也可作为交易（经济交换）的对象，信息在交易中实现其价值，而交易又构成了信息创造和信息应用的推动力；由高等学校记录保存的高校信息，也需要传播、需要交易，它只有在与利益相关者的分享之中才能体现其价值、发挥其功效。在这种交易关系中，高校居于信息优势地位，是信息提供者和信息传送者，而利益相关者从高校获得信息，基于信息作出工作、学习、生活的安排，高校和公民都可从这种信息交易中获得合法的交易好处。另一方面，由信息革命带来的新技术增加了政府处理和传送数据的认知能力，极大地降低了处理信息资源、进行信息交易的成本。但由于信息的提供总会存在着成本问题，因而信息的收集、处理和传递是需要成本的。当然，在高校信息公开的实践中，如果利益相关者获取信息的过程过于繁琐，也会无形中增加获取高校信息的成本，这种情况实则是一种变相的信息不公开[103]。

此外，高校信息公开涉及到高等教育事业发展及大学治理结构完善，涉及高等学校在新型社会结构中的形象塑造，涉及新闻舆论的评价与监督，涉及高校信息公开与保密的利益博弈等，因而，教育学、社会学、新闻传播学、博弈论等学科理论，都从不同角度为高校信息公开提供了理论上的支撑。

2.4 高校信息公开的特点及基本原则

由于高校作为一类社会主体的特殊性，高校信息公开具有与政府信息公开不同的特点，但在基本原则上二者具有相同性。

2.4.1 高校信息公开的特点

高等学校作为普及高等教育的社会机构，具有社会职能的同时又兼有教育职能和管理职能，是和谐社会民生工程的重要组成部分，因此，高校信息公开具有异于其他社会机构信息公开的特点。

（1）高校信息公开内容的多样性

在信息属性上，高校信息又分为教学信息、行政信息和财务信息等，这些信息属性交织在一起决定了高校信息公开内容具有多样性的特点。《办法》第七条的总共十二条款项明确了高校信息公开的基本内容，列举了六十余种具体信息，其中包括高校办学的基本信息、高校的规章制度信息、招生与就业信息、学科设置与教学设备配置信息、奖学金与助学贷款发放信息、收费项目的依据和标准及国际交流合作的信息等。

（2）高校信息公开制度的规范性

《办法》对信息公开的内容、范围、途径和要求以及监督和保障等环节都有明确的规定，将公开高校信息作为高校的一项义务，改变了高校公开信息的随意性，从而使高校信息公开具有规范性。高校主动公开的信息和依申请人申请公开的信息都必须遵照《办法》的要求，公开相关的信息，而不能以高校的意愿随意决定是否公开。

（3）高校信息公开工作的可持续性

高校信息公开工作作为一项庞大的工程，它的发展过程是循序渐进的，遵循可持续性发展的原则。《办法》第二十四条明确规定："高等学校应当编制学校上一学年信息公开工作年度报告，并于每年10月底前报送所在地省级教育行政部门。中央部门所属高校，还应当报送其上级主管部门。"这条规定要求高等学校每年对信息公开工作报告进行审阅，说明高校信息公开工作是一项年复一年的长期工作计划，并不是阶段性的任务，显示了高校信息公开工作具有可持续性。

（4）高校信息公开过程的开放性

《办法》第十三条规定："高等学校应当在学校网站开设信息公开意见箱，

设置信息公开专栏，建立有效链接，及时更新信息，并通过信息公开意见箱听取对学校信息公开工作的意见和建议。”《办法》第十七条规定：“学校决策事项需要征求教师、学生和学校其他工作人员意见的，公开征求意见的期限不得少于10个工作日。”这两条规定充分说明了高校信息公开过程具有开放性，体现了高校信息公开对公众参与权和表达权的保护，从而在根本上保证了高校信息公开工作中会源源不断地吸收来自高校内部和社会各界的建设性元素，为高校信息公开工作的永葆生机注入了强大的动力。

2.4.2 高校信息公开的基本原则

借鉴《条例》并考察《办法》的相关内容，我们认为高校信息公开在实施过程中应遵循公开原则、平等原则、便民原则、救济原则和及时准确的原则。

（1）公开原则

世界各国信息公开法律制度的一个共同原则就是：信息公开是原则，不公开是例外[104]。这一原则所表达的意思是高校信息中除了法律规定不公开的信息之外，其他信息都应该公开。目前高校信息不公开的原因主要有两个：首先，在行政过程中，行政人员为了避免信息公开后可能带来的不便而将信息封闭；其次，认为高校信息是高校的私有财产。这就方便了高校行政人员在决策过程中不需要向外界交代，但对社会却是全无益处，违背了高校“阳光工程”的主旨，是高校自利性的显现。当然，高等学校不同于政府机构，高校信息公开还要兼顾高校的学术自由、学术权利和自治权利。

（2）平等原则

高校信息公开的平等原则是法律面前人人平等原则在高等教育领域的延伸和体现，是指高等学校的师生及社会公众有平等的获取及使用高校信息的权利，高校不准以任何借口在信息公开过程中厚此薄彼，对任何人有歧视的看法和行为。同理，平等原则是相互的，高校在遵守平等原则的同时，校内师生与社会公众不得以不合理的条件和借口强行要求高校公开有关法律规定的不得公开的信息。

（3）便民原则

便民原则主要是指在设计信息公开制度时，信息公开的范围、方式、程序、救济等方面都应该包括有利于公众获取信息的环节，确保其知情权的实现[105]。便民原则要求高等学校在信息公开工作中要有“读者意识”，方便其及时获取，以减少因为信息不及时、信息不对称和信息不自由等因素给社会公众带来的负面影响。便民原则的落实还需要相关的配套制度和物质保障，比如在人群密集的地方构建高校信息公开专门负责机构和安排信息专员；放置信息公开宣传手册；建立高校信息统一发布平台；开设高校信息公开论坛和设置显示有高校信息公开内容的电子触摸屏等。

（4）救济原则

无救济则无权利，没有救济的信息公开制度不是法治意义上的信息公开制度[106]。高校信息公开的救济原则是指当申请人认为其知情权、参与权和监督权等合法权益或者第三人认为其合法权益受到威胁侵害时，可以通过行政或者司法的途径获得救济。世界各国的信息公开法，都赋予申请人请求行政复议、司法审查或立法救济的权利[107]。高校信息公开不能只依靠政策推动，原因之一就是行政政策不能设定法律上的救济，没有救济，权利就不可能得到保障。因此，为了确保高校信息公开政策和制度能够得到有效的执行和实施，设立信息公开的权利救济机制显得尤为重要。

（5）及时准确原则

由于信息的时效性要求，高校公开的信息必须是及时的、可用的，使公众能够在第一时间了解到与自己生产、生活、科研有关的各种信息的最新动态，从而提高生产效率、改善生活质量和丰富科研成果。同时，高校公开的信息必须是准确的、真实的和完整的。根据《办法》的第六条规定："高等学校发现不利于校园和社会稳定的虚假信息或者不完整信息的，应当在其职责范围内及时发布准确信息予以澄清。"坚持准确原则，可以防止有些高校不顾社会舆论的压力宣传虚假信息或者断章取义，扰乱社会公共秩序，侵犯公众的知情权等合法权益。

（6）依法治理原则

高校是拥有办学自主权的公共服务机构，其功能是组织教育、教学的场所，按照有关法律、法规的规定，高校在教育行政主管部门的领导和监督下组织和进行教育、教学工作[108]。因此，高校信息公开也应当依法运行与治理，其手段既包括多种形式的政策，也包括国家法律、法规和部门规章规范。高校信息公开作为政府信息公开的一个重要部分，其法律依据主要是我国《高等教育法》、《保密法》、《条例》和《办法》；《国家中长期教育改革和发展规划纲要（2010～2020 年)》、《教育部办公厅关于施行<高等学校信息公开办法>的通知》等文件，则是高校信息公开的重要政策指南。高校应当积极制定信息公开政策，构建信息公开制度，有效地推进现代大学治理结构的优化。

参考文献

[1] 尹晓敏．高校信息公开的第三种意义及其实现策略［J］．现代教育管理，2012（5）：50-53.
[2] 夏征农等主编．辞海（第六版缩印本）［M］．上海辞书出版社，2012：2122.
[3] 中国大百科全书（精粹本）［M］．中国大百科全书出版社，2002：1621.
[4] 高波．我国政府传播论［M］．中央民族大学博士学位论文，2006.
[5] 朱友刚．服务型政府视角下的政府信息公开研究［M］．山东大学博士学位论文，2012：16-17.
[6] 王勇．政府信息公开论［D］．中国政法大学博士学位论文，2005：7-9.
[7] 魏永征，张咏华，林琳．西方传媒的法制、管理和自律［M］．北京：中国人民大学出版社，2003：48.
[8] 段鹏翔．信息公开制度研究［D］．武汉大学硕士学位论文，2004.
[9] 翟司霞．中美信息公开比较：基于案例的分析［J］．中国行政管理，2012（11）：84-88.
[10] 赵国洪，黎小兰．中国政府信息公开的有效性及驱力模型分析：基于相关性的分析［J］．电子政务，2012（12）：2-14.
[11] 朱春霞．论信息公开［D］．复旦大学博士学位论文，2005：25-26.
[12] 朱春霞．论信息公开［D］．复旦大学博士学位论文，2005：27-28.
[13] 杨佶．政府信息公开法律规范必须转变视角——以保障公民知情权为宗旨［J］．政治与法律，2013（2）：116-124.
[14] 郭道晖．知情权与信息公开制度［J］．江海学刊，2003（1）：127-133.
[15] 朱红灿．基于优化粗糙集的政府信息公开公众满意度测评研究［D］．湘潭大学博士学位论文，2011：25-30.
[16] 刘恒．政府信息公开制度［M］．北京：中国社会科学出版社，2004：2.
[17] 山丹．政府信息公开研究［D］．中国政法大学硕士学位论文，2006：2.
[18] 刘恒．政府信息公开制度［M］．北京：中国社会科学出版社，2004：22-24.
[19] 高丽萍．政府信息公开范围研究［D］．中国政法大学硕士学位论文，2006：3-4.
[20] 张红菊．英国信息公开制度及其特点［J］．中国监察，2009（2）：45-46.
[21] 汪全胜．论政府信息公开的实现机制［J］．软科学，2004（5）：69-70.

[22] 王勇．政府信息公开论 [D]．中国政法大学博士学位论文，2005：13-14.
[23] 程妮．我国政府信息公开制度初探 [J]．图书与情报，2005 (2)：6-7.
[24] 倪菀．我国政府信息公开制度的理论与实践研究 [D]．四川大学硕士学位论文，2006：13.
[25] 张潇云．我国政府信息公开法制建设研究 [D]．电子科技大学硕士学位论文，2006：13-14.
[26] 倪菀．我国政府信息公开制度的理论与实践研究 [D]．四川大学硕士学位论文，2006：14.
[27] 马怀德主编．公立高校信息公开研究 [M]．中国法制出版社，2012：28-29.
[28] 汤谦繁．我国高等学校社会服务研究 [D]．江西师范大学硕士学位论文，2008：12-19.
[29] 马怀德主编．公立高校信息公开研究 [M]．中国法制出版社，2012：50.
[30] 尹晓敏．高校信息公开的第三种意义及其实现策略 [J]．现代教育管理，2012 (5)：50-53.
[31] 尹晓敏．高校信息公开若干疑难问题解析 [J]．高等教育研究，2011，32 (7)：47-50，55.
[32] 姚金菊．美国高校信息公开研究 [J]．行政法学研究，2010 (4)：99-104.
[33] 马怀德．公立高校信息公开研究 [M]．中国法制出版社，2012.
[34] 朱科蓉．教育信息公开研究 [M]．重庆大学出版社，2008.
[35] 曾兵．高校信息公开制度建设研究 [D]．厦门大学硕士学位论文，2006.
[36] 王彤．高等学校信息公开制度研究 [D]．中国政法大学硕士学位论文，2010.
[37] 张妍妍．高校信息公开制度——以受教育权保护为基点 [J]．聊城大学学报（社会科学版），2011 (3)：122-126.
[38] 徐敏．高校信息公开与现代大学制度建设 [J]．江苏高教，2011 (1)：43-45.
[39] 尹晓敏．我国高校信息公开法律制度研究——基于教育部新颁《高等学校信息公开办法》的分析 [J]．现代教育科学，2011 (3)：88-92.
[40] 马海群，吕红．高校信息公开制度体系的构建 [J]．情报资料工作，2012 (3)：10-15.
[41] 姚金菊．美国高校信息公开研究 [J]．行政法学研究，2010 (4)：99-104.
[42] 马海群，温丽丽．我国大学信息公开政策的法律依据及问题分析 [J]．现

代情报, 2011, 31 (3): 3-6.
[43] 马海群, 王英. 高校信息公开政策在大学治理中的价值定位 [J]. 图书情报工作, 2012, 56 (18): 14-17, 72.
[44] 吕红. 高校信息公开政策评价理论体系的构建研究 [J]. 图书情报工作, 2012, 56 (18): 25-28, 92.
[45] 马海群, 吕红. 高校信息公开政策实施效果评价体系构建研究 [J]. 情报科学, 2013, 31 (7): 3-9, 35.
[46] 湛中乐. 大学信息公开制度的建设与反思 [J]. 国家教育行政学院学报, 2013 (2): 3-8.
[47] 邵亚萍. 学术自由视域中的高校信息公开决定权 [J]. 教育发展研究, 2011 (21): 79-83.
[48] 李庆珍. 高校信息公开的行政法问题研究 [D]. 中国政法大学硕士学位论文, 2011.
[49] 尹晓敏. 我国高校信息公开法律制度研究——基于教育部新颁《高等学校信息公开办法》的分析 [J]. 现代教育科学, 2011 (3): 88-92.
[50] 程琥. 高校信息公开行政诉讼若干问题研究 [J]. 行政法学研究, 2013 (2): 22-28.
[51] 周兰领, 宋艳慧. 论公立高校信息公开行为的司法救济 [J]. 西部学刊, 2013 (3): 48-51.
[52] 尹晓敏. 高校招生信息公开制度研究 [J]. 现代教育论丛, 2005 (1): 45-48.
[53] 尹晓敏. 行政法学视野中的高校招生信息公开制度之构建 [J]. 教育评论, 2004 (6): 27-31.
[54] 周斑. 高等学校财务信息公开研究——以"三公经费"为例 [J]. 教育财会研究, 2013, 24 (1): 3-6.
[55] 杨丽芳, 彭剑鸣, 余四华. 论高校规则治理的信息公开 [J]. 教育与职业, 2012 (9): 48-50.
[56] 易涛. 基于信息公开视角的高校文档一体化管理研究 [J]. 浙江档案, 2013 (1): 18-20.
[57] 韩彬彬. 高校信息公开背景下高校档案馆职能转型研究 [J]. 档案学通讯, 2013 (4): 94-97.
[58] 朱红灿. 基于优化粗糙集的政府信息公开公众满意度测评研究 [D]. 湘潭大学博士学位论文, 2011: 6-7.

[59] Burroughs, Jennie M. What users want: Assessing government information preferences to drive information services [J]. Government Information Quarterly, 2009, 26 (1): 203-218.

[60] Takashi Koga. Access to government information in Japan: a long way toward electronic government? [J]. Government Information Quarterly, 2003, 20 (1): 47-62.

[61] McLendon, Michael K.; Hearn, James C. Mandated Openness in Public Higher Education: A Field Studyof State Sunshine Laws and Institutional Governance [J]. The Journal of Higher Education, 2006, 77 (4): 645-683.

[62] Mason, Michael. Information disclosure and environmental rights: the Aarhus Convention [J]. Global Environmental Politics, 2010, 10 (3): 10-31.

[63] Hyunhoe, Bae. et al. Information Disclosure Policy: Do State Data Processing Efforts Help More Than the Information Disclosure Itself? [J]. Journal of Policy Analysis and Management, 2010, 29 (1): 163-182.

[64] Lev, Baruch. Information Disclosure Strategy [J]. California Management Review, Summer 1992: 9-32.

[65] Andina-Díaz, Ascensi6n. Media competition and information disclosure [J]. Social Choice Welfair, 2009, 33: 261-280.

[66] Zimmer, J. Christopher. et al. Knowing your customers: Using a reciprocal relationship to enhance voluntary information disclosure [J]. Decision Support Systems, 2010, 48: 395-406.

[67] Mital, Monika; Israel, D.; Agarwal, Shailja. Information exchange and information disclosure in social networking web sites: Mediating role of trust [J]. The Learning Organization, 2010, 17 (6): 479-490.

[68] Huff, Warren D. Colleges and universities: survival in the information age [J]. Computers & Geosciences, 2000, 26 (6): 635-640.

[69] Green, K. C. Campus portalsmake progress; technology budgets suffer significant cuts [EB/OL]. [2013-11-01]. http://www.campuscomputing.net/summaries/2002/index.html.

[70] Green, K. C. Campus computing 2003. Encino, CA: Campus Computing Project.

[71] Green, K. C. Tech budgets get some relief; cautious support for open source applications [EB/OL]. [2013-11-01]. http://www.campuscomputing.net

/sites/www. campuscomputing. net/files/2004-CCP. pdf.

[72] Green, K. C. Growing concern about campus IT security; slow progress on IT disaster recovery planning [EB/OL]. [2013-11-01]. http://www. campuscomputing. net/sites/www. campuscomputing. net/files/2005-CCP. pdf.

[73] Green, K. C. Wireless networks reach half of college classrooms; IT security incidents decline this past year [EB/OL]. [2013-11-01]. http://www. campuscomputing. net/sites/www. campuscomputing. net/files/2006-CCP. pdf.

[74] Meyer, Katrina A. The "virtual face" of institutions: Why legislators and other outsiders view higher education as aloof [J]. Internet and Higher Education, 2008 (11): 178-185.

[75] St Sauver, J. Selected elements of the 2003 university home page study [EB/OL]. [2013-11-01]. http://cc. uoregon. edu/cnews/fall2003/webstudy. html.

[76] Eduventures. Optimizing school web sites as a marketing and recruitment tool [J]. Chronicle of Higher Education, 2008, 54 (1): 8.

[77] Pinto, M. et al. Information provided by Spanish university websites on their assessment and quality processes [J]. Scientometrics, 2009, 81 (1): 265-289.

[78] Cleveland, H. (1985). The costs and benefits of openness: Sunshine laws and higher education. Washington, DC: Association of Governing Boards of Universities and Colleges (AGB). (ERIC Documented Reproduction Service No. ED 263814).

[79] Estes, N. State university presidential searches: Law and practice [J]. Journal of College and University Law, 2000, 26 (3): 485-509.

[80] Sherman, M. J. How free is free enough? Public university presidential searches, university autonomy, and state open meetings acts [J]. Journal of College and University Law, 2000, 26 (4): 665-700.

[81] McLendon, Michael K.; Hearn, James C. Mandated Openness in Public Higher Education: A Field Studyof State Sunshine Laws and Institutional Governance [J]. The Journal of Higher Education, 2006, 77 (4): 645-683.

[82] Gawley, Tim. University Administrators as Information Tacticians: Understanding Transparency as Selective Concealment and Instrumental Disclosure [J].

Symbolic Interaction, 2008, 31 (2): 183-204.

[83] Gallego, Isabel. et al. Universities' Websites: Disclosure Practices and the Revelation of Financial Information [J]. The International Journal of Digital Accounting Research, 2009 (9): 153-192.

[84] Gallego - Álvarez, Isabel. et al. Information disclosed online by Spanish universities: content and explanatory factors [J]. Online Information Review, 2011, 35 (3): 360-385.

[85] 山崎慎一. 標準化フォーマットに基づく大学情報の公開——アメリカ州立大学団体の試行から [J]. 情報管理, 2011, 54 (6): 335-344.

[86] 冯晴. 我国突发事件中的政府信息公开制度研究 [D]. 复旦大学硕士学位论文, 2010.

[87] 黄红华. 政策工具理论的兴起及其在中国的发展 [J]. 社会科学, 2010 (4): 13-19.

[88] 陈振明, 薛澜. 中国公共管理理论研究的重点领域和主题 [J]. 中国社会科学, 2007 (3): 140-152.

[89] 赵雄辉. 基于教育服务消费的大学生权利研究 [M]. 长沙: 湖南大学出版社, 2007: 92.

[90] 王敬波. 让阳光照进象牙塔: 高校信息公开的法理分析 [N]. 中国社会科学报, 2013 年 5 月 15 日第 A07 版.

[91] 张妍妍. 高校信息公开制度——以受教育权保护为基点 [J]. 聊城大学学报 (社会科学版), 2011 (3): 122-126.

[92] 林爱珺. 知情权的法律保障 [M]. 上海: 复旦大学出版社, 2010: 97.

[93] 托比·曼德尔著, 龚文庠等译. 信息自由: 多国法律比较 [M]. 北京: 社会科学文献出版社, 2011: 31.

[94] 王勇. 政府信息公开制度的法理基础 [J]. 中共中央党校学报, 2005, 9 (3): 88-93.

[95] 戚红梅. 我国政府信息公开的豁免制度研究 [D]. 苏州大学博士学位论文, 2013: 21.

[96] 范并思. 信息获取权利: 政府信息公开的法理基础 [J]. 图书情报工作, 2008, 52 (6): 36-38.

[97] 胡赤弟. 高等教育中的利益相关者分析 [J]. 教育研究, 2005 (3): 38-46.

[98] 朱科蓉. 教育信息公开研究 [M]. 重庆大学出版社, 2008: 7.

[99] 尹晓敏．高校信息公开：从学术、立法到机制的逻辑［J］．现代教育科学，2010（4）：23-27.
[100] 孙宇．政府信息公开、公共政策议程和参与型治理［J］．中国行政管理，2009（2）：66.
[101] 张继明，吴志鹏．高等教育信息不对称对策研究——高校信息公开的视角［J］．教育学术月刊，2010（11）：66-69.
[102] 杨会永．行政信息公开的制度基础：从信息不对称理论展开［D］．郑州大学硕士学位论文，2005：10-12.
[103] 谭宗泽，杨解君．政府信息公开的理论基础——多学科视角的探讨［J］．江海学刊，2010（4）：125-136.
[104] 张明杰．开放的政府——政府信息公开法律制度研究［M］．北京：中国政法大学出版社，2003：103.
[105] 向左群．政府信息公开制度研究［M］．北京：知识产权出版社，2007：196.
[106] 马怀德主编．公立高校信息公开研究［M］．中国法制出版社，2012：95.
[107] 张明杰．开放的政府——政府信息公开法律制度研究［M］．北京：中国政法大学出版社，2003：116.
[108] 程琥．高校信息公开行政诉讼若干问题研究［J］．行政法学研究，2013（2）：22-28.

3 高校信息公开状况调查分析

高校信息公开政策的制定、执行及评价，来自于高校及社会需求，而且要密切结合高校信息公开的现实发展状况。学校作为与人民群众利益密切相关的事业单位，其信息公开工作受到社会各界的普遍关注。《条例》把包括教育在内的公共企事业单位作为信息公开的重要主体，并明确实施的具体办法由国务院有关主管部门制定。高等学校的校务公开工作起步较早，从2002年出台《关于全面推进校务公开工作的意见》以来，全国高等学校的校务公开工作不断取得进展。《条例》下发后，为做好《条例》在教育领域的贯彻落实，教育部即着手进行《办法》的制订工作，并于2007年底至2008年上半年组织开展了全国范围的校务公开调研。2008年6月初形成《办法》初稿（即《意见稿》），并先后征求了省级教育行政部门、有关高校、法律、高教管理、信息公开方面专家，以及国务院有关部委的意见和建议14轮，特别是2009年4月2日至17日通过教育部门户网站和中国政府法制信息网公开征求了社会各界的意见，促进了《办法》的不断完善。正式发布实施的《办法》（教育部令第29号）共5章32条，于2010年3月30日第5次部长办公会议审议通过，自2010年9月1日起施行。此外，为做好《办法》的贯彻实施工作，2010年4月28日教育部办公厅还下发了关于施行《办法》的通知。为了解和展示我国高校信息公开的现实发展状况，有必要对我国高校信息公开公众响应情况及意识需求、我国高校信息公开网站建设现状等方面进行调查分析，以增强高校信息公开政策的针对性和适用性。

3.1 我国高校信息公开公众响应情况及意识需求调查分析

为了解我国公民对高校信息公开的相应程度及意识需求状况，我们借助于网络进行了一次较为系统的调查研究。

3.1.1 调查背景

我国网民规模的迅速扩大，为网络调查提供了足够多的调查对象，网民规模已能满足统计调查对样本数的需求，在我国实施网络调查已具备可行性[1]。我们借助网络问卷调查的方法，调查时间段为2010年7月23日～2010年8月23日，通过在相关网站（人人网、腾讯QQ群、人民网强国论坛、百度贴吧、高校论坛、教师社区、情报学学习网站等）发布调查问卷链接，由公众自愿填写问卷。为防止恶意提交，采用IP+若干个特征标志的身份识别技术对参与者进行判断，达到只允许同一公众接受一次调查、填写一份问卷的目的。通过对问卷进行统计分析，试图了解公众目前对高校信息公开的认知、看法、需求及高校信息公开现状，并提出相应建议，希望能为各个高校实施信息公开工作提供参考。

3.1.2 问卷调查表设计

问卷共设计20道必答题，为提高调查效果，全部为选项式调查。问卷包含公众目前对高校信息公开的了解、认识、态度、意识、使用情况、产生的主观影响及主要内容等几个方面。对于影响公众对高校信息公开的了解和认识的因素，主要从职业、学历、地域、对相关法律法规认知几方面展开；对于公众对高校信息公开的态度及意识则从公众对高校信息公开及对高校信息公开立法的态度、获取高校信息的权利意识、满意度等方面展开。对于公众对高校信息的使用情况调查了目的、获取途径；最后调查了公众认为高校信息公开产生的主观影响和希望获取《办法》中规定高等学校应当主动公开的十二项信息中的第几项。

3.1.3 调查范围及基本情况

问卷共被公众点击浏览937次，提交完整有效问卷数据共459份，问卷完成率48.99%。受调查对象公众群体分为五类：在校大学生、高校教师、高校学生家长、政府官员、其他社会公众。五类公众问卷完成率分别是：42.07%，68.83%，73.77%，63.04%，55.17%。问卷分布于华东、华南、华北、中部、西南、东北、西北七个区域，所占比例分别为20.7%，8.93%，11.55%，7.84%，8.71%，36.82%，5.45%。覆盖的地区较多，可依据本次调查的数据推及大部分国内的高校。调查数据其他的基础情况见图3-1、图3-2所示：

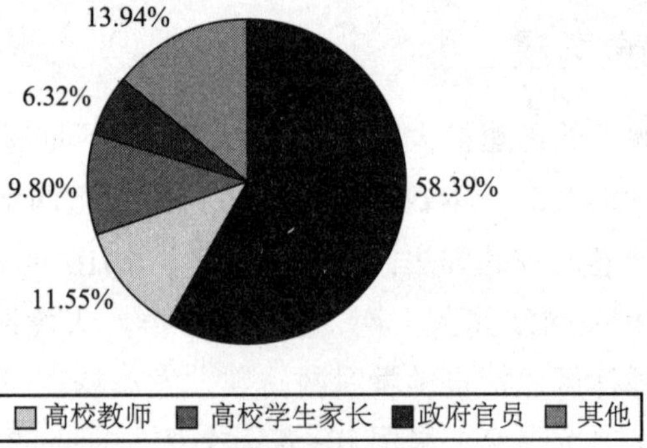

图 3-1 调查公众身份分布

在图 3-1 中调查对象涉及的公众身份有多种，其中在校大学生占 58.39%，高校教师占 11.55%，高校学生家长占 9.8%，政府官员占 6.32%，其他社会公众占 13.94%。

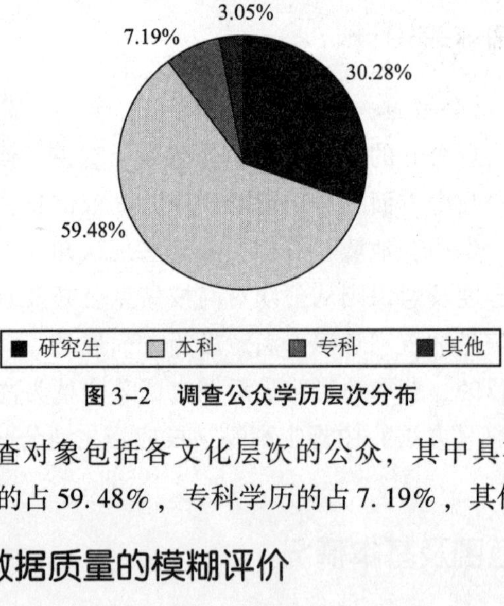

图 3-2 调查公众学历层次分布

在图 3-2 中调查对象包括各文化层次的公众，其中具有研究生学历的占 30.28%，本科学历的占 59.48%，专科学历的占 7.19%，其他占 3.05%，

3.1.4 调查数据质量的模糊评价

正确评价网络调查数据的质量影响到网络调查应用分析的可靠性，故在进行结果分析之前，采用多级模糊综合评价法对本次网络问卷调查的数据进行质量分析。拟采用参考文献[2]中设置的质量评价指标体系及其权重，限于篇幅，我们不列举评价指标体系表及其权重。我们从能得到的资料和综合各方面专家的评价意见，按评价等级域 $V=\{$差，较差，一般，较好，很好$\}$ 确定各项评价指标等级，对各个等级选取人数进行比例转化，得出各一级指标下二级指标隶属度矩阵，如下所示：

$$R_1 = \begin{bmatrix} 0.0 & 0.0 & 0.4 & 0.4 & 0.2 \\ 0.0 & 0.1 & 0.3 & 0.4 & 0.2 \\ 0.0 & 0.2 & 0.4 & 0.3 & 0.1 \end{bmatrix} \quad R_2 = \begin{bmatrix} 0.0 & 0.0 & 0.3 & 0.4 & 0.3 \\ 0.0 & 0.1 & 0.4 & 0.3 & 0.2 \\ 0.0 & 0.0 & 0.2 & 0.3 & 0.5 \\ 0.0 & 0.1 & 0.2 & 0.3 & 0.4 \\ 0.0 & 0.0 & 0.3 & 0.4 & 0.3 \end{bmatrix}$$

$$R_3 = \begin{bmatrix} 0.0 & 0.0 & 0.0 & 0.0 & 1.0 \\ 0.0 & 0.0 & 0.1 & 0.3 & 0.6 \\ 0.0 & 0.2 & 0.4 & 0.3 & 0.1 \end{bmatrix} \quad R_4 = \begin{bmatrix} 0.0 & 0.0 & 0.0 & 0.0 & 1.0 \\ 0.0 & 0.0 & 0.1 & 0.1 & 0.8 \\ 0.0 & 0.0 & 0.0 & 0.1 & 0.9 \\ 0.0 & 0.0 & 0.1 & 0.2 & 0.7 \end{bmatrix}$$

$$R_5 = \begin{bmatrix} 0.0 & 0.1 & 0.2 & 0.3 & 0.4 \\ 0.0 & 0.1 & 0.1 & 0.5 & 0.3 \\ 0.0 & 0.1 & 0.1 & 0.1 & 0.7 \\ 0.0 & 0.0 & 0.0 & 0.2 & 0.8 \end{bmatrix} \quad R_6 = \begin{bmatrix} 0.0 & 0.0 & 0.0 & 0.3 & 0.7 \\ 0.0 & 0.0 & 0.1 & 0.3 & 0.6 \\ 0.0 & 0.0 & 0.1 & 0.2 & 0.7 \\ 0.0 & 0.0 & 0.0 & 0.1 & 0.9 \end{bmatrix}$$

分别带入模糊评价模型的公式进行运算，得：$C1 = W_1 \circ R_1 = [0.00\ 0.12\ 0.36\ 0.36\ 0.16]$，$C2 = W_2 \circ R_2 = [0.00\ 0.04\ 0.29\ 0.35\ 0.32]$，$C3 = W_3 \circ R_3 = [0.00\ 0.06\ 0.16\ 0.21\ 0.57]$，$C4 = W_4 \circ R_4 = [0.00\ 0.00\ 0.05\ 0.10\ 0.85]$，$C5 = W_5 \circ R_5 = [0.00\ 0.07\ 0.09\ 0.25\ 0.59]$，$C6 = W_6 \circ R_6 = [0.00\ 0.00\ 0.05\ 0.24\ 0.71]$，最后得出问卷质量的综合评价隶属度矩阵 $B = W_A * [C1\ C2\ C3\ C4\ C5\ C6]$，$B = [0.00\ 0.051\ 0.186\ 0.253\ 0.510]$，按照模糊逻辑评价理论的最大隶属度原则，可得出本次高校信息公开意识及其需求调查问卷质量等级为很好。

3.1.5 调查结果分析

调查结果统计分析主要使用马克威软件进行频率分析及其交叉表分析，图表制作主要使用 Excel 软件。

（1）公众对高校信息公开相关法律法规认知情况

调查结果显示，公众对高校信息公开相关法律法规了解程度均为 30% 左右，从不了解到非常了解均呈现出逐级递减，全面展开高校信息公开的法律认知环境不太成熟，见表 3-1。

表 3-1 公众对高校信息公开相关法律法规认知情况

认知情况 \ 法律法规	《条例》	《意见稿》	《办法》
不了解	36.60%	40.96%	44.44%
不太了解	34.64%	28.10%	29.63%
一般了解	18.30%	20.04%	16.78%
比较了解	5.66%	7.84%	6.54%
非常了解	4.79%	3.05%	2.61%

表 3-2 卡方表

	皮尔逊卡方	皮尔逊卡方显著性（双尾）	似然比卡方	似然比卡方显著性（双尾）	卡方自由度
身份*《条例》	253.0280	0.0000	175.7258	0.0000	16
身份*《意见稿》	114.0210	0.0000	102.2636	0.0000	16
身份*《办法》	96.6612	0.0000	86.9126	0.0000	16
学历*《条例》	55.0988	0.0000	56.8101	0.0000	12
学历*《意见稿》	92.3063	0.0000	98.7803	0.0000	12
学历*《办法》	79.5796	0.0000	77.6212	0.0000	12
地域*《条例》	26.7825	0.3147	31.6444	0.1361	24
地域*《意见稿》	56.4062	0.0002	57.3898	0.0001	24
地域*《办法》	28.7029	0.2315	33.4625	0.0947	24

由卡方表 3-2 结果可知，皮尔逊卡方显著性和似然比卡方检验的结果均为 0.0000，小于 0.05，所以不同属性公众与高校信息公开相关法律法规认知程度之间有明显关系，公众对高校信息公开相关法律法规认知的差异，在公众身份和学历层次这两个变量上表现显著。在公众所处地域这个变量上，根据皮尔逊卡方显著性和似然比卡方检验的结果，表明公众所在地域与《条例》、《办法》的认知情况是没有显著性差异的。不过，公众所在地域与《意见稿》的认知情况之间有显著关系。

（2）公众对高校信息公开的态度、意识及满意度

高校除了实施高等教育外，还具有科学研究和社会服务的基本职能，尤其是在高等教育成为社会紧缺资源的环境下，公众对高校信息公开更有较大的期待与要求。调查显示，公众对高校信息公开的态度（见表3-3），80.39%的公众认为获取高校信息应该免费，但少量选择性收费型高校信息公开服务也能被接受，19.61%的公众认为高校可以按照学校所在地省级价格部门和财政部门规定的收费标准收取检索、复制、邮寄等费用。总的来说，高校信息公开得到了公众的普遍支持。

表3-3 公众对高校信息公开的态度

需求 态度	是否公开高校信息	是否为高校信息公开立法
非常没有必要	0.44%	1.31%
没有必要	3.05%	12.42%
有必要	37.69%	48.80%
非常有必要	58.82%	37.47%

调查显示，目前高校信息的公开还是以高校主动公开为主导，且高校对主动申请公开的回应不够积极。曾主动向高校申请了解有关信息的公众占39.43%，其余的从未主动申请信息公开。高校对公众的主动申请公开请求，仅有1.53%给予了及时回复，6.32%给予较快回复，另有19.83%虽给予回复但反应迟缓，还有11.76%直接被拒绝。对目前高校信息公开工作，有43.79%的公众表示满意，56.21%的公众表示不满意，详细情况见表3-4。

表3-4 身份*满意评价交叉表

		不满意	极不满意	基本满意	十分满意	总计
其他公众人士	计数	40	6	18	0	64
	行百分比%	62.5000	9.3750	28.1250	0.0000	13.9434
	列百分比%	18.7793	13.3333	9.8361	0.0000	
大学生	计数	108	30	120	10	268
	行百分比%	40.2985	11.1940	44.7761	3.7313	58.3878
	列百分比%	50.7042	66.6667	65.5738	55.5556	

续表

		不满意	极不满意	基本满意	十分满意	总计
大学生家长	计数	26	5	13	1	45
	行百分比%	57.7778	11.1111	28.8889	2.2222	9.8039
	列百分比%	12.2066	11.1111	7.1038	5.5556	
政府官员	计数	15	1	13	0	29
	行百分比%	51.7241	3.4483	44.8276	0.0000	6.3181
	列百分比%	7.0423	2.2222	7.1038	0.0000	
高校教师	计数	24	3	19	7	53
	行百分比%	45.2830	5.6604	35.8491	13.2075	11.5468
	列百分比%	11.2676	6.6667	10.3825	38.8889	
总计	计数	213	45	183	18	459
	百分比%	46.4052	9.8039	39.8693	3.9216	
		56.21%		43.79%		

表3-5　卡方表

	皮尔逊卡方	皮尔逊卡方显著性（双尾）	似然比卡方	似然比卡方显著性（双尾）	卡方自由度
身份 * 满意评价	31.1575	0.0019	30.9036	0.0020	12

表3-4列出了行、列单元格内的频数和行列百分比。表3-5列出了相关分析和卡方检验的结果。结果显示，皮尔逊卡方显著性为0.0019，似然比卡方检验的结果为0.0020，故在0.05的检验水平下，拒绝零假设，可以认为公众身份与高校信息公开满意度之间存在相关性。

（3）公众对高校信息的使用情况

对获取高校信息目的的多项选择调查情况见图3-3。从图中，我们可以看出公众获取高校相关信息的目的以维护自身知情权和了解相关情况为主，用于学习、监督高校和参与高校管理为辅，仅少量用于满足好奇心、科研及工作需要。

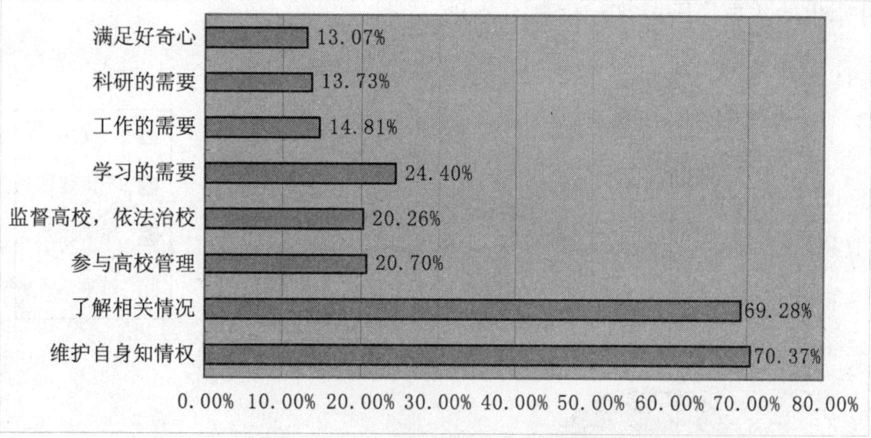

图 3-3 公众获取高校信息的目的

调查显示，公众希望获取高校信息的最主要途径是学校门户网站、学校校园网、图书馆阅览室，其中学校门户网站占 76.03%，学校校园网占 60.13%，图书馆阅览室占 45.32%，其余途径如校报校刊、寝室楼、自习室、校内广播、新闻发布会、占比分别为 30.50%、26.80%、20.48%、16.56%、10.24%。高校是否必要在校内设置公共查阅室、资料索取点、信息公告栏或者电子屏幕等场所及其设施的调查中，58.17% 的公众认为非常有必要，38.13% 认为有必要，仅 3.7% 认为没有必要。

（4）高校信息公开对高校的影响

调查显示，大部分公众认为高校信息公开将产生正面影响，仅有少量公众认为有负面影响或没有影响，见表 3-6。

表 3-6 高校信息公开产生的影响

有助于高校管理透明化，减少贪污现象	90.63%	能增进老师与校领导之间相互信任	29.19%
有助于提升中国高校的办学水平	67.10%	能防止高校盲目扩建	25.05%
能增进师生之间相互信任	53.59%	会扰乱高校正常教学与科研	3.92%
能增进公众对高校的支持	45.97%	会分散高校办学精力	3.49%
能节俭办学，减少浪费	33.77%	没有任何影响	1.74%

图 3-4 显示，73.86% 的公众预计高校信息公开后未来几年高校声誉会越来越好。83.01% 的公众认为，近年高校在基本建设、招标采购过程中，时有贪污

事件曝出的主要原因是高校信息不公开。

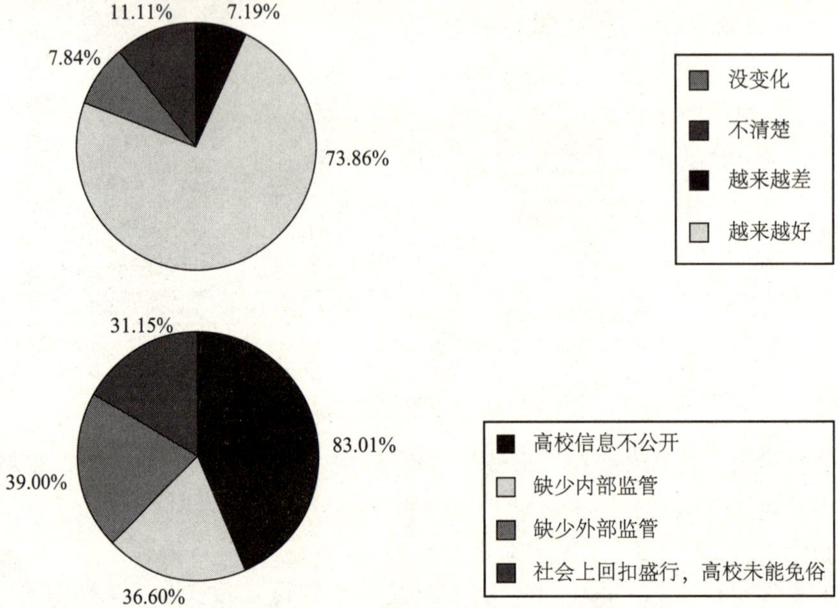

图 3-4　高校贪污事件原因及高校声誉变化

（5）高校信息公开的主要内容

《办法》第二章第七条规定了高等学校应当主动公开的十二项内容。从调查结果看，公众当前高校信息公开的主要需求集中在第八项、第四项、第六项（具体内容请参见该《办法》）。公众需求情况如表 3-7 所示：

表 3-7　公众对主动公开内容的需求情况

第八项	78.65%	第五项	47.49%	第二项	34.64%	第十项	24.62%
第四项	69.50%	第一项	46.84%	第九项	34.64%	第十二项	23.97%
第六项	59.48%	第三项	40.31%	第七项	33.12%	第十一项	23.75%

（6）公众对《办法》的评价

从调查结果可以看出大部分公众都认为教育部出台的《办法》是项好政策，应该大力支持；不过对《办法》比较了解的公众同时也认为《办法》本身具有一些缺点：部分规定的实施细则不详，难以操作，不够完善等，见图 3-5。

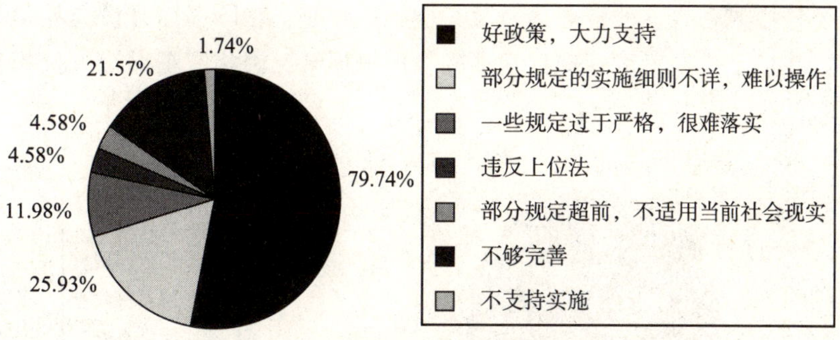

图 3-5 公众对《办法》的整体评价

3.1.6 调查结论

高校信息公开最重要的作用是有助于高校管理透明化，减少贪污现象，提升中国高校的办学水平，建立现代化的阳光高校。从表 3-3 可以看出，高校信息公开得到公众的普遍支持，支持率高达 96.51%；同时，图 3-5 显示公众对《办法》的支持率达 79.74%，大部分公众已具备作为高校信息公开权利主体的权利意识，知情权、监督权、参与权需求强烈。可见，我国高校信息公开的整体环境已经较为成熟，但表 3-1 显示，公众对高校信息公开相关法律法规了解程度为 30% 左右，还有必要加大宣传的力度。我们在调查问卷综合分析基础上，提出六条建议，希望能为教育部和高校的信息公开工作提供借鉴和指导。

（1）建立健全高校信息公开组织机构，强化高校信息公开意识

各高校要按照《办法》要求，设专门的信息公开办公室分别处理高校内部和外部的查询事宜。目前高校对主动申请公开的回应不够积极，也影响公众对高校信息公开的积极性。因此，需要建立健全高校信息公开组织机构，进一步强化高校信息公开意识，促进高校信息公开的制度化和常规化。在今后的高校信息公开中需以公众为中心，充分考虑公众利益，以服务的方式展开，从服务态度、公开方式、公开内容等多方面改进，使高校信息公开达到更好的效果，提高公众对高校信息公开的满意度。对此，我们将在第 7 章中进行深入阐述。

（2）以学校网站为主、图书馆为辅建立和完善信息公开渠道

在高校信息公开办公室的指导下尽快建立高效的高校信息公开网络平台，并指定专人负责平台后期的信息管理工作，经过调查，仅 31.59% 的高校在门户网和校园网上都开设有信息公开专栏，不到 10% 的高校仅在门户站或校园网上开设信息公开相关栏目，见图 3-6。另外，有必要在教学楼、食堂、寝室等地方设置信息公告栏或者电子屏幕等场所及其设施；同时，在图书馆开设高校信息公开查阅室，并指定专人负责管理日常事务，可根据情况由相应图书馆人员担任相关工作。

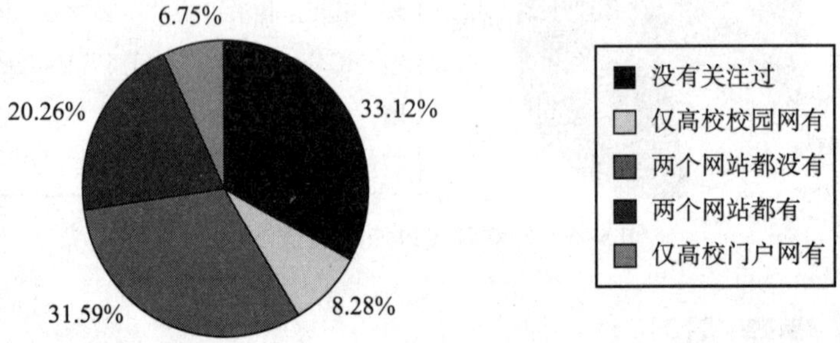

图 3-6 网站信息公开专栏

（3）信息公开以免费公开为主，少量选择性收费服务为辅

对涉及大多数人利益的信息应主动公开，对少部分公众依申请公开的、涉及较少人或个人利益、需要一定深入加工的信息服务可按照学校所在地省级价格部门和财政部门规定的收费标准收取检索、复制、邮寄等费用，以降低高校信息公开的成本，进一步确保高校信息公开更好地实施。

（4）编制信息公开指南，明确并不断拓展信息公开的范围

各高校应在了解和熟悉《办法》规定的信息公开内容与程序基础上，尽快认真编制或修订本校的信息公开指南和目录。我国大学信息公开指南中公开范围的制订应视权利主体的不同而加以区分，同时可借鉴英国大学的信息公开模版中关于信息种类的规定，将信息公开范围明确化，形成模版，明确要求各所大学应参照此模版制定符合自己特点的信息公开范围，我们将在第 6 章中试图构建参考模版。

（5）完善《办法》依申请公开相关规定

向高校提出的信息公开申请应由校长办公室统一受理，并于 15 个工作日内给予答复。《办法》第九条规定，除高等学校已公开的信息外，公民、法人和其他组织还可以根据自身学习、科研、工作等特殊需要，以书面形式（包括数据电文形式）向学校申请获取相关信息。目前，《办法》在依申请公开方面还存在一些问题，首先，在依申请公开主体资格规定方面，《办法》第九条与《条例》第十三条相冲突，客观上把申请人的范围变小了。依照《办法》第十九条规定，申请人还被要求出示有效身份证件或者证明文件，有研究者认为，这种审查申请人身份、过度收集申请人个人信息的规定，限制了申请人的资格，缺乏上位法依据，与上位法相抵触[3]。其次，《办法》第十八条对属于本校公开职责权限范围，但尚未制作或者获取的情况没有相应处理规定。再者，《办法》对申请人在整个申请过程中如果遇到困难等情况，也缺乏相应规定。针对上述问题，教育部应该进一步完善《办法》，高校应在《办法》的要求的基础上，进一步制订从处理程序上、条件上以及说明理由等方面能够完善具有操作性的工作人员守则。

(6) 教育部以及教育行政管理部门应进一步做好指导、协调和监督的工作

建立高校信息公开评估体系，引入高校信息公开的激励机制，高校的评估工作应该在教学的基础上，引入对高校信息公开工作的评估。教育部相关部门应适时组织开展贯彻落实《办法》情况的督促检查活动，同时，开展信息公开工作监督检查和社会评议时必须吸纳师生员工代表参与，形成多层次的监督机制。检查高校信息公开工作到不到位的标准应该更多的是学生、家长、社会公众是否满意。针对目前《办法》自身存在的种种问题，如有可能，可对《办法》进行再次修订之后重新颁布或要求各个高校制订高校信息公开实施办法时加以改进。

3.2 我国高校信息公开网站建设现状调查与优化对策

网站是信息公开的主要平台，通过调查信息公开网站的建设情况，可以较为客观地认识我国高校信息公开的状况，并提出有针对性的改进对策。

3.2.1 调查方法

信息公开需要载体作保障，现代化网络技术具有跨越时间、空间的优势，可以加快信息公开速度、效率及服务质量，高校应加大对信息公开载体的建设投入[4]。从多角度考虑，并结合 WEB 网站平台的突出优势，WEB 网站成为高校信息公开载体的首选。在教育部办公厅关于施行《办法》的通知中指出要紧密结合高校实际和特点，认真做好贯彻实施《办法》的各项工作，要求高校充分发挥网站快速、便捷的优势，努力把学校网站建成信息公开的第一平台，信息公开专栏和意见箱应于 2010 年 8 月底前开通。为了解信息公开网站的实际开通情况，我们根据《办法》第二十九条对高等学校的分类，对教育部公布的 2010 年具有普通高等学历教育招生资格的 2 417 所高校信息公开网站建设情况进行网络调查。2 417 所高校按办学类型分为 792 所普通本科院校、1 239 所普通高职院校、

316所经国家批准设立的独立学院、经国家审定的70个分校办学点[5]。我们所指的信息公开网站是指高等学校新版官方网站首页上开通的信息公开专题或专栏，调查时间为2011年1月26日到2011年3月16日。各大高校网址多数通过Hao123的大学网址页面获取，少数通过百度等搜索引擎获取。调查期间发现遵义医学院医学与科技学院、贵阳医学院神奇民族医药学院、思茅师范高等专科学校、西安铁路工程职工大学、武汉冶金管理干部学院、新疆维吾尔医学专科学校、新疆财经大学商务学院、许昌陶瓷职业学院、青海警官职业学院、吉林建筑工程学院建筑装饰学院、浙江电力职业技术学院、阳泉师范高等专科学校、通辽职业学院、朔州职业技术学院、辽河石油职业技术学院、中国石油大学胜利学院、山东省经济管理干部学院共17所高校还无独立的官方网站或网站已停用(DNS无法解析，搜索引擎无网站快照或快照停留在大半年前)，因此我们将这17所高校视为无高校信息公开网站。

3.2.2 我国高校信息公开网站建设现状调查结果分析

(1) 总体情况分析

根据调查数据，我们将网站建设情况划分为五类：第一类是有信息公开网站，并且名符其实；第二类是有信息公开网站，但网站是空框架；第三类是有信息公开文字或者图片的链接，但实际是链接到校务（院务）公开、校长办公室、新闻网等其他部门网站；第四类是有信息公开网站，但是无法访问；第五类是暂无信息公开网站。具体情况见表3-8。

表3-8　我国高校信息公开网站建设分类情况

分类	高等学校数量	所占百分比
第一类：有（名符其实）	241所	9.97%
第二类：有（空网站框架）	31所	1.28%
第三类：有（链接到其他网页）	20所	0.83%
第四类：有（无法访问）	8所	0.33%
第五类：无信息公开网站	2117所	87.59%
合计	2417所	100.00%

从表3-8可以看出，目前我国高校信息公开网站建设现状并不乐观，

87.59%的高校还未开设信息公开网站，2.44%的高校信息公开网站还存在严重问题，只有9.97%的高校建设了实际可用的信息公开网站。第二类涉及的31所高校是指有信息公开网站，但要么是空框架，要么是有信息公开指南等图片或文字，但无相应链接或是空链接，要么只有信息公开受理及监督投诉的联系方式或信息公开领导小组成员名单，要么只有信息公开意见箱或几篇校园新闻，有的甚至连网站框架和测试新闻都没有。第三类涉及的20所高校是指高校官方网站有信息公开字样的文字或图片链接，但是要么链接到校务（院务）公开、校长办公室、学校新闻网等其他网站，要么链接到类似网站地图的网页。第四类涉及的8所高校是指要么只有信息公开字样的纯文本文字，要么是空链接或链接到自身高校网站，要么以IP控制或需要用户名、密码登陆的方式禁止校外公众访问，要么显示无法找到该页。根据《办法》要求，这三类不是真正意义上的高校信息公开网站。可见目前第二类、第三类、第四类共计59所的高等学校在信息公开网站建设上存在严重问题，我们对高校信息公开网站相关属性的分析主要针对第一类的高校信息公开网站。根据高校信息公开网站提供的外在超级链接形式、网站名称、网站内部四大核心内容建设情况（信息公开意见箱、指南、目录、年度报告）、依申请公开及其方式、网站检索功能及栏目导航的建设情况、网址域名类型、网站被搜索引擎收录情况等方面将高校信息公开网站建设情况划分为外部、内在、依申请公开、用户及网络效应五大属性进行分析。

（2）高校信息公开网站外部属性分析

高校信息公开网站外部属性主要包括高校官方网站对高校信息公开网站提供的超级链接形式和高校信息公开网站名称，外部属性是公众对高校信息公开网站的第一感知。高校官方网站对高校信息公开网站提供的超级链接形式主要分为仅提供文字链接、仅提供图片链接、提供文字和图片链接、首页无链接四类。数据显示，180所高校仅提供文字链接，占74.69%；56所高校仅提供图片链接，占23.24%；天津科技大学和北京新圆明职业学院2所高校提供文字和图片链接，占0.83%；3所高校首页无链接，占1.24%。中南大学可在校内导航网页找到高校信息公开的网站链接，贵州大学和山东大学可在学校（党委）校长办公室所在网页找到高校信息公开的网站链接。高校信息公开网站名称是指高校信息公开网站首页HTML源码中<title>与</title>之间的内容。为便于统计，将标题信息中的“欢迎您”、“首页”、“主页”、“文章中心”等字样及横线、空格等字符去掉，可分为六类，见表3–9。

表 3–9　我国高校信息公开网站外部属性（网站名称）

网站名称分类	高等学校数量	所在百分比
高校名称加信息公开或信息公开加高校名称	132 所	54.77%
高校名称或高校校长（党政）办公室	49 所	20.34%
高校名称加校（政）务公开或（院）校务公开加高校名称	25 所	10.37%
信息公开网或信息公开专栏	22 所	9.13%
校务公开	6 所	2.49%
其他	7 所	2.90%
合计	241 所	100.00%

（3）高校信息公开网站内在属性分析

高校信息公开网站内在属性主要包括信息公开意见箱、指南、目录、年度报告四部分，是高校信息公开的核心内容。《办法》第十三条规定高校应当在学校网站开设信息公开意见箱，并通过信息公开意见箱听取公众对学校信息公开工作的意见和建议。我们认为，信息公开意见箱应是专门用来与公众沟通的工具，而不是校长（院长）信箱。高校信息公开指南应当向公众明确本校的信息公开工作机构、信息分类、信息编排体系、信息获取方式及依申请公开的处理和答复流程。高校信息公开目录的每一条记录应当包括索引号、名称、生成（更新）日期、责任部门、是主动公开还是依申请公开，并对主动公开的信息提供获取链接。高校信息公开年度报告应根据当年信息公开工作执行情况编制，报告应包括总体情况概述、学校信息公开执行情况、存在的问题及今后工作设想四部分。《办法》第二十四条规定高等学校应当编制学校上一年信息公开工作年度报告，并于每年 10 月底前报送所在地省级教育行政部门。我们认为，高校信息公开年度报告应该在报送确认无误后及时上网更新，以便公众及时获取。目前我国高校信息公开网站的内在属性情况，详见表 3–10、表 3–11。

表 3–10　我国高校信息公开网站内在属性（意见箱、指南）

信息公开意见箱			信息公开指南		
分类	高等学校数量	所占百分比	分类	高等学校数量	所占百分比
有，Email	75 所	31.12%	有，合格	197 所	81.74%
有，表单	1 所	0.41%	有，不合格	1 所	0.41%
有，无法使用	1 所	0.41%	有，无法获取	1 所	0.41%
无	164 所	68.06%	无	42 所	17.44%
合计	241 所	100.00%	合计	241 所	100.00%

从表3-10可知，目前我国高校信息公开网站的意见箱开设率不高，并且意见箱主要以Email电子邮件为主，仅长安大学信息公开网站提供在线表单的形式，上海对外贸易学院信息公开网站仅有意见箱的图片，无法使用。我国高校信息公开指南编制合格率达81.74%，有17.43%的高校还未编制信息公开指南，重庆化工职业学院信息公开指南只有信息公开领导机构的联系方式，常州大学信息公开指南校外IP无法获取。面对高校信息公开指南内容编排体系的差异，应出台类似英国大学Publication scheme的信息公开指南模版，此模版能够规范信息公开指南内容编排体系，使其科学、合理地展示给公众，并有助于信息公开工作主管人员检视高校信息公开指南内容是否完整、规范，进而整顿高校信息公开工作。

表3-11　我国高校信息公开网站内在属性（目录、年度报告）

信息公开目录			信息公开年度报告		
分　类	高等学校数量	所占百分比	分类	高等学校数量	所占百分比
有，合格	58所	24.07%	有	3所	1.24%
有，基本合格	47所	19.50%			
有，不合格	89所	36.93%	无	238所	98.76%
无	47所	19.50%			
合计	241所	100.00%	合计	241所	100.00%

表3-11分类说明：有信息公开目录链接，但内容为空视为无；有信息公开目录，但内容为几条简单信息或内容直接链接到学校相关部门的网站视为不合格；有信息公开目录，内容包括主动公开的十二项内容，但部分内容未上传任何数据或需要登录后进行查看，视为基本合格；有信息公开目录，内容全面并能获取视为合格；有信息公开年度报告链接，但内容为空视为无。数据显示，目前我国高校信息公开网站信息公开目录编制情况不理想，合格率为24.07%，基本合格率为19.5%，不合格率为36.93%，未编制信息公开目录比率为19.5%。目前我国高校信息公开网站信息公开年度报告编制情况极不理想，仅中山大学、海南师范大学、天津大学三所高校的信息公开网站编制了相应的高校信息公开年度报告。

(4) 高校信息公开网站依申请公开属性分析

高校信息公开网站依申请公开属性主要包括是否有依申请公开表下载和依申请公开采取何种方式，依申请公开属性是对公众特殊需要的满足。《办法》第九条规定除高等学校已公开的信息外，公民、法人和其他组织还可以根据自身学习、科研、工作等特殊需要，以书面形式（包括数据电文形式）向学校申请获取相关信息。数据显示，174 所高校信息公开网站提供依申请公开表下载，占 72.2%；64 所高校信息公开网站未提供依申请公开表下载，占 26.56%；昆明理工大学、天津石油职业技术学院、上海对外贸易学院 3 所高校的依申请公开表无法下载，占 1.24%。目前我国高校信息公开网站依申请公开的方式主要采用在线申请和传统申请，一般不直接受理通过电话方式提出的信息公开申请，详见表 3-12。

表 3-12　我国高校信息公开网站依申请公开属性表（申请方式）

申请方式分类		高等学校数量	所占百分比
传统申请	信函、电报、传真、当面申请	88 所	36.52%
在线申请	仅支持 Email	139 所	57.68%
	仅支持在线表单	5 所	2.07%
	支持 Emial 和在线表单	9 所	3.73%
合计		241 所	100.00%

(5) 高校信息公开网站用户属性分析

高校信息公开网站用户属性主要包括高校信息公开网站的检索功能及栏目导航的建设情况，用户属性可表征信息公开网站给公众提供获取信息的便利、快捷程度。数据显示，56.43% 的高校信息公开网站还没有信息检索功能，43.57% 的高校信息公开网站有信息检索功能，主要以简单题名检索为主，占 33.2%，还有 2.9% 的分栏目（部门）检索和 7.47% 的高级复合检索。高校信息公开网站栏目导航的建设情况也直接影响着公众对信息的获取，网站栏目导航越有针对性，公众获取信息越快。数据显示，90.04% 的高校信息公开网站建设了栏目导航，9.96% 的高校信息公开网站没有独立的栏目导航。ROSTCM 是由武汉大学信息管理学院博士生导师沈阳教授领导的 ROST 虚拟学习团队开发，此软件为研究者提供一个高效、针对性的人文知识的获取、分析、集成和展示的数字化研究平台[6]。利用 ROSTCM 词频分析工具对我国高校信息公开网站栏目导航内容进行频次分析，出现频次>=7 次的栏目关键字见表 3-13。

表 3-13 我国高校信息公开网站栏目导航内容频次分布

栏目关键字	频次	栏目关键字	频次	栏目关键字	频次
信息公开指南	115	网站首页	16	信息公开实施细则	9
信息公开目录	108	信息公开栏目	14	信息公开	8
首页	87	信息公开制度	14	本站首页	8
依申请公开	44	在线服务	13	学院首页	7
信息公开申请	33	信息公开规章制度	11	财务管理	7
规章制度	23	信息公开法规与制度	11	学校概况	7
公开目录	21	学生工作	11	学校主页	7
最新公开信息	21	信息公开意见箱	11	信息公开年度报告	7
公开指南	20	工作机构	9	领导小组	7
新闻发布	18	组织机构	9	招生就业	7

为便于分析目前高校信息公开网站栏目的重点，我们将 241 所高校信息公开网站栏目导航里同样的内容采用不同名称的情况进行合并处理，如将申请信息公开和信息公开申请等统一命名为依申请公开。利用 ROSTCM 的可视化功能生成信息公开网站栏目导航标签云，数据显示目前我国信息公开网站栏目导航的重点内容主要有信息公开指南、信息公开目录、网站首页、依申请公开、信息公开规章制度、最新公开信息、信息公开、信息公开年度报告、人事人才工作、学校主页、公示公告、信息公开实施细则，详见图 3-7。

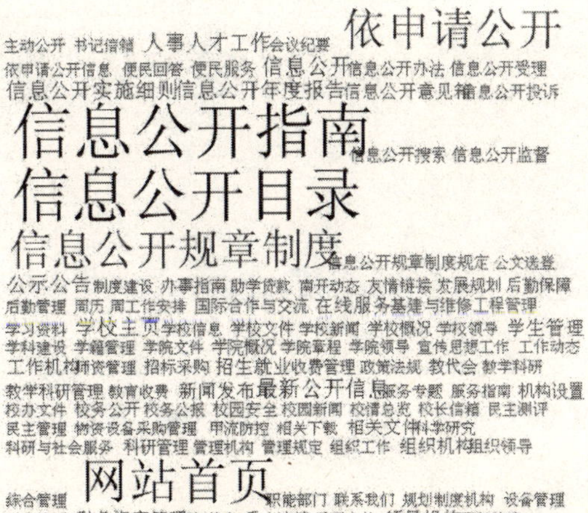

图 3-7 我国信息公开网站栏目导航标签云

(6) 高校信息公开网站网络效应属性分析

高校信息公开网站网络效应属性主要包括信息公开网站网址域名类型及其被搜索引擎收录情况，网络效应属性是信息公开网站网络效应的反映。通常情况下，域名类型越简洁清晰，同时搜索引擎收录越多，信息公开网站的网络效应就越好。高校公开网址域名分类情况，见图 3–8。

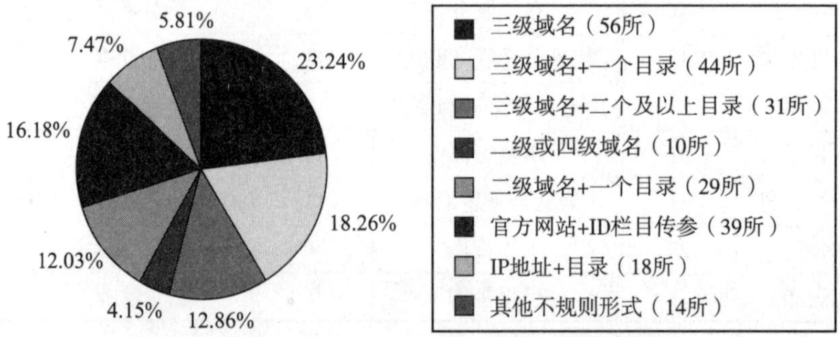

图 3–8　我国高校信息公开网站网址域名分类情况

用搜索引擎 SITE 命令对网站的收录情况进行查询，即在搜索引擎中进行网址限制的位置检索[7]。如果网址是单独域名形式，形如“xxgk. ycit. cn”，查询的方式是在搜索框中输入“site：域名”，如果搜索引擎返回结果为找不到和您的查询“site：域名”相符的内容或信息，视为该搜索引擎未收录该网站，如果是其他网址形式（非单独域名）则直接在搜索框中输入网址进行搜索。我们选择百度、Google、雅虎、Soso、有道、Bing、搜狗七大搜索引擎对我国高校信息公开网站的收录情况进行分析，见图 3–9。

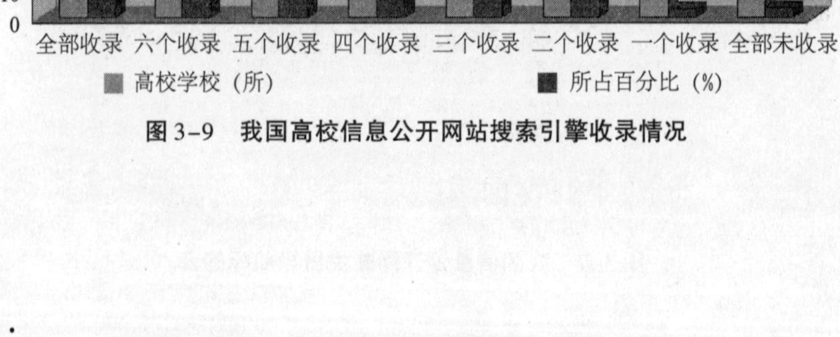

图 3–9　我国高校信息公开网站搜索引擎收录情况

3.2.3 我国高校信息公开网站建设优化策略

（1）尽快建立并完善高校信息公开网站及评估体系

针对目前高校信息公开网站开通率较低的问题，暂未开通信息公开网站的2 117所高校应按《办法》要求，督促学校信息公开工作机构马上开展网站建设工作，确保尽快开通信息公开网站。对于信息公开网站建设存在严重问题的高校应立刻对自身网站存在的问题进行处理，争取尽快完善信息公开网站。开展高校信息公开工作需要有完善的管理机制，只有建立起有利于主动、自觉地公开信息的管理运行机制，才能更好地推动高校信息公开[8]。有研究者指出政府信息公开中需以公众为中心，充分考虑公众利益，以服务的方式展开，从公开方式、公开内容等多方面作出改进，使信息公开达到更好的效果[9]。高校信息公开工作作为贯彻落实《条例》的举措，同样需要进一步强化高校信息服务意识，提高公众对高校信息公开的满意度。高校信息公开网站建设作为高校信息公开工作的重要内容，建设、完善高校信息公开网站也同样要进行管理机制的创新。要确保信息公开网站日常更新，高校信息公开工作机构还须制订本校信息公开网站管理办法，并给高校信息公开网站建设及维护提供人才和经费支持，让高校信息公开网站真正成为高校信息公开的第一平台。教育部应尽快建立高校信息公开评估体系，制订高校信息公开的激励及处罚措施，将高校信息公开工作评估纳入高校年度教学质量评估体系，并应进一步对高校开展指导、协调和监督工作。定期开展针对高校信息公开工作人员的业务指导培训，对高校信息公开实施过程中遇到的困难进行协调解决，不定期进行信息公开督促检查活动。《办法》第二十二、二十三条都规定，高等学校主管部门、省级教育行政部门和高等学校应当将信息公开工作纳入干部岗位责任考核内容。加强高校领导的信息公开意识，让领导提高对高校信息公开工作重要性的认识，为本校信息公开政策的实施制定相配套的规章制度，对违反《办法》规定及阻碍《办法》实施的行为进行治理和处罚，我们将在第6章中进行深入分析。

（2）优化高校信息公开网站五大属性

目前我国高校信息公开网站外部、内在、依申请公开、用户、网络效应五大属性都存在相应的问题，高校信息公开工作机构应对高校信息公开网站的五大属性开展相应优化，详见表3-14。

表 3-14 高校信息公开网站五大属性优化策略

外部属性	内在属性	依申请公开属性	用户属性	网络效应属性
策略一：学校官方网站首页对信息公开网站提供文字和图片链接； 策略二：统一规范高校信息公开网站名称，建议采用高校全名+信息公开网，如华东师范大学信息公开网； 策略三：将高校信息公开网站内容页的标题标签更改为：<title>信息公开内容—高校信息公开网站名称</title>	策略一：开通利用在线网页表单提交意见，并开通专门的信息公开意见箱； 策略二：编制合格的高校信息公开指南、信息公开目录、信息公开年度报告，并让校内外用户可自由获取； 策略三：对于应该主动公开的信息，高校信息公开目录索引可直接链接到信息获取页面，取消 IP 访问控制及需登录查看信息	策略一：依申请公开方式采用在线申请（网页在线表单提交、Email）为主，传统申请为辅； 策略二：开设特别申请途径：申请人申请获取与自身相关的信息时，申请人可持身份证及事先填写的申请表，当面向学校信息公开办公室提交书面申请； 策略三：开设下载专区，添加用户依申请公开过程中需要的表格，如：申请表	策略一：网站增加高级复合检索功能，以提高信息查全率和查准率； 策略二：规范统一高校信息公开网站导航栏目的内容； 策略三：提高网站反应速度、优化色彩搭配	策略一：高校信息公开网站域名采用二级域名或三级域名的形式，开头部分采用信息公开汉语拼音的简写 xxgk，如：xxgk.ycit.cn、xxgk.sjtu.edu.cn； 策略二：主动提交网址到搜索引擎，7 大主流搜索引擎网站收录提交页面地址，见表 3-15

表 3-15 七大主流搜索引擎网站收录提交页面地址

搜索引擎	网站收录提交页面地址
百度	http://www.baidu.com/search/url_submit.html
Google	http://www.google.com/addurl/
雅虎	http://search.help.cn.yahoo.com/h4_4.html
Soso	http://www.soso.com/help/usb/urlsubmit.shtml
有道	http://tellbot.youdao.com/report
Bing	http://cn.bing.com/webmaster/SubmitSitePage.aspx
搜狗	http://www.sogou.com/feedback/urlfeedback.php

（3）规范高校信息公开网站栏目导航内容

目前我国高校信息公开网站的栏目导航内容五花八门，亟待规范。图3-7中字体较小的云其实可以归入某些字体较大的云，如设备管理、收费管理等都可归入信息公开目录。通过对图3-7的进一步归类分析，我们得出高校信息公开网站栏目导航内容依次为首页、最新公开信息、信息公开规章制度、信息公开实施细则、信息公开指南、信息公开目录、依申请公开、信息公开年度报告、信息公开监督、常见问题解答、友情链接。以下将在第7章中进行深入分析和评价。

（4）制订高校信息公开内容网络发布标准

为进一步加强我国高校信息公开网站的开发建设与应用管理，不断提高我国高校信息公开网站的效率及其网络服务质量，制订我国高校信息公开网站信息内容网络发布规范标准是十分必要的。提供统一的高校信息公开信息内容网络发布规范标准，一方面，可为公众有效查找、获取和使用高校信息公开网站平台资源提供支持；另一方面，还可以更好地指导我国高校信息公开网站平台的建设及其评估工作。结合目前我国高校信息公开网站建设的现状，我们建议应根据《条例》、《办法》等相关条例为依据，以公开为原则，以不公开为例外，实行“谁主管谁负责、谁审核谁负责、谁发布谁负责”的规定，从信息生成、信息发布、信息发布的审核、责任维护、监督考核五方面来制定高校信息公开内容网络发布标准。比如，信息生成环节中，应规定每一条信息内容应包含如下字段：信息名称、信息索引号、发文字号、公开范围、主题词、所属主题、公开责任部门、生成日期、登记日期、发文日期、修改日期、所属机构、统一登记号、操作员、信息内容正文。

（5）将信息构建应用于高校信息公开网站建设

目前我国信息构建方面的研究论文呈逐年递增的趋势，信息构建正处于研究的热点时期，涉及信息内容组织结构设计和空间优化的地方都可以运用信息构建的理论和方法[10]。信息构建理论应用于网站设计方面，则是通过对网站信息的组织系统、标识系统、导航系统、搜索系统进行规划设计，从而实现网站信息的清晰化和可理解，以满足用户的信息需求[11]。高校信息公开网站建设过程中应该引入信息构建的理论和方法，并通过先构建基于IA的评价指标体系，然后对我国高校信息公开网站进行相关评价分析研究。

高校信息公开网站既是一扇展现高校信息公开工作情况的门窗，又是一架沟通高等学校和公众的桥梁，高等学校理应将高校信息公开网站打造成高校信息公开第一平台，对公众的信息公开需求提供一站式信息服务。

3.3 进一步改进我国高校信息公开的推进措施

高校信息公开机制的完善不是一蹴而就的，而是一个逐渐推进的过程，因此，进一步完善高校信息公开的其他辅助性措施也是非常必要的。

3.3.1 规范建构高校信息公开收费机制

实行信息公开制度，需耗费相当多的财力和人力[12]，因此，规范建构高校信息公开收费机制是非常重要的，将收费标准予以明晰，从真正意义上对公民知情权加以保护，才能体现公平、公开的原则。由此，我们建议，高校信息公开工作初期应由国家对高校信息公开进行计划性投入资金，辅助高校信息公开工作前期工程的进行。随着高校信息公开工作的稳步进行，高校将每笔信息公开的投入成本进行公开，并以此为依据、根据国家规定不以盈利为目的制订相应的合理的收费标准。此时，高校师生已经逐步适应并且了解了高校信息公开制度，加上已经养成了申请信息公开的习惯，实行高校信息公开收费制度，将会事半功倍，水到渠成。这种机制的建立健全会使高校信息公开工作的深入开展形成一种以国家带头，地方政府配合，高校自身参与的上行下效的良性循环机制。

3.3.2 加强高校信息公开的物质保障

信息公开需要载体作保障，没有公开载体，公开的内容就无从谈起[13]。传统的高校信息公开手段大多采用专栏、文件、校园电视广播等公开方式，这些传统的公开方式会产生一定的滞后性，难以保证信息的时效性，在时间上阻碍了信息公开。我们建议应该加大力度建设高校信息公开的基础设施，大力建设高校信息公开网站，完善高校信息公开的物质保障，把传统的公开技术转变为现代化科技手段，将传统的信息公开专栏变成电子触摸屏和跨越时空的网络空间。而且，随着校园手持无线终端使用率的提高，加强校园无线网的建设也是物质保障要考虑的一个重要因素。另外，经费保障是高校信息公开的物质保障的重中之重，《办法》第二十八条规定："高等学校应当将开展信息公开工作所需经费纳入年度预算，为学校信息公开工作提供经费保障。"因此，要紧跟信息公开化时代的新形势，运用现代化手段配合经费保障加强校园网络基础设施建设，进一步完善信息公开的基础设施建设，逐步健全和完善高校信息公开的物质保障措施。

3.3.3 加大宣传力度，拓宽宣传渠道

加大宣传力度，拓宽宣传渠道也是提高公众对高校信息公开认识的有效途径，首先，在食堂、宿舍、运动场、图书馆和自习室等公共场所对高校信息公开进行宣传教育，组织师生观看相关的宣传片等，将这些传统宣传手段作为辅助手段。其次，将受众面最广的网络宣传作为在高校信息公开宣传工作中的重点工程，例如在校园论坛上多添加一些有关板块，由版主设置特色窗口，对高校信息公开工作进行系统的宣传介绍。另外，当今网络上最流行的信息交流工具莫过于微博，但我们在微博中输入“高校信息公开”进行查询，所得到的结果寥寥无几，说明高校信息公开工作还没有在微博这块大蛋糕中分得一块，这不利于高校信息公开工作的开展，应该开设高校信息公开的专门微博，让全社会更多的人参与进来，提供对高校信息公开有建设性的意见和建议，这也符合高校信息公开的开放性特点。

3.3.4 加强高校信息公开政策的制定、实施与评价

尽管目前国家已经制定有相关信息公开条例及其他文件，但是包括信息公开政策在内的高校政策体系建设普遍缺乏系统性和针对性，导致高校配套性制度供给不足，致使高校信息公开随意化、非规范化，相关规定根本无法形成对高校的刚性约束力。我国高校信息公开相应制度规范的缺乏，不仅使得高校各部门重复公开信息，造成行政资本的增加；还使得高校消极对待信息公开义务；最重要的是，将导致教育信息从单位内部性转向公共性的过程中缺乏衔接[14]。另外，信息公开的核心是“公开”，关键在“真实”，难点在“监督”。没有监督的信息公开必然会出现走过场，流于形式，时断时续，随意而为；只有加强监督，信息公开工作才能持之以恒、深入开展。因此，必须进一步建立和完善监督机制、加大监督力度[15]。我们认为，应当在法律框架下加强高校信息公开政策的制定与实施，推进高校信息公开系列制度的建设，并通过高校信息公开政策的评价，完善我国高校信息公开机制。

参考文献

[1] 曾鸿. 从我国网民特征看网络调查方案设计 [J]. 经济问题探索，2006 (1)：145-147.

[2] 刘全，朱胜，何源．网络调查数据质量的多级模糊综合评价方法［J］．中国统计，2007（5）：42-44.

[3] 周芬棉．高校信息公开办法违反上位法［N］．法制日报，2010年5月25日第六版.

[4] 曾兵．加强高校信息公开制度建设的若干构想［J］．淮南师范学院学报，2006，8（6）：138-141.

[5] 中华人民共和国教育部．2010年具有普通高等学历教育招生资格的高等学校名单［EB/OL］．［2013-10-26］．http：//www.moe.edu.cn/publicfiles/business/htmlfiles/moe/moe_122/201010/109688.html.

[6] ROST反剽窃系统v6.8绿色免费版［EB/OL］．［2013-10-26］．http：//www.ddooo.com/softdown/11358.htm.

[7] 蔡瑞平，钟哲辉．搜索引擎的检索功能特征及技巧［J］．图书与情报，2003（4）：52-53.

[8] 刘磊，魏丹，王浩．大学生对高校信息公开的反应——基于南京市的调查分析［J］．大学图书馆学报，2010（1）：105-110.

[9] 段尧清，费奎明，徐希，汪银霞．我国政府信息公开公众响应情况调查报告［J］．图书情报工作，2008，52（4）：66-69.

[10] 吕红，马海群．近8年我国信息构建论文的文献计量统计分析与评价［J］．情报科学，2010，28（10）：1526-1531.

[11] 施文蔚，朱庆华．信息构建在政府信息公开中的应用——以政府网站信息公开栏目建设为例［J］．图书情报工作，2009，53（1）：121-125.

[12] 黄梓良．外国的信息公开立法实践及其启示［J］．情报杂志，2003（7）：105-106.

[13] 曾兵．加强高校信息公开制度建设的若干构想［J］．淮南师范学院学报，2006（6）：138-141.

[14] 张妍妍．高校信息公开制度——以受教育权保护为基点［J］．聊城大学学报（社会科学版），2011（3）：122-126.

[15] 王敬波．高校信息为何十年难公开？［N］．新京报，2011年12月10日第B05版.

4 现代大学治理及高校信息公开政策的价值定位

《国家中长期教育改革和发展规划纲要（2010—2020 年）》明确提出了落实和扩大学校办学自主权，完善大学治理结构，建设依法办学、自主管理、民主监督、社会参与的现代大学制度等改革任务。高校信息公开政策的制定与实施，既是大学治理的工具，又为社会参与及社会监督提供了有效途径。

4.1 现代大学治理与政策工具

大学治理是包括过程和结果两个部分的动态概念，过程指的是制度安排，结果是为了实现大学目标的理念和目标本身[1]。政策即是大学治理中的一种制度安排。

4.1.1 现代大学治理的基本理念

大学是一种特殊的社会组织，是社会的人才培养机构和学术组织，以人才培养和学术创新服务于国家目的和社会需要是大学本质属性的体现[2]。

（1）完善的大学治理结构是建立现代大学制度的核心

大学治理可以理解为，大学中包括两个体系，即基于法律权威的行政体系与基于专业权威的教师体系，大学治理就是为实现两个体系的微妙平衡而设计的结构和过程。大学治理实际是为实现大学目标而设计的一套制度安排，它给出大学各利益相关者的关系框架，为大学的目标、原则、决策方式、权力的分配确定规则，主要内容是设计效率实现的机制，通过大学各利益相关方追求自身目标的活动而实现整体的效率。治理作为开放的系统，多向交叉地通过制度设计和组织运行规范，使开放系统中的任何一方，都在制约他方的同时也受到制约[3]。

大学治理结构是企业治理结构理论、方法、视角引入现代大学制度研究领域与实践领域的产物，因此大学治理与大学管理在目标、导向、主体、客体、实施基础、实施手段、层级结构、沟通方向、政府作用和资金结构等方面都存在显著区别[4]。但在本书中，我们对大学治理与大学管理不做刻意的区分，而把大学治理看作现代大学制度建设中大学管理的延伸。所谓现代大学制度是指大学为顺应现代社会发展要求，在政府的宏观调控下，面向社会依法自主办学、实施民主管理、全面落实大学作为法人实体和办学主体所应具有的权利与责任相统一的管理制度，反映了大学与政府和社会关系的治理模式、制度规范和行为准则[5]。建立现代大学制度的核心是完善大学的治理结构，在《国家中长期教育改革和发展规划纲要（2010—2020 年）》中也明确提出完善中国特色现代大学制度须完善治理结构。

（2）共同治理成为现代大学治理的共识模式

共同治理理论是在利益相关者理论基础上形成的。利益相关者理论于 1963 年由美国斯坦福研究院首次正式提出，其代表人物是 M. 布莱尔。该理论指出，最有效率的控制权安排形式是让那些承担使用资产所带来风险的那些集团掌握该资产的控制权。大学是非营利性机构，是典型的利益相关者组织。美国大学教授协会为大学共同治理制度的形成与发展作出了重要贡献，是共同治理制度的发起者、重要引导者和领导者，并在《联合声明》中将“共同治理”定义为“基于教师与行政部门双方特长的权力和决策的责任分工，以代表教师和行政人员共同工作的承诺”[6]。大学治理结构在其本质上是指体现大学“非单一化组织”属性和委托代理关系特点的决策权结构，旨在满足具备独立法人地位的大学在面向社会和市场自主办学的过程中应对“冲突和多元利益”的治理需要[7]。在当代，大学已走进经济与社会发展的中心位置，更多的生产主体和消费主体参与了争夺高等教育价值取向主导权的博弈[8]，大学的各种利益相关者之间形成了更加复杂的价值关系。

大学共同治理的优长与特点之一是有利于解决信息不对称问题。单向化和行政化的管理方式使大学的实际控制权逐渐落到代理人——政府部门手中，由于委托代理中的信息不对称性，管理部门以外的人很难有效监控代理者的行为。利益相关者共同治理能形成多方有效的集团以规范政府及其大学职能部门的行为。主要是共同治理的利益相关方谈判机制和对话机制可以使管理的透明度加强，有利于解决信息不对称问题。比如，作为利益相关者的教师一方直接参与大学治理，容易发现大学教育中出现的问题，更加重视合理分配大学的资源。另外，作为大学的利益相关方，社会也具有发言权，社会的监督和检验可以为大学培养的人才给予评价，可以解决在行政化模式下形成的信息不对称问题。

适合当前中国国情的大学治理模式是政府主导的利益相关者参与的共同治理模式，包括：公众参与机制；谈判决策机制；激励监督机制；市场反馈机制。其中公众参与机制可保证各个利益相关方都能平等有效地参与到大学的发展和监督中来。在共同治理机制设计中，要实现控制权共享和索取权均占的原则，大学的发展和治理要引入利益相关者的参与，采用立法规定的形式使利益相关者的代表参与其中，至少要使核心利益相关者能够参与其中[9]。

中国高等教育的利益相关者，一是大学内部利益相关者，包括校长、行政管理人员、教师和学生等；二是大学外部利益相关者，指中央政府（教育、科技、国防等主管部门以及自然科学基金委员会）、地方政府、社会公众、竞争者、科技与教育中介组织、企业等[10][11]。也有研究者提出：现代大学的利益相关者应该包括学生、教师、政府、用人单位、债权人、合作伙伴、媒体和社会公众。其中，学生、教师、政府、债权人、合作伙伴是大学的直接利益相关者；用人单位、媒体和社会公众属于大学的间接利益相关者。同时，学生和教师是大学的内部利益相关者，其他主体属于外部利益相关者[12]。

（3）社会责任与公信力是现代大学治理理念的外在体现

大学是以追求、探索、捍卫、传播真理和知识为目的，继而负有引导社会价值观、规范社会行为之使命，对人类素质改善和提高、社会文明发展和进步具有不可替代之重大公共影响力、推动力的教育机构和学术组织，是研究和传授科学的殿堂，教育新人成长的世界，这样一种大学理念的理论和现实基础均来自大学的社会担当，大学的基本使命决定了大学不同于其他机构及其责任[13]。因此，有研究者提出所谓大学社会责任，是指大学作为探索与传播高深知识的学术组织，基于对大学使命的深切体认与大学职能的充分发挥，旨在引领人类社会进步的责任。主要包括保证高等教育公平、质量与社会适切性，探索知识并将知识应用于社会，促进人类社会进步与可持续发展等一系列理念与实践组成的内容体系。大学承担社会责任的内因是大学自身发展诉求，外因是人类社会的需求，大学社会责任的发展是大学系统内部、外部诸力共同作用的结果[14]。

也有研究者认为，大学在本质上是一种学术组织，以学术为根基，围绕高深知识的特性，进行各种各样的传承与创新的活动，继而负有对社会的使命，具有不可替代的重大公共影响力与推动力的社会组织。大学作为人们根据社会需要建立起来的社会机构，必然要回应社会的要求、行使社会赋予它的责任。大学社会责任的存在源于大学的本质属性，是大学人才培养和学术发展的属性和使命使然，无论何时，大学都要基于大学组织的学术性本质来承担社会责任。这是多样性发展的世界各国大学具有的共性，使大学蕴含着重要而独特的社会责任，并因此区别于其他社会组织[15]。

另外，作为一种制度创新设计，大学治理可以从信任的源头上把握和提升大学公信力。信任的基点是多元参与，参与大学治理的多元主体包括政府、学生、教师学者、行政管理人员、投资者等，各参与主体在共同治理的过程中发挥着不同的作用，在不同治理模式下主体的地位也有差异，现在基本走向利益相关者共同治理的模式[16]。公信力是指在公共权力领域与公民社会领域中，以组织形态存在的行动者及具有公共性的抽象存在物因赢得公民的普遍信任而拥有的权威性资源[17]。它属于公共信任的范畴，是社会组织因具有公平、正义、效率、人道、民主、责任等信用资源而获得公众权威性认同和信任，是公众对社会组织总体印象所作出的一种判断和评价。高等教育公信力就是指高等教育因赢得社会信任而拥有的社会影响力[18]。高等教育作为一种特殊的公共产品，不仅能使受教育者直接受益，也能产生长远的社会效益和经济效益，这就为公众认同高等教育建立公信力奠定了基础。良好的公信力不仅有利于促进高等教育的可持续性发展，而且能够给各个高校带来显著的竞争优势并实现价值增值；不仅能够有效保障社会公众的教育权益，而且可以积极推动和谐社会、诚信社会的有序建构。

网络时代高等教育公信力提升的途径之一是增加办学的透明度，注重办学的规范自律。由于学校办学信息透明度不高，校方与社会公众信息拥有的不对称，导致高校内部的违法、违规、权力寻租等现象得不到及时的纠正，使得媒体和公众对高校的信息或一无所知，或被放大，都极大地损害了高等教育的健康发展。因此，高校应该主动搭建多元化的网络互动交流平台，如官方微博、高校论坛等，加大内部管理的公开透明度，及时了解公众（包括网民）、师生等的教育需求及愿望，以最大限度地消解各利益主体由于矛盾、认知偏见、价值偏差等所带来的不信任感，尤其是在出现一些突发事件或者教育事故时，更要学会通过积极回应、真诚沟通等来有效控制网络舆情[19]。

（4）扩大高校信息公开度是强化社会监督完善大学治理的重要途径

大学作为重要的社会公共部门，因其独特的学术性本质发挥着重要的社会功能，通过适应、服务、引领社会获得自身存在和发展的基础。随着高等教育从精英向大众化阶段的发展，大学与社会的关系日益密切，现实中各种社会主体以不同的方式参与并影响着大学治理，社会参与大学治理的途径、方式、范围都在逐渐扩大。面向未来，积极探索社会力量参与大学治理的途径，健全社会支持和监督学校发展的长效机制，将成为我国大学治理结构改革的着力点之一。社会力量参与大学治理是市场经济发展的必然要求，是大学服务社会功能的必然要求。通过强化社会监督完善大学治理的重要途径之一是实质性地扩大高校信息公开度；公众对于高校的发展状况应具有知情权，而主动接受社会各界和广大人民群众的社会监督，也是高校的义务。完善高校的信息公开机制，除了国家法律法规有明文规定需要保密的信息之外，学校的人事、财务、资产、教师、学生等各个方面的信息都要定期公开，主动接受社会监督[20]。有必要从完善校务公开制度入手，加强依法办学、规范收费、政务公开、提升服务、师德建设等各类信息公开制度；鼓励更多高校发布本科教学质量报告，发挥社会力量监督高等学校人才培养和本科教学评估工作中的重要作用[21]。

4.1.2 现代大学治理中的政策工具

不论是大学管理还是现代大学治理，都需要一定的工具或手段，其中包括政策工具。

（1）政策工具的涵义

政策工具定义是人们为解决某一社会问题这一政策目标而采用的具体手段和方式，政策本身就是工具，而政策工具主要限定在实现政策目标或结果的手段这一特性上[22]，因此，政策工具可以理解为政策主体为实现政策目标所能采用的各种手段的总称。对政策工具的类型划分存在不同的主张，如法律工具、经济工具和沟通工具、管制性工具、财政激励性工具和信息转移工具、自主性工具、混合性工具、强制性工具等[23]。大学排行榜作为一类政策工具，提供了一种高校向学生提供教育质量信息方式的公共信息机制[24]。

（2）现代大学治理中政策的表现形式

政策一般是指国家政权机关、政党组织和其他社会政治集团为了实现自己所代表的阶级、阶层的利益与意志，以权威形式标准化地规定在一定的历史时期内，应该达到的奋斗目标、遵循的行动原则、完成的明确任务、实行的工作方式、采取的一般步骤和具体措施。由此我们可以将大学政策理解为：大学相关组织为实现一定时期内的既定目标和任务而制定的计划、指南、行动纲领及相关措施。可见，大学政策的表现形式可以是以某某政策为名称的文件，也可以表现为规划、指南、程序、行动纲领等形式，其作用是统一规范学校运行，设定行为前程，明确角色与责任，其中的大学行政政策提供实施委员会或董事会政策的规制与指南。国外大学的政策多种多样，覆盖了学校的各项业务，以美国明尼苏达大学为例，该学校的政策主要包括：董事会的治理政策以及大学管理与运行、财政、教育与学生生活、信息技术、学术研究等行政政策，其中信息技术政策又细分为信息系统、信息获取、数据保护与利用等相关问题的政策，在信息获取政策中涉及大学信息的公开与获取范围、途径及程序等内容。有关国外大学信息公开政策的内容，以下将在第 6 章中具体展示。

国内尚缺乏有关大学政策的系统理论阐述研究成果，但从相关论著中我们可以发现，不同研究者分别从不同角度探讨了大学管理及现代治理中相关政策的价值、内涵及作用。如，有人系统研究了加拿大多伦多大学的政策规定，认为这些政策与规定具备系统性、规范性、合理性，反映了学校在实施管理过程中如何有效发挥组织的领导作用和控制功能，如何有效激发员工完成工作目标的组织管理方法和模式[25]。有人研究了美国高校信息技术基础设施建设的财政政策，认为应当从更宏观的层面研究与教育技术相关的问题[26]。有人分析了科研评估政策在英国高校实施的实施情况，论述了英国高等教育科研评估及其发展历程、作用[27]。也有人以美国明尼苏达大学为例，对中美两国研究型大学的科研政策与管理方式进行了比较分析，提出了可供我国高校进行科研经费管理改革借鉴与参考的建议意见[28]。另外，针对国内大学的政策研究，较多地集中在高校招生政策、高校就业政策等主题领域。

然而，从国内外研究成果看，有关大学或高校信息政策的研究十分匮乏，以下我们依据国外大学网站发布的资料，探讨大学治理中的信息政策制定及其内容。

4.2 现代大学治理中的信息政策制定

由上可知，现代大学治理需要依赖政策工具，其中包括信息政策工具。鉴于目前我国大学对于信息政策的重视程度不够，信息政策的制定尚缺乏广泛性，以下我们侧重探讨国外大学治理中的信息政策制定状况，以对我国现代大学治理提供借鉴。

在国家信息政策法规的支撑与规范下，同时基于对信息政策影响决策过程的价值的充分认识[29]，国外大学纷纷制定并实施的学校信息政策，有效促进了学校信息资源有效开发与信息技术的合理使用，推动了大学的治理与运行。

4.2.1 国外大学信息政策的建设发展状况

由于国外大学信息政策较为繁杂多样，此处仅从大学网站所获取的资料进行摘要介绍。

（1）美国大学信息政策制定状况

美国Michigan大学（University of Michigan）制定了完整的《信息技术政策》（Information Technology Policies）体系[30]，引导员工、学生及相关来访者合理有效利用学校信息资源，维护学校利益和个人信息安全，该政策体系包括《一般信息技术政策》（General Information Technology Policies）和《学生信息技术政策》（Student Information Technology Policies）两个部分。前者包含：信息资源、技术与网络的正确使用指南（Proper Use of Information Resources, Information Technology, and Networks）、信息安全政策（Information Security Policy）、机构数据资源管理政策（Institutional Data Resource Management Policy）、版权软件管理方法（Management of Copyrighted Software）、计算机软件的所有与使用规则（Ownership and Use of Computer Software）、域名系统标准（Domain Name System Standards）等，后者包括：学生权利与义务规定（Statement of Student Rights and Responsibilities）、安全合法上载规范（BAYU：Be Aware You're Uploading）等。

美国Pennsylvania大学（University of Pennsylvania）为规范对学校计算机及网络资源的利用，也制定了一整套较为严密的《计算环境政策与指南》（Computing Policies and Guidelines）[31]，其中包括：《信息安全政策》（Information Security Policies），含校网计算机安全政策（PennNet Computer Security Policy）、电子资源使用权限政策（Policy on Acceptable Use of Electronic Resources）、版权作品未授权复制惩罚政策（Policy on Unauthorized Copying of Copyrighted Media）等；《隐私政策》（Privacy Policies），含学生记录保密规范（Confidentiality of Student Records）、教师及职员记录保密规范（Confidentiality of Faculty and Staff Records）、电子校园隐私政策（Privacy in the Electronic Environment）等；《网络政策》（Network Policies），含校园IP地址空间使用政策（Policy on the Use of Penn Net IP Address Space）、校园网路由设备政策（Policy on Routing Devices on PennNet）等。

另外，美国Indiana大学（Indiana University）专门成立了信息政策办公室（Information Policy Office）和信息技术安全办公室（Information Technology Security Office）[32]，并制定了面向不同范围的《信息技术政策》（Information Technology Policies）体系和《数据管理政策与指南》（Data Management Policies and Guidelines）。

(2) 英国大学信息政策制定状况

英国Brunel University于2008年出台了《信息自由政策》(Freedom of Information Policy and Procedures)[33]，其依据是2005年1月1日实施的《信息自由法》(The Freedom of Information (FOI) Act 2000)、2004年的《环境信息法》(Environmental Information Regulations (EIR) 2004) 和1998年的《数据保护法》(Data Protection Act 1998)。根据这些法案，大学是肩负为公众获取信息提供保障的公共团体之一；根据该政策，大学有义务向信息获取者（大学员工、学生，甚至大学外的任何人）告知所拥有之信息、与其沟通并在20个工作日内处理完毕(除例外)。

英国Bath Spa University同样依据《信息自由法》(Freedom of Information Act)、《数据保护法》(Data Protection Act) 制订了《信息自由员工指南》(Freedom of Information, A Guide for Staff)[34]，明确规定信息获取者（员工或学生，甚至是学校之外的任何人）的权利、向信息获取者提供学校拥有信息（除例外）的范围、答复信息获取需求的时限等。

英国Bangor University也在学校已有的《信息与通讯战略》(Information & Communication Strategy)、《数据保护政策》(Data Protection Policy)、《记录管理政策》(Records Management Policy) 基础上，制定了《信息自由法政策》(Freedom of Information Act Policy)[35]，以积极承担国家法律赋予大学在信息自由获取方面的职责。

英国Oxford Brookes大学（Oxford Brookes University）则认为信息及相关的加工、系统、网络是学校的重要资产[36]，同时，个人数据管理也至关重要，因而在学术交流、学术合作过程中，信息安全必须成为信息共享的有机组成部分。该大学于2001年依据《数据保护法》(Data Protection Act 1998) 和学校已制定的《数据保护政策》(Data Protection Policy)，出台了《信息安全政策》(Information Security Policy)；信息安全包括信息保密性、信息准确完整性、信息可获取性，任何员工或学生，不论在校期间或离开学校，都必须履行信息安全政策所赋予的职责。

此外，苏格兰St. Andrews大学（University of St. Andrews）制订了《信息战略》、《数据保护政策》、《记录管理政策》等，并在此基础上于2004年3月发布了“信息自由政策”(Freedom of Information Policy, March 2004)[37]，该政策的依据是《苏格兰信息自由法》(The Freedom of Information (Scotland) Act 2002) 所规定的大学为公众（大学所有员工与学生，甚至是该法律延及的任何人）提供其所拥有信息（除例外）的一系列义务；根据该政策，大学应指定专人负责信息自由获取工作，大学各相关机构有责任将该政策告知所有员工，所有员工应熟悉该政策及配套的《信息自由指南》、为信息需求者提供咨询与帮助并在20个工作日内完成、及时与信息管理主管进行联系等。

（3）澳大利亚大学信息政策制定状况

澳大利亚Sunshine Coast大学（University of the Sunshine Coast）制定了一整套鼓励信息创作、信息交流和有效利用信息技术的信息政策[38]，相比之下，这在国外大学中最为系统完整。它包括：《信息与通讯政策及流程》（Information and communications policies and procedures），含版权政策（Copyright Policy）、合作网址政策（Corporate Website Policy）、信息自由政策（Freedom of Information Policy）、记录管理政策（Records Management Policy）、电话通讯政策（Telephone Policy）等；《信息技术政策》（Information Technology Policies），含信息技术资源使用权限政策（Acceptable Use of Information Technology Resources Policy）、电子邮件政策（Electronic Mail Policy）、信息技术安全政策（Information Technology Security Policy）、软件政策（Software Policy）等；《图书馆政策》（Library Policies），含无线电复制与通讯政策（Broadcast Copying and Communication Policy）、图书馆资源与知识自由政策（Library Resources and Intellectual Freedom Policy）等；以及知识产权政策（Intellectual Property Policy）等鼓励学术研究与信息创造的政策。

澳大利亚Canberra大学（University of Canberra）于2001年制定了新的较为完整的《信息政策》（Information Policy）[39]，适用于对大学自身生产或从外部获取信息的管理，目的是确保大学信息环境有效促进教学、科研、管理和服务，并与社区、产业与政府互利互惠。该政策遵守国家信息政策的基本原则，同时依据国家《信息自由法》、《隐私法》、《版权法》、《犯罪法》还制定了大学的隐私保护规范、知识产权政策、记录与档案政策，甚至是国际标准书号（ISBDs）和国际连续出版物号（ISSNs）使用规则，既保障员工及学生的信息获取权、信息政策制定的参与权，又兼顾他人的隐私权与知识产权。该大学还另制定了《信息技术政策》（Information Technology Policy）、《网络获取与使用权利与义务规范》（Network Access And Use: Responsibilities and Obligations），以引导对检索与传播信息之技术的管理。

昆士兰科技大学是澳大利亚信息素养教育的优秀典范，在国家信息素养能力标准的指导下，学校图书馆出台了完善的信息素养政策，对课程的组织实施提出了规范和指导性意见，信息素养教育日益彰显成效。2001 年，随着澳大利亚高校信息素养工作组信息素养教育国家标准——《澳大利亚与新西兰信息素养框架：原则、标准及实践》的出台，昆士兰科技大学图书馆也在 2004 年 12 月及时推出学校的信息素养政策。该政策涵盖了图书馆为促进信息素养教育而制定和维护的覆盖全校各部门的相关服务、制度和策略，为学校全面实施信息素养教育提供了规范和指导性意见。图书馆信息素养政策的目标包括：一是引导建立学校关于信息素养教学的系统的战略模式。二是建立、促进和实施多种面向信息素养教育课程改革的策略及行动计划。三是科学规划学校的信息素养教育，为开展信息素养教育提供必要的服务和资源[40]。

(4) 其他国家大学信息政策制定状况

新西兰 Canterbury 大学（University of Canterbury）依据《政务信息法案》(The Official Information Act 1982)、《地方政府政务信息与会议法案》（Local Government Official Information and Meetings Act 1987)、《教育法》(Education Act 1989）等制定了《政务信息政策》（Official Information Policy)[41]，依据《隐私法》（Privacy Act 1993）制定了《隐私政策》（Privacy Policy of the University of Canterbury)[42]，此外还制定了《计算机使用政策与规程》(Computer Use Policies and Procedures)[43]；这些政策既保障相关人员对大学信息的获取、保护个人隐私，同时也规定了计算机、网络、系统、通讯功能（如 E-mail）等的合理使用范围。

新西兰 Auckland 大学（University of Auckland）面向用户制定了《信息与通讯技术使用权限政策》（Information and Communications Technology (ICT) Acceptable Use Policy)、《掌上电脑安全政策》(Laptop Security Policy)、《电子邮件使用政策》(Email Usage Policy）等，同时出台了涉及账户管理、无线网络安全、计算机与网络安全管理等方面的信息技术政策[44]。

国外还有许多大学也都制定了自己的信息政策或信息技术政策，可参见网上资料。

4.2.2 国外大学信息政策的简要评析

(1) 大学信息政策的主要根据

国外大学信息政策制定与实施的一个主要基础与根据是其国家较为完备的信息政策与法律体系及相关的规范与要求。例如，美国《信息自由法》、《联邦信息资源的管理：A-130 号通告》、《保存图书馆计划》《计算机安全法》、《隐私法》、《数字千年版权法》等，加拿大《隐私法》、《信息存取法》等，英国《数据保护法》、《信息自由法》等，澳大利亚《信息自由法》、《隐私法》等，瑞典《出版自由法》、《表达自由法》等，日本《信息公开法》等，其中尤以英、美、澳大利亚国家的信息政策法律较为完备，又以信息自由法律规范建设被许多国家所普遍重视，这种状况较为明显地反映在大学信息政策之中。

(2) 大学信息政策的基本内容

综观国外大学信息政策，大致可以将其内容归纳如下，并可由此窥探其体系结构：

第一，信息创造政策。包括：信息创造的保障政策，如信息基础设施支撑政策、信息资源保障政策等；信息创造的人才鼓励政策，如科研奖励政策等；信息创造的财政倾斜政策等。

第二，信息保护政策。包括：知识产权政策，如版权政策、专利政策等；敏感信息政策，如学校机密保护政策、个人信息保护政策等。

第三，信息利用政策。包括：大学科技园区发展政策、知识产权转让与转化政策等。

第四，信息传播与交流政策。包括：出版政策、知识共享的开放存取政策、信息交流政策、图书馆信息服务政策等。

第五，信息管理政策。包括：信息素质政策、信息公开政策、记录与档案保存政策、信息自由政策等。有关国外大学信息公开政策的具体内容，我们将在第6章中进行适度的展示与分析。

第六，信息安全政策。包括：计算机安全政策、网络安全政策、系统安全政策、信息资源安全政策、数据安全政策等。

4.2.3 国外大学信息政策制定对我国的启示

(1) 利用信息政策牵引大学的知识创新

作为一类具有独特使命和运行规律的社会组织，大学应当通过制定合理有效的信息政策，发挥其应有的社会功能；尤其在信息化和知识创新大背景下，大学既是国家知识创新的主体之一，又是信息政策的主体之一，事关信息化背景下国家知识创新能力的提升。近年来，我国大学在人才培养、科技创新等方面为国家作出了突出的贡献，已经成为国家创新体系中的一支重要力量。但与美国等资深的创新型国家相比，我国大学在很多方面还存在比较严重的缺陷和问题，如高层次创新人才严重不足、包括科研经费在内的科研条件缺乏、大学在国家创新系统中的作用相对薄弱等；尤其是支撑创新文化环境的制度建设、保障机制急需强化，如大学管理体制机制、学校相关政策等[45]。其中必然包括大学的信息政策，理由在于：知识创新活动是庞大而复杂的系统工程，从其实现过程看，可分为三个紧密联系、相互交叉与反馈的环节：创新资源的集成、创新要素的合成、创新成果的生成，因而知识创新不仅基于主体的创造与研发，更对社会信息、市场信息、政策法律信息等有着强烈的依赖关系。因而，大学也应当建立面向知识创新的信息交流、信息配置、信息服务、信息保障体系，而这种复合性的信息管理体系的建立应该是在科学有效的信息政策指导下完成的。

（2）推进信息政策法律体系建设

总体来看，我国尚缺乏信息自由法、隐私法等较为完整的信息政策法律体系，因而大学的信息政策制定较为模糊、松散，相关的学术研究也较为零散。然而，随着我国知识产权法律制度的进一步完善、《条例》的实施以及《国家安全法》、《国家保密法》、《档案法》的不断修改，我国信息政策法律将进一步丰富与完善；面向创建创新型国家的重大历史使命，作为知识创新主体的大学也应当制定相对系统完整的信息政策体系。

（3）加强高校信息政策研究

信息政策法律是信息化建设的重要支撑力量，高校信息政策是信息政策体系的有机组成部分。国外大学信息政策的制定与运行已有相当长的时间，而我国大学的信息政策则较为匮乏，而且国内信息政策的学术研究中几乎很少涉及对国外大学信息政策的考察、分析与借鉴。基于国外大学十分丰富的信息政策实践素材，我们有必要加强高校信息政策研究。2008 年 5 月 1 日起施行的《条例》以及 2010 年 9 月 1 日起施行的《办法》，是我们研究高校信息政策中信息公开政策的重要契机，也为高校信息公开政策提供了重要的法律依据和渊源。

4.3 高校信息公开政策在现代大学治理中的价值定位

大学治理将高校信息公开政策推到了社会发展的重要位置，在大学治理过程中，高校信息公开政策作为大学的重要教育政策，必然起到独特的作用并有着不可替代的地位。

4.3.1 大学治理与高校信息公开政策的逻辑关联

大学治理可以追溯到 1636 年哈佛学院的创立，它是美国早期高等教育治理系统中的一部分，也意味着美国大学治理问题的开端[46]。随着知识经济兴起和经济全球化的挑战，对大学的发展提出了新的要求。为了解决大学发展所面临的问题，世界许多国家纷纷改善和加强大学治理。大学治理，指的是高等教育机构被正式组织和管理的方式。它与当权者决策的结构和过程有关，决策问题对大学内外利益相关者是极其重要的。大学治理关系到大学的存在、特征和发展，是高等教育的核心问题[47]。美国高教研究协会（The Association for the Study of Higher Education，ASHE）关于21世纪大学治理的研究报告中对大学治理提出了一个比较简洁的定义，即“大学内外利益相关者参与大学重大事务决策的结构和过程”[48]。

高校信息公开是政府信息公开在教育领域的延伸。《办法》的出台，有力地推动了高校信息公开的进行。高校信息公开不仅保障了公众的知情权，也调动了公众积极参与大学的治理。高校信息公开的最大特点在于高校信息的可获取性，即把大学置于社会公众的“众目睽睽”之下，消除不必要的所谓“信息保密”[49]。高校信息公开政策是高校信息公开性的保证，是评判大学治理水平的重要依据。大学治理的较高目标是达到“善治”。根据俞可平教授提出的6条善治标准[50]，其中“透明性”被界定为信息的公开性；“回应”则是指，管理人员和管理机构必须对公民的要求做出及时和负责的反应，不得无故拖延或没有下文，在必要时还应当定期地、主动地向公民征询意见、解释政策和回答问题。这两条标准不只符合高校信息公开政策的精神，更是其中的核心内容。有研究者提出，现代大学制度的核心特征是大学与社会经济发展需求的适应性[51]。从此角度讲，高校信息公开和“利益相关者共同参与”大学治理是现代大学制度的精髓。而利益相关者参与大学治理的重要保障因素之一就是有效信息的获取，信息是参与的生命线[52]。另外，现代大学制度的两块基石是：学术自由与大学自治，而大学自治是指大学主要向法律负责[53]。高校信息公开政策，既可确保利益相关者及时获取到有效的高校信息，又可引导大学决策者和管理者遵守法律、依据法律实行大学治理。因而，高校信息公开政策之于大学治理具有基础性价值。

建立高校信息公开政策，符合国际惯例中大学治理的要求；大学治理强化了大学的责任体系，高校信息公开政策则是大学承担责任的保障；大学治理倡导多元主体参与的高等教育管理模式，高校信息公开政策则是实行这种管理模式的推动力；大学具有多元化的利益相关者，高校信息公开政策则是利益相关者享有知情权之根本；大学治理主张“共同治理”，高校信息公开政策则有利于利益相关者共同参与“共同治理”；教育和谐是大学治理的题中应有之义，高校信息公开政策恰契合了教育和谐的观念。大学治理水平的高低在很大程度上，决定了大学自身的发展速度、方式和方向。大学是否能够真正进入治理，取决于高校信息公开政策的完善程度。我们甚至可以说，只有信息公开变成大学的自觉行为，大学真正进入治理阶段，我们的大学才会跻身于世界前列，我们的国家才会成为人力资源大国。

4.3.2 大学治理中的高校信息公开政策价值定位

在大学治理的语境下分析高校信息公开政策的价值，其必要性在于：可以引导人们正确认识高校信息公开政策存在的意义，有助于推动大学治理理念的转变，使其体现开放、透明、公正的社会价值，建构以透明度为核心的大学治理新范式。

（1）高校信息公开政策符合国际惯例中大学治理的要求

教育国际化是建立现代大学制度的必由之路。在经济全球化的趋势下，高等教育的竞争必然是国际化竞争。这就需要加强对外交流与合作，借鉴国际办学和管理理念，加快我国高等教育个性化、特色化发展[54]。美国、日本、欧洲等发达国家和地区的大学都在实行大学治理，大学治理的标准之一就是透明性，事实上它们的大学也都按照国内的信息自由法律分别制定了高校信息公开政策。这对我国大学提出了挑战，大学要在激烈的国际竞争中取得优势，必须借鉴国际大学的模式，按照国际惯例大学治理的要求，制定高校信息公开政策。可见，高校信息公开政策既符合国际惯例中大学治理的要求，又使我们不仅不必担忧我国大学在外来优质教育模式的冲击下会丧失生存乃至发展的机会，相反还会使大学得到更好地发展。

（2）高校信息公开政策充实了高等教育管理

从理论看，大学治理是高等教育管理的核心组成部分，信息政策研究是信息管理学科的人文维度之一，也是政策科学理论指导下的一种应用研究。因而，高校信息公开政策研究体现了在政策科学理论指导下高等教育管理与信息管理学科的交叉与互补[55]。

实践中，我国高等教育管理领域目前实行的基本上是以政府为单一合法性主体的高等教育管理体系。在现实中这种传统的政府单一管理模式早已显露出其严重的弊端。正因为如此，我们需要改变观念，用大学治理的视角重新审视高等教育管理体系，主张“利益相关者共同参与”的多主体管理模式。美国公立高等教育管理就是这种管理模式的典范，它是由州政府通过州高等教育协调委员会来进行协调和管理的（尽管各州情况不一），各委员会成员是社会各界人士[56]。高校信息公开政策则是这种新管理模式正常运行的最好推动力。高校信息公开可以让利益相关者及时、准确地获取信息，使他们全面地了解学校，方便参与高等教育管理。不然，在信息封闭的语境下，让利益相关者参与高等教育管理，进行治理方案的甄别和选择，这在形式上是非理性的。为此，高等教育管理体系中必然缺不了高校信息公开政策。

（3）高校信息公开政策是大学承担责任的保障

一直以来，与政府和企业组织设计相比，大学的责任体系是不清晰的[57]。谁负责谁承担责任在我国的大学政治权利与行政权力责任承担上的分配还很模糊，常常出现决策的不承担责任，承担责任的不参与决策现象[58]。大学治理强化了大学的责任体系，要求大学要勇于承担责任，不受其他权力干扰，对利益相关者负责。大学的责任，可以分为民主责任、经济责任、校内外责任。民主责任是有权力和责任随时做决策的管理者对其他利益相关者的责任，主要有二，一是选举管理者的权力，另一是核对决策的权力。大学必须创造民主对话的最佳环境，以使大学治理的决策制度渐趋完善。经济责任存在于清晰展示机构的资源被高效分配的能力，这要求大学在一定的透明度下采取经济决定。大学有义务通过正式的民主程序和经济责任的专门化过程对待校内外的利益相关者。校内外责任，分为：对内，他们直接对校内的员工和学生负责；对外，大学服务于普通大众，并且对资助它们的机构有责任[59]。

责任的实现取决于大学的透明度，也即高校信息公开政策的贯彻力度。高校信息公开政策，对于民主参与、经济责任是必要的，对于校内外的利益相关者来说也是不可缺少的。因此，大学作为一个复杂的公共机构必须依照高校信息公开政策致力于最大程度的公开，同时它也承认个人、商业和其他敏感数据的机密性。

（4）高校信息公开政策是利益相关者享有知情权的关键

大学是一种典型的利益相关者组织，具有多元化的利益相关者，根据与大学的密切程度不同，大致可以分为：教职工、学生、行政人员等内部利益相关者，财政拨款者、科研经费提供者、社会公众等外部利益相关者。这些多元利益相关者相互依存，以共同的价值观为指导，进行协商、谈判，通过合作的形式来解决大学所遇到的各种问题与矛盾。切实地赋予利益相关者以知情权是完成大学治理所赋予的任务的关键。高校信息公开政策，是保障利益相关者“实质”享有知情权的根本。从另一个角度讲，它也是对学校行政人员等相关责任人的激励，激励他们主动地、自觉地按照一定的程序公开信息。相反，如果出现以下任何一种现象，高校信息公开政策则是利益受损者维权的有力砝码，也就变成鞭策相关责任人按照高校信息公开政策办事的最好机制，比如应主动公开的信息没有及时公开，或者对信息公开申请没有在规定时间内准确地回复，或者进行信息公开乱收费等。因而，高校信息公开政策可以根本上确保利益相关者享有知情权，时刻警醒相关责任人要以政策内容为蓝本，做好高校信息公开工作。

（5）高校信息公开政策利于利益相关者参与的共同治理

公民有效的参与是治理的前提，是实现大学善治的必要条件。我国目前公民参与方面的法律制度建设滞后，缺少了制度上的良好保障，公民参与往往变成劳民伤财的形式化过程[60]。这里的公民即是大学的利益相关者。共同治理，是顺应时代发展的理念，对现代大学来讲具有重要的意义。大学利益相关者参与的共同治理是寻求一种利益相关者参与共同决策和相互制衡的机制。大学的各方利益相关者根据他们参与大学治理的能力、责任感和意愿等，在大学治理结构中各得其所，各行其责，实现“共同治理”[61]。

利益相关者只有在信息顺畅流通的前提下才有可能有效地参与大学治理，大学事务的公开化是参与大学治理的前提与体现。利益相关者参与共同治理，就必须成为“有所知的公民”，应该尽可能让利益相关者获得关于当前学校的信息以便其作出理智的判断和抉择。过去，高校的信息公开程度有限，使得各利益相关者对学校的使命、目标、规划、行为特征和绩效等方面知之甚少，致使政府、社会和个人等利益相关者对大学管理与监督的缺失，从而造成大学的管理主体单一、管理成效差。高校信息公开政策将人民关心的涉及群众切身利益问题公布于众，杜绝暗箱操作，从而确保公民更多地了解相关信息，尤其是了解相关政策中自己的权利和义务，使公民的自我利益和意见能得到及时的表达。高校信息公开政策，在学校、家和社会之间建立了强有力的联系。它是高校与社会联系的重要纽带，便于利益相关者获取和利用大学信息，促进信息在各利益相关者之间的传递和交流，利于大学的共同治理。共同治理，能使大学更加了解经济社会发展的需求，更好地为国家和地方建设服务。

（6）高校信息公开政策契合教育和谐的观念

教育和谐是社会和谐的起点，构建和谐社会呼唤全面、和谐的教育观与政策。教育公平是社会公平的起点和核心环节。每个人都有接受教育、参加学习的权力，每个人都应该获得均等的教育机会。教育是一个人具有获取信息能力的前提，因为获取信息需要具备一定的可行能力，否则即便信息就在身边，也无法获取和利用。如果关于教育机会的信息不能公开，获取信息的整个工程将处于危险境地。例如，大学的入学率，对于中上层社会的人来说，意味着保证现状的继续；对于下层社会的人来说，入读大学经常意味着脱离贫困[62]。接受教育，能够缩小贫富差距，是构建和谐社会的本源。高校信息公开政策作为和谐的教育政策可以确保受教育者，无论富有还是贫困，都能享有教育机会的均等和公正。高校信息公开将有效克服受教育者与高校之间的信息不对称，促进受教育者对大学的资源及制度的了解[63]，让受教育者可以根据自己的需要、特长、兴趣平等地选择学校和专业。让所有人都能平等地竞争和享受良好的教育，全面提高人们的素质（包括获取信息能力），实际上就是维护了教育和谐。高校信息公开政策，是保证每个人都能获得均等教育机会的措施，是教育和谐观念的体现，亦契合了高等教育和大学治理的题中应有之义。

随着高校信息公开进程的不断演绎与稳步推进，还有很多问题需要我们研究。比如，高校信息公开的运行机制，包括组织领导机制、执行监督机制、权利救济机制、绩效评价机制等。再如，信息公开与现代大学制度的建设，高校信息公开是现代大学制度的内在规定性，可试图以信息公开为核心从学校外部和学校内部两个层面推动建立现代大学制度。

参考文献

[1] 谢敏，郑哲．大学治理六要素模型［J］．浙江万里学院学报，2005，18（4）：138-140.

[2] 张应强．把大学作为学术组织来建设和管理［J］．中国高等教育，2006（19）：16-18.

[3] 傅根生，赵泽虎．大学社会公信力与大学治理［J］．教育发展研究，2009（11）：45-48.

[4] 李福华．大学治理与大学管理：概念辨析与边界确定［J］．北京师范大学学报（社会科学版），2008（4）：19-24.

[5] 张密丹．现代大学制度：高教改革的关键［N］．光明日报，2011年7月10日.

[6] AAUP. Statement on Government of Colleges and Universities1966，［EB/OL］.［2013-10-10］. http://www.aaup.org/AAUP/pubsres/policydocs/governancestatement.htm.

[7] 龚怡祖．大学治理结构：现代大学制度的基石［J］．教育研究，2009（6）：22–26.
[8] 潘懋元，肖海涛．现代高等教育思想演变的历程［J］．高等教育研究，2007（8）：6–11.
[9] 李相佑，李献士，朱燕空．从共同治理视角看中国现代大学制度建设［J］．河北学刊，2012，32（6）：181–184.
[10] 肖谦．高等教育利益相关者共同治理模式的探讨［J］．湖南社会科学，2009（4）：116–118.
[11] 胡赤弟．高等教育中的利益相关者分析［J］．教育研究，2005（3）：38–46.
[12] 秦秋田．从利益相关者需求论现代大学制度及其构建策略［J］．商业时代，2012（6）：114–115.
[13] 眭依凡．论大学的观念理性［J］．高等教育研究，2013，34（1）：1–10.
[14] 康乐．试论大学社会责任．中国高教研究［J］，2012（4）：26–29.
[15] 康乐．大学社会责任理念与履行模式［D］．大连理工大学博士学位论文，2012：24.
[16] 傅根生，赵泽虎．大学社会公信力与大学治理［J］．教育发展研究，2009（11）：45–48.
[17] 周治伟．公信力的概念辨析［J］．攀登，2007（1）：76–78.
[18] 傅根生．简论高等学校社会公信力［J］．黑龙江教育（高教研究与评估），2009（3）：15–16.
[19] 李春玲，李祖红．基于网络时代的高等教育公信力探究［J］．学术论坛，2012（4）：206–209.
[20] 钟秉林，赵应生，洪煜．中国特色现代大学制度建设——目标、特征、内容及推进策略［J］．北京师范大学学报（社会科学版），2011（4）：5–12.
[21] 许慧清．大学外部治理视野中的社会监督［J］．中国高教研究，2013（1）：82–85.
[22] 陈振明．公共政策分析［M］．北京：中国人民大学出版社，2002：49.
[23] 李玲玲．论政策工具与公共行政［J］．理论探讨，2008（1）：133–137.
[24] 杰米尔·萨尔米，阿勒诺什·萨拉杨，汪利兵，阚阅．作为政策工具的大学排行榜［J］．教育研究，2010（1）：59–68.
[25] 黄修权．多伦多大学政策规定综述［J］．安徽工业大学学报（社会科学版），2001，18（2）：144–152.

[26] 郭文革．美国高校信息技术基础设施建设的财政政策研究［J］．开放教育研究，2003（1）：47-50.

[27] 栾明香．英国高校科研评估政策及其借鉴意义［J］．北京行政学院学报，2011（3）：107-110.

[28] 王伟．中美研究性大学科研政策之比较［J］．西北工业大学学报（社会科学版），2010，30（1）：17-18.

[29]［美］S. 布拉曼，章悦摘译．后人定法：信息政策与机器世界［J］．国外社会科学，2007（4）：48-52.

[30] Information Technology Policies at theUniversity of Michigan [EB/OL]. [2013-10-11]. http: //www. itd. umich. edu/itpolicies/.

[31] Computing Policies and Guidelines [EB/OL]. [2013 - 10 - 11]. http: //www. upenn. edu/computing/policy/.

[32] Information Policy Office [EB/OL]. [2013-10-11]. http: //informationpolicy. iu. edu/.

[33] Brunel University's FOI Policies [EB/OL]. [2013 - 10 - 01]. http: //www. brunel. ac. uk/about/administration/infoaccess/freeinfo/poliguidelines/ [EB/OL].

[34] Freedom of Information, A Guide for Staff [EB/OL]. [2013 - 10 - 01]. http: //www. bathspa. ac. uk/regulations/freedom - of - information/guide - for - staff. asp.

[35] Freedom of Information Act Policy [EB/OL]. [2013 - 10 - 01]. http: //www. bangor. ac. uk/ar/ro/recordsmanagement/freedomofinformation/information policy. php. en.

[36] Information Security Policy of Oxford Brookes University [EB/OL]. [2013-10-08]. http: //www. brookes. ac. uk/infosec/isp. html.

[37] Freedom of Information Policy of University of St. Andrews [EB/OL]. [2013-10-08]. http: //foi. st-andrews. ac. uk/PublicationScheme/servlet/core. generator. gblobserv? id=353.

[38] Planning and policies of University of the Sunshine Coast [EB/OL]. [2013-10-08]. http: //www. usc. edu. au/University/AbouttheUniversity/Governance/Policies/.

[39] Information Policy ofUniversity of Canberra [EB/OL]. [2013 - 10 - 08].

http://www.canberra.edu.au/uc-policies/docs/information-policy.

[40] 杜安平．昆士兰科技大学图书馆信息素养政策与启示［J］．韶关学院学报（社会科学），2008（7）：166-169.

[41] Official Information Policy of the University of Canterbury [EB/OL]. [2013-10-08]. http://www.canterbury.ac.nz/ucpolicy/GetPolicy.aspx? file = officialinformationpolicy.pdf.

[42] Privacy Policy of the University of Canterbury [EB/OL]. [2013-10-08]. http://www.canterbury.ac.nz/ucpolicy/GetPolicy.aspx? file = privacypolicy.pdf.

[43] Computer Use Policy and Procedures [EB/OL]. [2013-10-08]. http://www.canterbury.ac.nz/ucpolicy/GetPolicy.aspx? file = computerusepolicyandprocedures.pdf.

[44] Current computer security policies and statute of University of Auckland [EB/OL]. [2013-10-08]. http://www.security.auckland.ac.nz/PoliciesandStatutes.htm.

[45] 赵敏，臧莉娟．美国大学在国家创新体系中的作用及其启示［J］．江苏高教，2006（6）：130-133.

[46] 甘永涛．美国大学治理的历史考察及其启示［J］．阿坝师范高等专科学校学报，2008（1）：22-25.

[47] Jiang, Hongchi; Wei, Michael. Faculty Roles in university governance at two universities in the United States and China [EB/OL]. [2013-10-12]. http://www.caerda.org/journal/index.php/newwaves/article/view/52/32.

[48] Gayle, Dennis John; Tewarie, Bhecndradatt; White, A. Quinton, Jr.. Governance in the Twenty-First-Century University: Approaches to Effective Leadership and Strategic Management: ASHE-ERIC Higher Education Report [M]. San Francisco: Wiley Subscription Services, 2003, 10.

[49] 尹晓敏．高校治理的一种新范式：以提升透明度为核心［J］．江苏高教，2010（4）：30-32.

[50] 俞可平．治理与善治［M］．北京：社会科学文献出版社，2000：序言.

[51] 王洪才．论现代大学制度的结构特征［J］．复旦教育论坛，2006（1）：32-38.

[52] 尹晓敏．高校信息公开：从学术、立法到机制的逻辑［J］．现代教育科学，2010（4）：23-27.

[53] 徐显明．大学理念论纲［J］．中国社会科学，2010（6）：36-43.
[54] 徐敏．高校信息公开与现代大学制度建设［J］．江苏高教，2011（1）：43-45.
[55] 马海群．关于大学信息公开政策的制定与评价研究的思考［J］．教育探索，2011（2）：35-36.
[56] 刘承波．中国公立高校治理中的社会参与［J］．大学教育科学，2008（5）：28-32.
[57] 朱德米．大学治理：自主、控制与责任［J］．同济大学学报（社会科学版），2007（3）：1-5.
[58] 张慧洁．利益、责任、信仰：世界一流大学治理结构的梳理与检讨．高教探索，2011（3）：5-10.
[59] University of Oxford. White Paper on University Governance［EB/OL］．［2013-10-30］．http：//www. gime. dufe. edu. cn/iecresearch/UserFiles/files/20110321125023663. pdf.
[60] 陈昕．高等教育变革视角下的大学治理［M］．长沙：湖南师范大学出版社，2007：11-12.
[61] 李福华，尹增刚．论大学治理的理论基础——国际视野中的多学科观点［J］．比较教育研究，2007（9）：51-56.
[62] Feinzig，Sandy；Rana，Swasti. The importance of right to information in education：Putting a human face on a fundamental right［EB/OL］．［2013-10-30］．http：//www. humanrightsinitiative. org/programs/ai/rti/india/articles/Imp%20of%20RTI%20in%20Edu. pdf.
[63] 张继明，吴智鹏．高等教育信息不对称对策研究——高校信息公开的视角［J］．教育学术月刊，2010（11）：66-68.

5　高校信息公开政策的法律依据及正当性分析

高校信息历来被认为是一种重要的资源，需要科学地加以开发和利用。高校信息公开，指除法律规定应保密的信息外，高校及其职能部门向社会公开所掌握的信息[1]。2007年党的“十七大”提出，要切实保障公民的知情权、参与权、表达权、监督权[2]，根据“十七大”精神，我国出台了《中华人民共和政府信息公开条例》，在《条例》的指导下，教育部出台了《办法》，《条例》和《办法》成为我国高校信息公开政策的主要法律依据。同时，现代大学制度建设又以透明、高效、服务社会为目标，阳光下的高校信息公开政策的制定与实施，可以满足公民的诉求，保障公众的知情权，因而又必然具有正当性。

5.1　国外高校信息公开政策的法律依据分析

信息政策是信息立法的重要渊源，成熟而有效的信息政策会转化为信息法律法规；而信息政策的制定，又必须有明确的法律依据，反映了政策与法律工具的互动关系。国外诸多高校信息公开政策的出台与制度的建立，都有着明确的相关法律规定。

5.1.1 国外大学信息公开政策出台概况

国外对于信息公开的研究起于1766年瑞典《出版自由法》的制定[3]，此后经过近两百多年的发展世界上已有80多个国家制定了信息公开法；受信息公开立法的影响，高校作为公共机构有公开信息的义务，为了保障公众的信息获取，提高学校决策的透明度，保障学校信息的安全及个人隐私的保护，各国大学纷纷建立自己的信息公开政策，并取得了一定的成果。据网上调研，英国Brunel大学、Buckinghamshire Chillems大学学院、苏格兰St. Andrews大学、Glasgow大学；美国的Illinois州立大学、Southern Illinois大学、Saginaw Valley州立大学、Mary

Washington 大学；澳大利亚 Sunshine Coast 大学、Queensland 科技大学、Monash 大学、Flinders 大学、Sydney 大学；加拿大 Regina 大学、Athabasca 大学等都依据相应的信息自由法制定了大学的《信息自由政策》（Freedom of Information Policy）。

5.1.2 美国高校信息公开政策的法律依据

（1）美国高校适用信息公开法律规范

根据相关学者的研究[4]，在美国，教育机关是指教育行政机关，机构则是学校等直接承担教育任务的机构。美国并不存在有关高校信息公开的专门立法，调整涉及高校信息公开的联邦法律有《隐私权法》和《家庭教育权利和隐私权法(FERPA)》。由于在美国教育属于地方事务，有关高校信息公开事宜主要涉及州法的有关规定和高校规章制度，而在一些具体问题上的规范则是由州法院判例发展起来的，这就使得不同州的高校信息公开也有所不同。决定信息是否公开，首先要看信息持有者是否适用有关信息公开的法律规定，这就首先需要判断高校是否属于有关信息公开法律约束的机构。相关州案例讨论了何种类型的实体构成州情报自由法律规定的机构，其记录应进行公开。某一具体记录或报告是否应按州信息公开法律的有关要求予以公开，首先需要判断的就是这些记录或报告的保管人是否属于州法规定的接受信息公开法约束的机构。

一般来说，只有公共机构才适用有关信息公开的法律规定。州法与联邦信息公开法一样，对有关机构的范围界定都非常广泛，如州或其他履行政府职能的政府实体。有些州还附加了公共资助这一替代标准来判断某一机构是否属于信息自由法下的公共机构。尽管以公共资助定义公共机构这一方法把大部分市镇政府机构都覆盖在了州信息自由法之下，但大多数州法案并不以资助条款将地方实体包括在内，而是明确规定地方实体应当接受该法约束，而并未采取一般的概括式立法模式。在实践中，法院也认为学校及其相关机构应当接受州信息自由法的规范，理由是这些机构接受公共资助或者取得了法律授权。有时，公私合办的专科院校也被认为是公共机构，适用信息公开法律。理由就是该校对城镇居民在学校里提供公共教育，履行了政府性职能，几乎全部由财政支持，取得州教育委员会的证书并接受其检查以获得学费返还和其他法定优惠政策，其主要目的就是为当地居民保持学校，属于该法目的下的公共机构。

总体来看，美国接受信息公开法律约束的高校范围仍然是广泛的，包括公立大学、社区学院，甚至公私合办的学校等。但是，在私立学校适用信息公开的问题上法院态度仍然审慎，一般不将信息公开相关法律规范适用于私立学校，甚至对接受联邦资助的私立学校也采取保守态度。另外，联邦法律和州法对高校内部机构及高校间组织是否适用信息公开法律规定，一般都没有具体明确规定，但相关案例却提出了这一问题。总体来说，在有关教育机构、有关高校及其有关各组织是否适用信息公开法律要求方面，法院都通过从宽解释的方式予以肯定。除了高校自身接受有关信息公开法律规范外，高校内部管理机构及有关高校联盟也可能适用信息公开法律规定。

（2）美国高校信息公开政策依法制定的实例

美国《伊利诺伊州信息自由法》（Illinois Freedom of Information Act）要求公共机构（public bodies）提供政府文献与记录的公共获取，作为公共机构之一的Illinois 州立大学（Illinois State University）对该法律给予积极相应，于2006 年8 月修订通过了《信息自由法实施规则与政策》（Freedom of Information Act Implementation Rules：Policy），以行使特定的政府功能。美国 Southern Illinois 大学（Southern Illinois University）也依据《Illinois 州信息自由法》（Illinois Freedom of Information Act）制定了《信息自由政策》（Freedom of Information Policy），及时为公众提供大学所拥有的公共记录与信息的获取。美国 Saginaw Valley 州立大学（Saginaw Valley State University）遵守《密歇根州信息自由法》（Michigan Freedom of Information Act）条款，制定了《信息自由法服从政策》（Freedom Of Information Act Compliance Policy），向公众提供公共信息服务。美国 Mary Washington 大学（University of Mary Washington）为履行《弗吉尼亚州信息自由法》（Virginia Freedom of Information Act）赋予的职责而制订了《信息自由政策》（Policies on Freedom of Information Act）。美国 South Carolina 大学（University of South Carolina）根据《南卡罗来纳州信息自由法》（South Carolina Freedom of Information Act）相关条款的规定，于1995 年7 月制定了《信息自由政策》（Freedom of Information Policy）[5]。有关美国高校信息公开政策的具体内容，本书将在第6 章中进行分析和展示。

5.1.3 英国高校信息公开政策的法律依据

英国高校信息公开工作的法律规范主要有：《信息自由法》、《高等教育白皮书》、英国《教育质量保障守则》以及英国信息委员会制定的《高等教育信息公开指导》。

（1）英国高校适用信息公开等政策法律规范

英国于2000年颁布了《信息自由法》（Freedom of Information Act 2000）并于2005年开始全面实施，实际上，该法的部分条款自2002年已经开始在不同的机构陆续实施。按照这一法律规定，信息公开的主体包括中央和地方各级政府部门、警察、国家医疗保健系统和教育机构在内的数万个英国公共机构（public authority）的信息。因而，公众有权向诸如大学之类的公共机构（public bodies）提请获取其所拥有的信息。该法还明确规定信息委员会（Information Commissioner）的职责之一是审批公共部门所提出的“出版规划”（publication scheme，实质上类似于我们通常所说的“信息公开指南”），包括为特定的公共机构（如学校、医疗卫生部门）制订标准或示范性的出版规划[6]。不过要注意的是，英国《信息自由法》主要适用于英格兰、威尔士和北爱尔兰地区。苏格兰地区专门制定了《苏格兰信息自由法》（The Freedom of Information（Scotland）Act 2002）。

英国教育质量保障与评估方面的法律规范及规章，也影响着高校信息公开政策的制定。英国高等教育质量保证署（The Quality Assurance Agency for Higher Education，QAA）成立于1997年，是非官方性的最具权威的中介评估机构，其使命是向学生、学生家长和社会相关人士提供高等教育的质量信息服务，并与其他高等教育机构合作保持和提高高等教育的质量[7]。QAA主要对英国高校的学校和专业的状况实施学术（教学）评估（Academic Review），对每所学校及其全部专业每6年评估一次。2011年QAA发布了新的《英国高等教育质量保障守则》，并采用新的评估方法——院校审查，强调高等院校自治、学术自由和学术水平的一致性；同时还发布了《2011—2014年战略规划》等。另外，QAA根据《信息自由法》的精神，还出台了本机构的信息公开指南。

2011年6月，英国公布了新的《高等教育白皮书》，其中对高校信息公开工作也作出了规定：各高校需要向学生、家长、雇主提供其教育资源、教学安排、教学效果以及毕业生去向等重要信息，这些信息将由高校招生部门、高等教育统计局、英格兰高等教育拨款委员会、英国大学组织以及有关大学生联合会等机构共同开发并实现共享，使学生能够通过网络查询到课程安排、专业设置等信息。

另外，英国信息委员会办公室制订的《高等教育信息公开指导》是英国高等学校进行信息公开工作的具体指导文件，其目的在于为高等学校理解和实行信息自由法提供指导；信息委员会还要求每个高等学校都要制定信息公开指南，以便于权利人查询有关该校的信息[8]。

(2) 英国高校信息公开政策依法制定的实例

总体来看，英国的《信息自由法》实质性地影响了大学的信息公开政策与措施制订。如英国 Brunel 大学于 2008 年出台了《信息自由政策》（Freedom of Information Policy and Procedures），其依据是 2005 年 1 月 1 日实施的《信息自由法》（The Freedom of Information（FOI）Act 2000）、2004 年的《环境信息法》（Environmental Information Regulations（EIR）2004）和 1998 年的《数据保护法》（Data Protection Act 1998），根据这些法案，大学是肩负为公众获取信息提供保障的公共团体之一；根据该政策，大学有义务向信息获取者（大学员工、学生，甚至大学外的任何人）告知所拥有之信息、与其沟通并在 20 个工作日内处理完毕（除例外）。英国 Bath Spa University 同样依据《信息自由法》（Freedom of Information Act）、《数据保护法》（Data Protection Act）制订了《信息自由员工指南》（Freedom of Information，A Guide for Staff），明确规定信息获取者（员工或学生，甚至是学校之外的任何人）的权利、向信息获取者提供学校拥有信息（除例外）的范围、答复信息获取需求的时限等。有关英国高校信息公开政策的具体内容，我国将在第 6 章中进行分析和展示。

另外，由于英国《信息自由法》主要适用于英格兰、威尔士和北爱尔兰地区，苏格兰的一些大学主要依据地方立法编制相关的信息自由政策与措施。例如苏格兰 St. Andrews 大学（University of St. Andrews）制定了《信息战略》、《数据保护政策》、《记录管理政策》等，并在此基础上于 2004 年 3 月发布了“信息自由政策”（Freedom of Information Policy，March 2004），该政策的依据是《苏格兰信息自由法》（The Freedom of Information（Scotland）Act 2002）所规定的大学为公众（大学所有员工与学生，甚至是该法律延及的任何人）提供其所拥有信息（除例外）的一系列义务；根据该政策，大学应指定专人负责信息自由获取工作，大学各相关机构有责任将该政策告知所有员工，所有员工应熟悉该政策及配套的《信息自由指南》、为信息需求者提供咨询与帮助并在 20 个工作日内完成、及时与信息管理主管进行联系等。苏格兰 Glasgow 大学（University of Glasgow）依据《苏格兰信息自由法》（The Freedom of Information（Scotland）Act 2002），专门成立了“数据保护与信息自由办公室”（DP and FOI office），并制定了学校的《信息自由政策》（Freedom of Information Policy），充分保障用户的法定信息获取权。

5.1.4 其他国家高校信息公开政策依法制定状况

(1) 澳大利亚

澳大利亚是联邦国家，各州各领地的立法对大学信息公开政策与措施的影响较大。如澳大利亚《昆士兰州信息自由法》(The Queensland Freedom of Information Act 1992) 明确规定公众有权获取与自己相关的州政府活动信息、政府文件等，其中所谓“政府”(government) 包括议会、州政府机关、地方机构、半官方机构与授权机构、大学等公共机构。澳大利亚 James Cook 大学 (James Cook University) 是该法律的行政主体之一，按照法律要求制定了《信息自由政策与规程》(Freedom of Information Policy and Procedure)，每年向公众公开诸如学校结构与功能、学校公共影响、公众参与途径、校务公开范围、学校文件获取范围与方式、请求回复要求、收费范围、诉讼与救济途径等信息。澳大利亚 Sunshine Coast 大学 (University of the Sunshine Coast) 和 Queensland 科技大学 (Queensland University of Technology at Brisbane) 也根据《Queensland 省信息自由法》(The Queensland Freedom of Information Act 1992)，分别于 2000 年 4 月和 2006 年 11 月制定了各自大学的《信息自由政策》(Freedom of Information policy)。

澳大利亚 Monash 大学 (Monash University) 是《维多利亚州信息自由法》(Victorian Freedom of Information Act 1982) 所规定的公共机关 (authority) 或机构 (agency)，有义务向公众提供政府及所属机构的信息，从而制定了相应的大学《信息自由政策》(Freedom of Information Policy)，履行法律职责。澳大利亚 Flinders 大学 (Flinders University at Adelaide) 根据《南澳州信息自由法》(Freedom of Information Act (South Australia))，制定了《信息自由政策》(Freedom of Information Policy)，旨在保障公众利用各种机制获取信息以及学校决策的透明度。澳大利亚 Sydney 大学 (University of Sydney) 早在 1989 年 6 月，即根据《新南威尔士州信息自由法》(NSW Freedom of Information Act 1989) 制定了《信息自由政策》(Freedom of Information Policy)。澳大利亚悉尼的 Macquarie 大学 (Macquarie University at Sydney) 根据《新南威尔士州信息自由法》(NSW Freedom of Information Act 1989) 制定了学校的《信息自由政策》(Freedom of Information Policy)。澳大利亚 Canberra 大学 (University of Canberra) 根据《首都领地信息公开法》(Capital Territory Freedom of Information Act 1989) 于 2001 年制定了新的较为完整的《信息政策》(Information Policy)，其中包括信息公开获取的范围与途径。

(2) 加拿大

加拿大也是联邦国家，但各省拥有从联邦政府中获得的相当大的自治权，因而加拿大大学的信息公开政策与措施的制定，主要也是受到各省立法的影响。如加拿大 Regina 大学（University of Regina）根据《萨斯喀彻温省地方机构信息自由与隐私保护法》（The Local Authority Freedom of Information and Protection of Privacy Act（Saskatchewan））和《地方机构信息自由与隐私保护法规》（The Local Authority Freedom of Information and Protection of Privacy Regulations），于 2006 年 10 月制定了《信息自由与隐私保护政策》（Freedom of Information and Protection of Privacy Policy），旨在重视信息资产、遵守法律法规、保护个人隐私，促进信息的合理收集、获取、使用与公开。加拿大 Athabasca 大学（Athabasca University）根据 1995 年 10 月生效的《阿尔伯塔省信息自由与隐私保护法》（Freedom of Information and Protection of Privacy Act（Alberta）），成立了“信息自由与隐私办公室”（the Freedom of Information and Privacy Office），并制定了《信息获取政策》（Access to Information Policy）、《记录管理政策》（Records Management Policy）、《隐私保护政策》（Protection of Privacy Policy）、《学生个人信息共享政策》（Sharing a Student's Personal Information Within Athabasca University Policy），保障公众的信息获取、学校信息的安全及个人隐私的保护。

5.2 我国高校信息公开政策的法律依据及问题分析

广义上的政策包含法律法规及规章章程，所以政策可以表现为法律的形式；而狭义上的政策必须有法律依据并依法制定，在我国往往以指南、规划、办法、通知等形式出现。这里我们借鉴国外经验，试图从局部角度探索我国高校信息政策的法律渊源，并对其中存在的问题进行分析与解决。总结国外经验发现，国家信息公开政策法律是高校信息公开政策的主要依据与产生根源。当前我国高校的信息公开制度建设普及面不充分、信息公开范围及内容不清晰、信息公开机制不完善，根本原因在于缺乏有效的信息政策的引导与支撑。由于高校信息公开政策属于新的领域，目前我国学者对其研究较少[9]，为了促进我国高校信息公开领域的发展，完善我国高校信息公开政策的研究体系，需要从法律依据的角度分析我国高校信息公开政策及其存在的问题，提出有关建议，使其更加符合目前我国高校信息公开的现状，发挥其应有的作用。

5.2.1 我国高校信息公开政策的主要法律依据

高校信息公开是高校适应当代高等教育发展趋势的必然选择。信息公开更多地被认为是一种对公众知情权的保护[10]。知情权，是指公民、法人及其他组织依法所享有的对于国家机关、公共机构或者其他公民、法人、非法人组织要求公开信息的权利，以及法律不禁止的范围内不受妨害地获得各类信息的自由[11]。

《条例》与《办法》的有关规定是制定高校信息公开政策的重要法律依据。

（1）我国高校信息公开政策的《条例》依据

《条例》主要针对政府信息公开作了若干规定，高校信息作为政府信息的一方面，可从《条例》中为高校信息公开政策找到依据。《条例》第九条的第（一）、（二）、（三）条款分别规定："涉及公民、法人或者其他组织切身利益的"、"需要社会公众广泛知晓或者参与的"、"反映本行政机关机构设置、职能、办事程序等情况的"信息应当主动公开。而高校作为教育机构涉及公民、法人或者其他组织的切身利益，其招生等工作需要社会公众广泛知晓和参与，高校里也有很多反映行政机关机构设置、职能、办事程序等情况的信息被我国公民所需要，从这三个方面考虑，按《条例》第九条之规定，我国应当制定高校信息公开的政策。另外，《条例》第十条的第（九）款规定："扶贫、教育、医疗、社会保障、促进就业等方面的政策、措施及其实施情况"属于重点公开的政府信息。高校特困生补助的政策，医疗补助的政策，学生受教育的政策，以及学生就业的政策等均属于应重点公开的高校信息，因此该条法律规定也可视为高校信息公开政策制定的法律依据。

（2）我国高校信息公开政策的《办法》依据

《办法》是我国高校信息公开政策最直接的法律依据，是在国务院部委的层面上最早以规章的方式落实《条例》的一个尝试，是全面推进高等学校信息公开工作的重要举措，也是保障师生和社会公众的知情权、参与权、表达权和监督权，构建社会主义和谐社会的重要内容。《办法》用了五章共三十二条对我国高校信息公开政策的原则、范围、程序、监督等方面作了详细规定。例如第二条规定："高等学校在开展办学活动和提供社会公共服务过程中产生、制作、获取的以一定形式记录、保存的信息，应当按照有关法律法规和本办法的规定公开"；第四条规定："高等学校应当遵循公正、公平、便民的原则，建立信息公开工作机制和各项工作制度。高等学校公开信息，不得危及国家安全、公共安全、经济安全、社会稳定和学校安全稳定"；第七条用了十二个条款规定了高校应当主动公开的信息，第十条用了四个条款规定了高校不予公开的信息等。

（3）我国高校信息公开政策的其他法律依据

除了以上所论述的《条例》与《办法》可以作为我国制定高校信息公开政策的法律依据外，《消费者权益保护法》等法律中也都可以找到我国高校信息公开的法律依据。我国《消费者权益保护法》明确规定了消费者的知情权及生产者和经营者的相应义务。该法第十九条规定："经营者应当向消费者提供有关商品或者服务的真实信息，不得作引人误解的虚假宣传。经营者对消费者就其提供的商品或者服务的质量和使用方法等问题提出的询问，应当作出真实、明确的答复。商店提供商品应当明码标价。"而诺斯将市场上的消费者定义为"委托-代理"关系中的委托者[12]，从高校市场化的视角去理解，高校与社会之间存在（教育）产品与服务的"提供者-消费者"之间的关系[13]。根据第十九条之规定，高校作为（教育）产品的提供者，有义务公开（教育）产品的相关信息[14]，高校信息公开政策的制定有助于我国教育事业消费者知情权的保障，实现对消费者主权的保护。

尽管高校信息公开政策存在若干法律依据，但其最直接的依据是《办法》，《办法》又是根据《条例》制订的。《办法》与《条例》的法律层次比较低，法律效力没有正式法律高，并不能很好地引导高校信息公开政策的制定与执行，导致高校信息公开政策在具体实施中出现了一系列问题。

5.2.2 我国高校信息公开政策存在的问题

我国高校信息公开政策存在的问题主要有以下几个方面：

（1）高校信息公开政策存在法律障碍

根据《办法》第三十条规定："已经移交档案工作机构的高等学校信息的公开，依照有关档案管理的法律、法规和规章执行。"而《中华人民共和国档案法》（以下简称《档案法》）第十九条规定："国家档案馆保管的档案，一般应当自形成之日起满30年向社会开放。经济、科学、技术、文化等类档案向社会开放的期限，可以少于30年，涉及国家安全或者重大利益以及其他不宜开放的档案向社会开放的期限，可以多于30年，具体期限由国家档案行政管理部门制定，报国务院批准施行。"《档案法》这种规定，为档案部门或有关机关的人为失误并造成档案延期开放提供了法律依据[15]。此规定使按高校信息公开政策需要公开的信息推迟公开，由于信息的时效性，有些信息如若延期开放就会失去它的价值，《档案法》的法律规定阻碍了高校信息公开政策的实施。

另外，根据《办法》的精神，我国公民对于我国高校信息具有知情权及监督权。而有关高校的核心法律《中国高等教育法》，是1998年8月29日第九届全国人民代表大会常务委员会第四次会议通过的，实施时间较早，封闭式的行政管理色彩深厚，所以该法共六十九条法律条款中，没有一条涉及关于高校信息应该公开的规定。《中国高等教育法》第四十四条规定："高等学校的办学水平、教育质量，接受教育行政部门的监督和由其组织的评估"，此条法律规定并未涉及公民的知情权和监督权，不利于高校信息公开政策的实施。

（2）公开意识淡薄阻碍高校信息公开政策的实施

中国自古的"民可使由之，不可使知之"的传统思想在大部分统治者的思想中是根深蒂固的。再加上新中国成立以来，出于维护社会主义国家政权的安全和利益，保证社会主义事业顺利进行的需要，对国家机关在经济建设中的活动更多强调的是保密，使我国党政机关，企事业单位等养成了保密的习惯[16]。另外在竞争社会，获取对手的信息，对于在市场机制的社会中取胜具有重要作用，所以公民更加注重对于信息的保密，即使是一些不那么重要的信息也习惯性地保密。"政府文件和信息具有公共财产的性质"是信息自由的基本理念，但要让它成为相应机构及每个成员的自觉意识并非是一件易事[17]，相对来讲信息公开的意识比较淡薄。意识上不去，便不会对其重视，会导致执行力低下，甚至是能不执行就不执行的情况，那么高校信息公开政策的制定实施就会成为纸上谈兵。

（3）高校信息公开政策对公开内容的规定宽泛且随意性强

由于《办法》的第三十一条规定："高等学校应当依据本办法制定实施细则"，各高校根据相关精神的指导，开始陆续在网站上设立高校信息公开专栏，通过高校信息公开指南及公开目录反映高校信息公开政策公开的内容；指南内容均大致分为主动公开、申请公开、监督机制三部分，但每一部分的具体规定并不统一，目录中对高校信息公开内容的规定则更不统一。各个高校信息公开指南的制定只能根据政策的制定者对于相关的《条例》、《办法》的理解进行制定[18]，具有很强的随意性。目前尚缺乏高校信息公开指南模版，而且信息公开内容的规定相对宽泛，缺乏细致性。

（4）高校信息公开政策执行缺少必要的监督机制

由于高校信息公开意识还没有达到相应高度，又由于高校信息公开政策的制定者、执行者和规范者的统一，高校的自利性显现，不愿施行有关制度来规范自身行为。尽管《办法》规定："高等学校内设监察部门负责组织对本校信息公开工作的监督检查，监督检查应当有教师、学生和学校其他工作人员代表参加"，但是缺少必要的外部监督机制，使高校推进此项工作的积极性不高，高校显然可以找各种理由不公开信息以避免麻烦。

5.2.3 高校信息公开政策涉及问题的解决建议

针对以上提出的问题，建议从以下几方面加以解决。

（1）对阻碍高校信息公开政策实施的法律进行适当的修改

目前支撑高校信息公开政策的直接法律法规是《条例》与《办法》，但它们属于行政法规、部门规章，没有《档案法》的法律效力大[19]。虽然《条例》与《办法》的法律层次低，但并不证明其存在是不合理的，因为高校信息公开政策的制定是时代发展的需要，《档案法》的部分规定阻碍了高校信息公开政策的实施，与时代发展的主旋律不相适应，且《档案法》的发布时间较早，没有随着时间的发展而有所改动，因而应对《档案法》部分规定进行修改，以促进高校信息公开政策更好实施。另外，目前的《中国高等教育法》并没有关于高校信息公开方面的规定，甚至部分条款反而成为了阻碍高校信息公开政策更好实施的法律障碍，也与现在时代发展的主题不相适应，应作适当的修改，使其能够更好地促进高校信息公开政策的制定与实施。

（2）加强执行者的信息公开意识促进高校信息公开政策的更好实施

为了使高校信息公开政策更好地实施，必须要加强高校信息公开政策的宣传力度，提高高校信息公开意识，尤其是提高政策执行者的意识。要让其认识到高校信息公开政策的制定及实施能够有助于建立阳光下的校园，增进校园民主；意识到通过信息公开政策维护公民知情权，是高校的一项义务。

（3）高校信息公开政策对公开内容的规范化

由于高校信息公开指南的不统一，公开目录的随意性，致使部分高校为其保守部分信息提供可能；还由于高校管理的社会属性是权力性管理，是统治与服从的关系，这种属性使得保守信息秘密，不主动公开信息成为高校职能部门的本能倾向。应统一高校信息公开指南及目录，实现对公开内容的规范化。相关部门应提出关于高校信息公开政策的具体方案，以保证高校信息公开行为有更详细的政策可依。

（4）为高校信息公开政策的实施建立相应的监督和救济机制

一项政策的制定，势必会影响一部分人的利益，同样高校信息公开政策的实施也会受到一部分人的故意阻拦，在利益的驱使下会存在应公开的信息不公开、拖延公开或公开虚假信息等情况。只有建立相应的监督机制及救济机制，而且监督机关要与政策的执行机关相脱离，才能更好地行使监督的权利；权利人在没有得到相应的权利时，才能够找到相应机构维护其权利。没有制度保障的权利永远都只能是印在纸面上的文字，知情权也不例外[20]。虽然《条例》的制订和《办法》的实施已经使知情权得以具体化，但仍需有效的制度保障和救济手段来促进这一权利的更好实现。

5.3 高校信息公开政策的正当性分析

高校信息公开是高校民主办学的迫切要求，是大学开放性的表现，也是大学制度建设内在规定性的体现，因而高校信息公开政策具有必然的正当性，但仍需我们从理论和实践的不同层面加以梳理和论证。

5.3.1 不同学科中的正当性概念定位

无论在什么时候，在什么社会里，只要社会成员开始对某一制度进行反省，正当性的问题就不可避免地被提出来[21]，对正当性问题的研究从未间断，对以往制度的修正和新制度的选择都将引起人们的正当性拷问[22]。例如，当一项新的政策或制度开始取代旧的政策或制度的时候，或者当一项新事物的产生对该事物的接受主体的固有思维产生冲击的时候，该项政策或制度或这个新鲜事物就面临着对其正当性的拷问。正当性并不是专属于某一学科的，而是在多学科中都可以对其进行研究，由于研究主体的不同，“正当性”一词在法学领域、政治学领域、伦理学领域、经济学领域等均有研究，不同学科中对正当性的研究视角及侧重点各不相同，所以对正当性的界定也就至今没有统一的说法。

（1）法学领域里的正当性

在法学领域里的正当性，人们比较关注的是公法的正当性问题，正当性一词在法学领域中主要以对公共权力和政治秩序的评价概念而出现的。法学领域中的正当性与合法性关系紧密却略有区别。合法性主要指它符合实在法的具体规定或程序，简单说来就是形式标准；正当性是说符合特定的法律和政治理念或观念[23]。当所说的“法”指的是具体的法律条文的时候，合法性就是指此法律的制定符合国家制定的其上位法的相关规定，此时合法性与正当性相统一。当所说的“法”更加广义之后，可以考虑人们内心的想法对狭义的实在法的一种评判，此时的正当性包含合法性。当针对某种公共权利或政治秩序的时候，正当性与合法性意义相同。当针对个人行为而言，正当性能够对法的研究中合法性所不能解决的非法学问题进行补充及完善[24]。可见法学领域中正当性的内涵有时与合法性内涵相同，有时又比合法性的内涵更广泛。

（2）政治学领域里的正当性

在政治学中，正当性的定义是：一个国家（或政府）的正当性是它所拥有的一种复杂的道德权利——作为独家的强制者对其隶属成员施加具有约束力的责任，使其隶属成员遵守这些责任，并使用强制手段来执行这些责任[25]。政治学领域中正当性更加侧重的是围绕道德权利进行的研究，政治学中的正当应该是有利于普遍善或至少有利于公共善。根据政治本身的特殊性，为了让大家信服最好的理由就是具有道德价值，所以政治正当性的论证要把道德价值作为它的基本假设和依据[26]。Jurgen Habermas 将正当性定义为："当一个政治秩序提出后对其进行肯定的认可，并且认为其是对的及公正的，则该秩序就有正当性；一个具备正当性的秩序应该是得到肯定及认可的秩序。正当性意味着对一项政治秩序的肯定，肯定这项秩序的值得性[27]"。政治学中正当性的研究首先应该是公平或公正的，公平与公正是保证政治稳定的基础。此外，政治学中的正当性还涉及政治权利及政治义务，当某一事物被研究是否具有正当性的时候，也应考虑其主体是否具有相应的政治权利或政治义务，如果具有相应的政治权利或政治义务，就具有一定的政治正当性。所以政治正当性主要是符合道德的、具有政治权利或政治义务的能够体现公平、公正的。

（3）伦理学领域里的正当性

正当性一词在伦理学领域里是关于个人行为与联合体行为的道德性判断的重要概念[28]，在伦理学中对正当性的研究包括规范伦理学的视角及元伦理学的视角。前者所研究的有正当性的标准的制订、概念的界定等，后者所研究的是如何判断是否具有正当性，即提出正当性的判断标准作为"元"理论。伦理学中有德性伦理学，所谓德性就是被认为是出色的、优秀的，如果个人或者某一群体被证明是具有德性的，则其行为模式应是本能的、选择正确的或正当的行为的。伦理学中有义务伦理学，顾名思义，当某个主体具有了某种义务，则说明其同时也享有权利，当某一事物已经上升至义务的层面，那么该事物就具有了道德价值，是正当的。元伦理学中正当的概念：当某一行为对于社会创造道德的需要、欲望、目的的效用性相符合时就是具备正当性的[29]。在伦理学中个人行为如果具备正当性，则其应该是善的，社会中联合体行为的正当性应该是具备正义的，因为从正义的角度出发的行为能够符合伦理学中的道德评价，所以伦理学中正当性属于道德评价的一种，与善或正义同义。

(4) 经济学领域里的正当性

经济学领域中对正当性的研究主要是从不正当竞争的角度来进行的，不正当竞争就是经济活动参与者在进行经济活动的过程中使用的违反规则的、不当的或者不正当的手段进行的竞争，以获取更多的利益。由此可以看出我国经济学中的正当性是反不正当竞争或者不当竞争行为而产生的，如果经济活动参与者都按照既定的规则或法律进行经济活动，则该行为属于合理合法的，具备正当性。反之，如果经济活动参与者打乱既定规则违反约定，则属于不正当的竞争行为。事实上，为了追求利益最大化，经济活动参与者很少完全按照规则办事，总有一些不正当的或者不当的竞争行为出现。经济学领域里的正当性与不正当或不当相对应。

结合以上不同学科对正当性的不同的界定，我们把正当性界定为符合实际需要的、善的、正义的、合理合法的、值得肯定的、有责任或有权利的、与不当或不正当相对应的。

5.3.2 高校信息公开政策正当性研究视角的确定

高校信息公开政策正当性是衡量高校信息公开政策的价值基础及道德标准。一些高校信息公开政策制定、出台及实施以来，虽然学术界对高校信息公开及高校信息公开政策进行研究的热情看涨，但是实践中高校信息公开政策所取得的成果并不明显，分析其原因在于高校信息公开政策的政策相关人员对政策缺乏强烈的认同感，这种认同感就是对政策正当性的肯定。

(1) 政策正当性的判定

在日益追求公平与正义的当代社会，任何一项政策的发展空间及执行力之大小很大程度上取决于这项政策的正当性。正当性既是一个理念问题，也是一个制度和行为问题，任何正当性都必须同一定的社会制度相联系。政策与法律是实现国家及社会制度化、规范化、程序化的调控手段，政策虽然具有调控作用，但政策并不一定就是正当的政策。当一项政策的出台或实施受到质疑的时候，或者当一项正当的政策产生之后并未取得较好的实施效果的时候，对政策正当性的研究就显得尤为重要。Anders Hanberger 从历史的角度进行公共政策分析，认为："正当性包括既能满足需求又能解决理解问题两个方面[30]"。政策正当性的研究因针对不同的政策，其正当性的研究视角会有不同，如法学中对某一刑事政策的正当性的研究侧重从指定法及法理两方面进行研究；对政策正当性的论述除了从法律方面论证还可以从其他角度切入，如对少数民族高考加分政策正当性的论述就是从法律基础及经济学理论依据两方面进行切入的。政策学对政策正当性的论述，则从指定程序和指定内容两方面论证。政策正当性的研究比较通用的手法是，通过对正当性及所要研究的政策进行分析，然后根据所研究的政策的具体特点，制订出该政策具备正当性的标准，然后论证为什么该政策符合正当性的标准，即为什么该政策具有正当性。当然这里所说的正当性的标准并不是随便制订的，而是在较强的理论基础及实践经验的指导下结合具体政策的特性综合提出的。

(2) 高校信息公开政策正当性的评价标准

高校信息公开政策作为高校信息公开工作的行为准则，判断其价值维度的标准之一就是高校信息公开政策的正当性。一项政策若想顺利实施既要在理论上被证实具有正当性，又要在实际操作中被证实是符合实际需要的。高校信息公开政策理想的状态应是正当的且符合实际需要的政策。正当即从理论上讲是高校信息公开政策能够被证明是善的、正义的、合理合法的、值得肯定的、有责任或有权利的、与不当或不正当性相对应的，如果高校信息公开政策能够被证明满足上述条件则被证明是具备理论正当性的。政策虽属理论层面却指导着实践的进行，同样实践也会对政策进行反馈，反映出政策的实施是否符合实际的需要，一项只能在理论上被证明是正当的政策，如果不符合实际需要，则无异于纸上谈兵，其正当性是不完善的，只能说该政策只具备理论上的正当性。对高校信息公开政策的检验也是一样，要看其在具体的操作层面上是否符合实际需要，符合实际需要了则具有实践正当性。

综上可知，高校信息公开政策正当性的检验标准有二：一是理论上是否是正当的，即是否是善的、正义的、合理合法的、值得肯定的、有责任或有权利的、与不当或不正当性相对应的；二是操作层面上即实践中是否符合实际需要的，符合实际需要的就具备正当性，否则不具备正当性。一项政策只有既具有理论上的正当性又具有实践上的正当性才可称其具有政策正当性。

5.3.3 高校信息公开政策理论正当性

以下主要从信息的视角、政策的视角、法律的视角分别对高校信息公开政策正当性进行分析，以论证高校信息公开政策的理论正当性。

(1) 信息的视角

以信息的视角对高校信息公开政策正当性进行分析，将从信息需求、信息资源特殊性、信息资源配置、降低信息寻租机会四个角度进行。

1）信息需求角度

高校所公开的信息，是与高校治理及高校教育相关的信息，这些信息是与人民群众切身利益密切相关的，人民群众对其具有相应的信息需求。根据“用户的信息心理—行为”理论可知，高校信息公开政策的制定及发布实际上是对用户的一种刺激，这种刺激唤醒了用户的信息意识，让用户认识到了自身潜在的信息需求，使这种需求经历了需求唤起状态、需求认识状态、需求表达状态三个阶段后，指导用户开展相应的信息行为，即高校信息公开中的要求高校主动公开相关信息及根据自身需求申请高校公开相关信息的信息行为[31]。高校信息公开政策的制定及实施能够满足用户的信息需求，可见高校信息公开政策是值得肯定的、善的，是具备正当性的。

2）信息资源特殊性角度

信息可以通过流通、加工、存贮和转换为人类创造出更多、更好的物质财富及精神财富，成为人类的重要资源，即信息资源。与物质资源及能量资源不同的是，信息资源具有共享性，对于高校信息公开政策所规定应主动公开和依申请公开的信息，就是信息的共享。这种共享不会因信息被更多的人获得而使信息失去价值。此外，信息资源另一特殊性是具有积累性与再生性，即其不会像物质资源及能源那样不可再生，反而会因为信息积累及传递而产生出新的信息资源，高校所公开的信息，就是考虑到信息资源的这一特性，信息资源被利用得越多越广，它的效用就会发挥的越充分，创造出的新的信息就越多。可见高校信息公开政策是在鼓励消费和利用信息，以此来加快社会信息化的进程，是值得肯定的、善的，是具备正当性的。

3）信息资源配置角度

信息资源配置是通过设计、调整信息资源的分布和流向，以尽可能小的成本取得尽可能大的配置效益，达到信息为人所高度共享并产生政治、经济或其他效益的目的，促使信息价值最大化，使用户信息保障率较高，最大限度地为人类谋福利[32]。高校信息公开政策是信息资源配置中的有关高校信息资源配置的政策，其将公众所需的信息公开或允许公众申请公开信息，调整了信息资源的分布和流向，提高了用户的信息保障率，降低了公众获取信息的成本，同时也增加了信息的价值。高校信息公开政策将信息资源公开、共享，尽量地减少了信息资源的短缺与闲置，使那些闲置的、未充分利用的信息资源转移出来，实现有效利用总体效率的优化。高校信息公开政策是政府信息资源配置管理的工具，是政府调整产业结构、引导信息资源流向的有效手段，是为了实现高校信息的高度共享以最大限度的为我国公民谋福利，是值得肯定的、善的、正义的，是具备正当性的。

4）降低信息寻租机会的角度

早在1921年奈特就指出，信息商品出现的原因之一是信息不对称与市场运行中的信息不完备[32]。教育事业是重要的公共事业，受到了广泛的关注。但是，近年来高校腐败案件频繁发生，引起了人们的忧虑。分析其原因，因信息不公开而导致的监督机制失灵是重要的原因之一。高校信息公开政策能够有效的指导、监督高校信息公开工作的顺利进行，高校信息公开能够降低高校信息暗箱操作、高校信息寻租的机会，能够加强广大民众对高校相关工作的监督作用，降低高校腐败案件发生的频率，将“阳光”带到那些曾因信息不公开、信息不对称而将高校信息当作信息商品进行交易的角落。可见高校信息公开政策是与那些不当的或不正当的事物相对的，是善的、正义的，是具备正当性的。

（2）政策的视角

以政策的视角对高校信息公开政策正当性进行分析，主要从政策制定的环境、政策制定的目的、政策实施结果三个角度进行。

1）从政策制定的环境看高校信息公开政策的正当性

1993年中共中央、国务院颁布了《中国教育改革和发展纲要》（以下简称《纲要》）。《纲要》指出：“要重视和加强决策研究工作，建立由教育和社会各界专家参加的咨询、审议、评估等机构……”；1995年，《中华人民共和国教育法》第二十四条规定：“国家实行教育督导制度和学校及其他教育机构教育评估制度”；1999年，中共中央、国务院作出了《关于深化教育改革全面推进素质教育的决定》，指出：“加强对高等学校的监督和办学质量检查，逐步形成对学校办学行为和教育质量的社会监督机制及评价体系……”；2002年出台的《关于全面推进校务公开工作的意见》，使校务公开工作开始在全国开展，为高校信息公开政策的制定提供政策基础。2007年“十七大”召开后，根据“十七大”精神国务院出台了《条例》并于2008年5月1日开始施行。根据《条例》第九条之规定，高校作为政府信息公开机构之一，有着我国公民所需要的信息，我国高校应有高校信息公开政策。可见高校信息公开政策的制定及实施是有义务、有责任的，是具备正当性的。

2）从政策制定的目的看高校信息公开政策的正当性

《办法》第一条：“为了保障公民、法人和其他组织依法获取高等学校信息，促进高等学校依法治校，根据高等教育法和政府信息公开条例的有关规定，制定本办法。”根据《宪法》第二条：“人民依照法律规定，通过各种途径和形式，管理国家事务，管理经济和文化事务，管理社会事务。”高校信息公开政策的制定目的主要是保障公众能够依法获取信息及促进依法治校。制定高校信息公开政策，是人民行使管理国家经济和文化事务权利的重要方面，是宪法相关规定的具体化。可见高校信息公开政策是合理合法的，是具备正当性的。

3）从政策实施结果看高校信息公开政策正当性

高校信息公开政策制定及实施之前公众对高校信息公开的意识不强，对自身的知情权、参与权的认识也不明确，高校治理中部分有价值的信息被某些管理人员当作私有财产加以利用，信息寻租现象时有发生。高校信息公开政策制定及实施以后，公民开始对高校信息公开有所了解，认识到应该维护自己的知情权、参与权，履行自己的监督权。各个政策执行主体，也开始纷纷在自己的网站上建立信息公开专栏，发布信息公开指南，开展信息公开工作。根据相关报道，现在已陆续出现信息公开案件，例如2011年6月10日法制晚报报道了《北京首例要求高考试卷公开案考生败诉》，尽管该案由于涉及国家秘密级事项以考生败诉结束，但是通过该案可以看出高校信息公开政策的实施已经取得了一定的效果，因此高校信息公开政策应当得到肯定，具备正当性。

（3）法律的视角

以法律的视角分析高校信息公开政策正当性，主要从高校的本质、公众知情权、公众信息申请权、公众信息获取权四个角度进行。

1）从高校的本质看高校信息公开政策的正当性

大学的本质属性就是高等教育利益相关者之间的“契约组织”[34]。高校信息公开政策的制定及实施能够使高校主动向社会公众开放自己的信息，就像股份公司必须向股票持有者如实公布自己的业绩一样，为了更好地接受社会的监督，高校将能够反映其年度运行的实质性信息主动公开。此外，有关高校的师资力量、教学质量、基础设施等硬件建设情况、学校的学术政策和学术声誉、毕业生的去向和就业前景等信息也应主动公开。根据这些信息学生可以选择是否报考该所高校，选择自己的学习方向。家长根据某所高校的条件是否满足其理想中的高校办学水平，选择是否将孩子送到该所高校学习。实业界也可以根据这些信息为高校提供参考意见或经济上的支持。政府也可以根据高校信息公开后公众对其监督与反馈不断地完善其治理手段。建立高校信息公开政策，形成高校信息公开制度，能够使高校教学及管理中的“契约”成员最大限度地实现利益平衡。高校信息公开政策是对高校的契约成员负责的，因而该政策是具备正当性的。

2）从公众知情权看高校信息公开政策的正当性

斯蒂格利茨曾说过："在民主社会里，知情权是一项基本权利，公众应当知晓政府在做什么，为什么要这样做。更为直白地说，我认为这里隐含着一个假定，那就是政府行为必须透明公开。"[35]知情权，是指公民、法人及其他组织依法所享有的对于国家机关、公共机构或者其他公民、法人、非法人组织要求公开信息的权利，以及法律不禁止的范围内不受妨害地获得各类信息的自由[36]。知情权一词较早的起源于美国的信息自由法，随后被其他国家所关注，我国《宪法》中并没有明确对知情权的直接保障，但自我国《条例》出台以后，知情权这一概念逐渐在人民心中形成，人们更加深刻的认识到，自己作为国家的主人，有权知道与自身利益密切相关的信息。教育在我国公民心中的地位是相当重要的，关系到每一代人的现在及未来。更多地了解与高校治理及教育相关的信息，有助于广大人民更好地作出一些重大决定。保障公众的知情权，可降低高校腐败案发生的几率，能够还给学生及社会一个纯洁的"象牙塔"。高校信息公开政策对我国公众知情权的保障是合理合法的，该政策是具备正当性的。

3）从公众信息申请权看高校信息公开政策的正当性

所谓信息申请权是指公民、法人或其他组织依法行使请求权能，向行政机关申请获取特定相关信息的权利。信息申请权是知情权的具体化，是以请求权能为核心的"知情权"[37]，然而信息申请权在性质、内容范围、实现路径方面又不同于知情权。我们认为对于高校信息公开工作，尽管高校信息公开政策规定应主动公开信息，但是由于传统思想中公开意识淡薄，相关工作人员为了保险起见，采取能不公开就不公开，能少公开就少公开的态度，不利于公开工作的开展。而高校信息公开政策中对于信息申请权的相关规定，则可较好地解决这一问题。如果公众需要某一信息，高校没有主动公开该信息，公众便可以行使信息申请权，申请公开该信息。高校信息公开政策中对于公众信息申请权的保障是值得肯定的，该政策是具备正当性的。

4）从公众信息获取权看高校信息公开政策正当性

信息获取是信息社会的普遍现象，任何人都需要从外界获取信息。信息获取权有着坚实的法理学基础，信息获取是宪法规定的公民基本权利，同时也是公民实现其他基本权利的重要保障[38]。信息获取权指信息主体有依法获得政府、学校、等公共事业单位的法律规定应予公开的信息的权利[39]。信息获取权在国际上多被认为是新人权之一，在信息社会，信息获取权是国家及个人所必须具备的一项基本权利。任何人都有权获得其所需要的不受相关法律法规及政策保护的信息。2004 年我国《宪法》第 33 条中加入了“国家尊重和保障人权”显示了我国对人权的重视，信息获取权作为人权的一种，自然受到我国《宪法》的保护及支持。所以高校的有关信息必须保证即时公开以便公众获取，并想办法通过多种途径保障公众获取。《办法》第一条之规定：“为了保障公民、法人和其他组织依法获取高等学校信息……制定本办法”，体现了高校信息公开政策之法律依据对公众信息获取权的重视及保障，由此可见高校信息公开政策是合理合法的，是具备正当性的。

由以上论述可知，高校信息公开政策是值得肯定的、善的、正义的、有价值的、有义务有权利的、合理合法的，是与不当或不正当相对应的，即高校信息公开政策具备理论正当性。而对高校信息公开政策正当性的研究除了论证其理论正当性外，还应该从实践正当性的角度进行研究，以使该政策正当性的论证更加充分。

5.3.4 高校信息公开政策实践正当性

高校信息公开政策的实践正当性可以从完善高校治理、彰显教育公平、满足社会需求几个方面来加以论证。

（1）完善高校治理，高校信息公开政策具有实践正当性

高校本身具有公共服务性质，资金来源主要是国家投入，国家投入的资金来自于广大公民缴纳的税收，高校信息与广大公民密切相关，高校属于政府信息公开规定的重点公开的单位，所以高校有义务进行高校信息公开。高校信息公开政策对高校治理产生的影响可以从以下几个方面来论述。

首先，高校信息公开政策的出台，有助于对高校施加激励和约束。激励反映在高校可以根据其他高校公开的信息对比其优秀的竞争对手进行分析，取长补短，提升自身的不足之处。约束表现在，高校信息公开政策使高校的权力行使透明化，降低了权力寻租事件的发生几率。高校信息公开政策提升高校治理水平的同时也提升了政府公共治理水平。

其次，高校信息公开政策促使高校信息公开，有利于某些商业机构获得更多关于高校的信息，并以此信息作为参考，考虑是否对这所高校进行投资或考虑对已投资的高校是否进行调整。同时也有利于政府对其对高校的投入进行监测及分析。

第三，高校信息公开政策也可以使公众更多地了解到高校是如何选择学生和教职员工的。根据高校公开的有关教学的信息，学生可以根据课程设置选择喜欢的专业，根据学校对学生的要求进行分析是否选择进入该校学习，也可以降低高考录取中的暗箱操作。高校对教职员工的筛选标准及流程公开化，可使应聘者了解到自己是否符合标准，也可以降低落选者对胜任者的疑惑。

第四，高校信息公开政策使决策过程越来越民主化，这将促使行政管理者更加注重反馈，其权力将日益下移，且工作方式将日益灵活、多样化。管理者作为所在机构决策过程的守护者和机构信息拥有者的角色正在逐步消失，进而转向与客户协同工作；转向提供高质量的数据和信息，并共同对数据和信息进行分析和评价[40]。由此可见高校信息公开政策是符合实际需要且值得肯定的，是具备正当性的。

（2）彰显教育公平，高校信息公开政策具有实践正当性

教育公平问题是20世纪60年代以来，很多国家及很多关心教育的人所普遍关注的问题。教育是我国民生问题之一，教育公平也是我国的重点关注问题。对教育公平的概念并没有统一规定，对教育公平的理解也是仁者见仁、智者见智，属于主观感受型问题。我们认为教育公平问题就是能够保证受教育机会面前人人平等，不因一部分人的权钱交易而影响另一部分人的受教育机会。

近年来我国一直提倡和谐社会，如何才能构建和谐社会？人们的公平感很重要。我国自古就有不患寡而患不均的思维，教育作为影响一个人一生发展的重要事项，其公平问题尤其受到瞩目。有些学生在选择学校时会受到其家长职位的影响，即家长利用职位之便，通过各种人脉为孩子寻找到去更好的学校就读的机会。而每个学校的招生计划已经确定，没有利用人脉升学的同学可能就会受到这些所谓的人脉影响而不能就读于本该就读的大学，对他们来说实为不公。而今高校信息公开政策的出台，高校的招生政策、招生机会、招生流程等信息公开化，可以避免上述事件的发生，促进了教育的公平。

高校信息公开政策通过推进高校信息公开，还可拓宽学者们教育信息的获取渠道，获取高校信息更加方便，学者们如若想对我国高校的生源分布、重点大学与非重点大学里城乡学生分布比例、家庭背景对学生升学率的影响等进行调查，则可根据这些公开的信息获得较为完善的资料及真实的数据，更利于研究的进展，根据相应的研究成果可以制定一些适当的为社会地位相对低下或经济条件有限或地区比较落后的学生群体的倾向政策，保证那些由于地处偏远或经济条件落后的学生接受高等教育的权利及机会，以促进我国的受教育公平。可见高校信息公开政策是符合实际需要且值得肯定的，具有正当性。

(3) 满足社会需求，高校信息公开政策具有实践正当性

在我国开展信息公开工作之前，由于权利高度集中，权利的行使缺少透明度，权利的监督机制缺乏公众监督，致使腐败现象比较严重。政府认识到了这一问题的严重性，决定紧随世界发展潮流从源头上遏制腐败，大力开展信息公开工作。高校是信息公开所影响的实体机构中最受影响的机构之一[41]，高校信息公开政策的制定及实施，通过信息公开、共享，不仅促进了勤政廉政，还提高了相关部门的办事效率。社会公众也由于高校信息公开政策的出台，可以以此为依据向高校要求公开其所需的信息，减少了由于不能获得准确信息而增加的成本及内心中的不确定感、不安全感，高校信息公开政策为公民带来了公正感、公平感，为公民带来了透明执政及信息公开，这意味着权力行使的合法化。同时，高校信息公开政策的出台降低了公民对信息分配“不均”的忧虑，增强了公民对于自身权利的维护意识，促进了社会的和谐及民主化进程。由此可见，高校信息公开政策是符合实际需要且值得肯定的，是具备正当性的。

参考文献

[1] 余斌．论高等学校信息公开制度［J］．辽宁教育研究，2008（6）：39-41.

[2] 教育部办公厅．关于施行《高等学校信息公开办法》的通知［Z］．教办厅函［2010］44号.

[3] 何涛．高职院校校务公开与信息公开关系剖析［J］．中国职业技术教育，2009（30）：32-35.

[4] 姚金菊．美国高校信息公开研究［J］．行政法学研究，2010（4）：99-104.

[5] 马海群．国外大学信息政策发展与评析［J］．大学图书馆学报，2009（5）：10-13.

[6] 肖永英．英国《信息自由法》的主要内容及其影响初探［J］．情报杂志，2003（9）：93-94，97.

[7] 张彦通．欧洲地区高等教育质量保障体系研究［M］．北京：北京航天航空大学出版社，2007.

[8] 马怀德主编．公立高校信息公开研究［M］．中国法制出版社，2012：185-186.

[9] 马海群．知识创新视野下的大学信息政策体系构建［J］．情报科学，2009（9）：1286-1291.

[10] 刘莘，吕艳滨．政府信息公开研究［J］．政府论坛，2003（2）：146-155.

[11] 刘杰．知情权与信息公开法［M］．北京：清华大学出版社，2005.
[12] 田学斌．消费者权益保护：理论解释及政策含义［J］．消费经济，2001(3)：46-47.
[13] 张继明．信息公开与高等教育发展［J］．东北大学学报，2008（3）：161-165.
[14] 刘剑文．高等教育体制改革中的法律问题研究［M］．北京：北京大学出版社，2005.
[15] 徐绍敏．信息法框架与体系研究［M］．杭州：浙江大学出版社，2007.
[16] 韩大元，杨福忠．试论我国政府信息共开法治化［J］．国家行政学院学报，2004（2）：58-62.
[17] 朱莉欣．从国外信息公开法律制度看我国信息公开立法［J］．情报杂志，2004（11）：69-71.
[18] 杨庆，黄锁明．当前高校信息公开工作的特点、问题与对策［J］．药学教育，2010（1）：9-11.
[19] 宗诚．国外信息公开立法对我国《政府信息公开条例》的启示［J］．情报理论与实践，2010（3）：37-40.
[20] 刘素玲．国外信息公开的立法实践及其启示［J］．齐齐哈尔师范高等专科学校学报，2007（2）：95-97.
[21] ［美］布莱恩·巴里．孙晓春，曹海军译．正义诸理论［M］．长春：吉林人民出版社，2011.
[22] 曹祖红．制度性考试的正当性研究［D］．华东师范大学硕士学位论文，2009.
[23] 陈岚．社会政策的正当性研究［D］．湖南科技大学硕士学位论文，2010.
[24] 严存生．法的合法性问题研究［J］．法律科学，2002（3）：3-14.
[25] 刘擎．政治正当性与哲学无政府主义：以西蒙斯为中心的讨论［J］．华东师范大学学报，2007（11）：11-20.
[26] 曹祖红．制度性考试的正当性研究［D］．华东师范大学硕士学位论文，2009.
[27] Jurgen Habermas. Legitimation Problems in the Modern State, Communication and Evolution of Society［M］. Boston：BeaconPress, 1979.
[28] 陈岚．社会政策的正当性研究［D］．湖南科技大学硕士学位论文，2010.
[29] 王海明．伦理学原理［M］．北京：北京大学出版社，2009.
[30] Anders Hanberger. Public Policy and Legitimacy：A historical policy analysis of

the interplay of public policy and legitimacy [J]. Policy Sciences, Vol. 36, 2003: 257–278.

[31] 胡昌平. 信息服务与用户研究 [M]. 武汉: 武汉大学出版社, 1993.

[32] 查先进. 信息资源配置与共享 [M]. 武汉: 武汉大学出版社, 2008.

[33] 赖茂生, 王芳. 信息经济学 [M]. 北京: 北京大学出版社, 2006.

[34] 刘元芳, 任增元. 契约理念与现代大学制度创新 [J]. 国家教育行政学院学报, 2008 (6): 48–52.

[35] 洪伟. 政府信息公开政策执行问题研究 [D]. 华中师范大学硕士学位论文, 2009.

[36] 刘杰. 知情权与信息公开法 [M]. 北京: 清华大学出版社, 2005.

[37] 李牧. 论公民信息申请权的实现障碍及其克服途径 [J]. 法学评论, 2010 (4): 16–23.

[38] 周淑云. 阐述信息获取权的宪法基础 [J]. 图书馆工作与研究, 2009 (2): 3–6.

[39] 黄晓曼. 政府信息公开下的信息获取权研究 [D]. 华东师范大学硕士学位论文, 2009.

[40] [英] 朱迪斯·埃尔金, 德里克·洛编写; 梁林梅, 刘永贵等译; 丁小昌主编. 高等院校信息管理 [M]. 南京: 江苏教育出版社, 2009.

[41] Maurice Frankel. Freedom of Information and Universities [EB/OL]. [2013-10-26]. http: //www. cfoi. org. uk/universities. html.

6　高校信息公开政策制定与内涵研究

高校信息公开既关乎与百姓利益密切相关的教育公正，又是政府信息公开制度的必要组成部分与具体落实手段[1]。教育部出台的《办法》是以法律规章的形式对高校信息公开做出的明确要求，更是推动高校信息公开政策制定的重要力量。高校信息公开政策的制定与实施，能指导和约束高校信息公开活动的顺利实施，还能解决信息公开过程中产生的矛盾和冲突。本章基于高校信息公开政策制定过程的简要分析，重点探讨国内外高校信息公开政策的内涵，并试图构建我国高校信息公开指南模版。

6.1　政策制定与高校信息公开政策制定过程分析

高校信息公开政策是政策工具在大学治理中的一种现实应用，应体现政策制定的程序与步骤。

6.1.1 政策制定过程简述

政策制定是政策过程的第一和首要的阶段，是政策科学的核心主题。政策科学文献有广义的和狭义的两种解释，有些政策科学家如德洛尔将政策制定理解为整个政策过程，把政策执行、政策评估等环节称为后政策制定阶段。大多数政策科学家则对政策制定作了狭义的理解，即把它理解为政策形成或政策规划，指从问题界定到方案抉择以及合法化的过程。我们从后一种意义上来理解政策制定，一般包括：政策议程、方案规划、政策合法化等功能活动环节。

(1) 政策议程

政策议程实际上也就是政治组织，尤其是国家（政府）确定政策问题的轻重缓急。社会向政府提出了大量的需要采取行动的要求，而在这成千上万的要求中，只有少量受到政策制定者的注意，那些被决策者所关注并感到必须加以处理的问题被提上议事日程。我国学者张金马给政策议程下了这样的定义：政策议程就是将政策问题纳入政治或政策机构的行动计划的过程，它提供了一条政策问题进入政策过程的渠道和一些需要给予考虑的事项[2]。由此可见，政策议程就是将政策问题提上政府议事日程，纳入决策领域的过程。

（2）方案规划

方案规划是政策制定过程中的一个最重要的环节。政策问题一旦被提上议事日程，接着就进入分析研究并提出解决办法即方案规划阶段。方案规划指的是为解决某个政策问题而提出一系列可接受的方案或计划，并进而制定出政策的过程[3]。具体来说，指的是对政策问题的分析研究并提出相应的解决办法或方案的活动过程，包括问题界定、目标确立、方案设计、后果预测、方案抉择五个环节。

（3）政策合法化

所谓的政策合法化是指法定主体为使政策方案获得合法地位而依照法定权限和程序所实施的一系列审查、通过、批准、签署和颁布政策的行为过程[4]。政策合法化的过程是使各种拟议中的政策方案获得合法地位、具有社会权威性和约束性的过程，它包括政策法律化、政策法规化和政策社会化三个方面。这三个方面的相互结合使公共政策体系成为一个有机的整体。政策法律化是使公共政策取得法律形式、具有法律效力的过程，它主要是在国家立法机关的权力和活动范围内进行的。政策法规化的过程是政府通过制定行政法规推行各种政策进行管理的过程，它主要是在政府的活动范围内而不是在立法机关的活动范围内进行。政策社会化是公共政策成为人们普遍遵循的非法律化的社会规范的过程。它主要是在执政党或政治团体的活动范围内进行的，并且有一套拟定草案、党内外征求意见、中央正式会议审议通过、正式公布的严格程序[5]。

6.1.2 大学政策的制定过程

大学虽然不同于政府机构，但在政策手段的采用和政策工具的选择上，又同政府机构具有一定的相通性。依据政策科学的理论，结合大学治理的实践，我们认为，大学政策的制定过程主要体现在方案的规划与选择方面。具体的制定过程环节不予赘述，我们仅以美国的得克萨斯农机大学系统为例，来说明大学政策的制定过程。得克萨斯农机大学系统（The Texas A&M University System）是美国最大的高等教育系统之一，是一个由 11 所大学、1 个州级研究机构、2 个服务机构和 1 个综合性卫生科学中心组成的州际网络组合体。为便于大学的相关利益主体了解知悉大学的政策出台过程，该学校专门编制了本校的政策制定与维护指南，见图 6–1[6]。

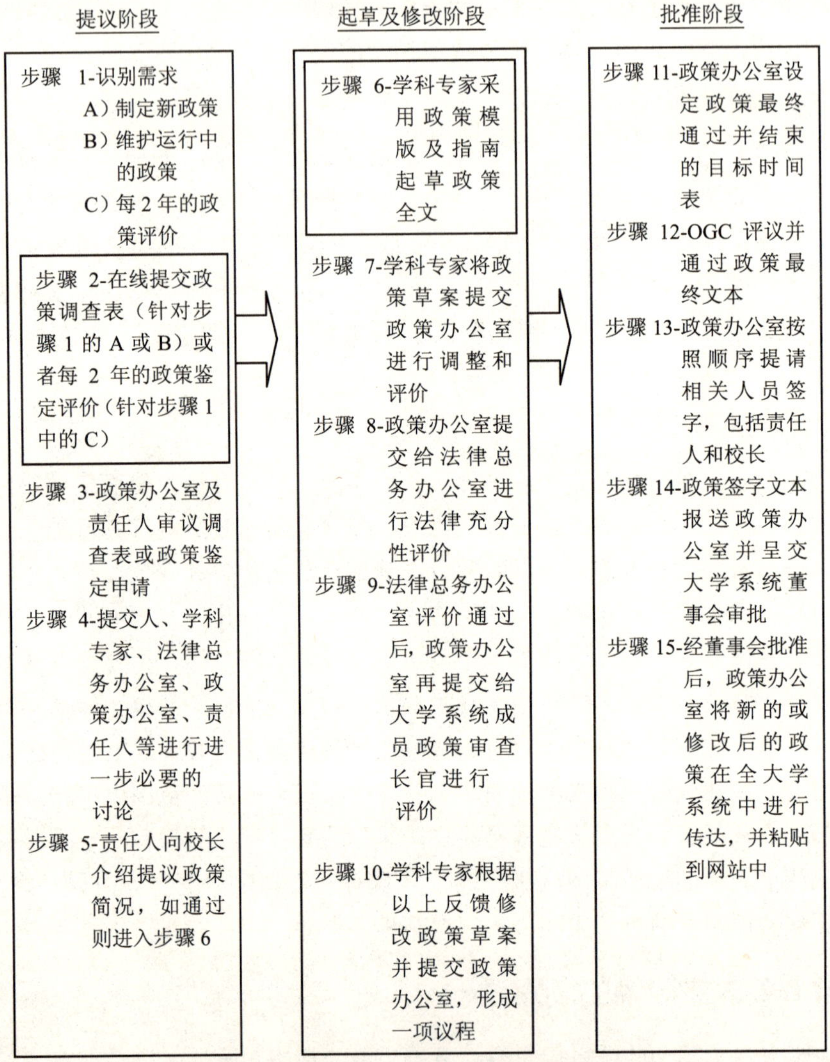

图 6–1 得克萨斯农机大学系统政策制定与维护指南图

6.1.3 高校信息公开政策的制定过程

高校信息公开政策制定过程应当主要包含问题界定、目标确立、方案设计、效果预测和方案抉择等五个相互关联又相互区别的环节。

（1）问题界定

政策问题的分析、界定是高校信息公开政策制定的起点。问题是指实际状态与期望状态之间的差距，或者说是指各种各样需加以解决的矛盾。高校信息公开政策问题则是指那些已进入有关主体议事日程的高校信息问题。由于实际状态与社会期望、理想之间存在差距，导致产生了各种各样的高校信息资源利用问题，诸如高校信息的公开问题、高校信息的保密问题、高校信息的网站建设问题、高校数据与资源的开放问题等。当然，高校信息资源利用问题能否被提升为高校信息公开政策问题，则与决策者的价值观念以及国家法律法规的要求相关。当决策者觉察到高校信息公开与开放问题已引起社会公众的广泛关注乃至强烈呼吁，并且也属于法律法规规定的职权范围之内的事务时，决策者就会把它列入议事日程，作为高校信息公开政策问题进行研究处理。

（2）目标确立

政策目标也就是高校信息公开政策制定者希望通过政策实施所达到的效果。政策目标来自政策问题，高校信息公开政策的目的就是消除产生高校信息资源利用问题的根本原因。因此，高校信息资源利用问题的正确分析是制定高校信息公开政策目标的基础。政策目标规定了政策方案的方向，为判断政策方案优劣提供了评判标准，又是未来检验政策执行结果的基本尺度。正确的高校信息公开政策目标具有导向和激励作用，能大大调动信息活动主体的主观能动性和为实现目标而努力的积极性。如果目标选择错误，就会出现“制定了正确的政策，却解决了错误的问题”的情况，高校信息公开政策执行就会出现偏差[7]。

（3）方案设计

方案设计就是针对高校信息公开政策问题，依据政策目标，设计实现目标的各种可能性方案的过程。这一过程被形象地称为“大胆假设，小心求证”的过程，也就是首先大胆提出各种方案设计轮廓，然后对方案轮廓进行严格细致的具体化加工。轮廓勾画必须遵守两个基本准则：其一，政策方案应尽可能多，不仅应包括各种可能实现政策目标的方案，还应包括预防方案、应变方案等。其二，要满足整体上的完备性和个体间的互斥性。

（4）后果预测

方案后果的预测应当包括两个方面：一是对客观条件变化的预测；二是对方案在各种可能的客观条件下预期效果的预测。条件预测要解决这样一些问题：在同高校信息公开政策有关的环境和条件中，存在哪些有利因素和不利因素？在利用有利因素和克服不利因素方面有一些什么办法？未来的环境和条件会发生什么变化？有哪些影响变化的因素？可能出现几种情况？效果预测则针对下列问题：该方案是否可能达成目标？能在多大程度上达成目标？差距有多大？该方案执行过程中会遇到什么困难或阻力？有什么风险？可能产生什么消极后果？如何补救？哪些人将受到该方案的影响？他们的反应会怎样？谁对这项方案的最终成果负责？方案对本地区、本部门会有什么影响？等等。

(5) 方案抉择

在对各备选方案进行后果预测之后，要对各方案进行评选，以抉择出或综合出一个最佳方案或满意方案。政策方案的评估是方案择优的前提。评估要科学客观，才能作出优化选择。所谓评估，就是采用一定的标准，将备选方案按优先顺序加以排列。政策标准是一种把高校信息公开政策目标、备选方案和政策效果联系起来的政策范畴，它直接影响到我们对备选方案的选择和对效果的计量，在执行中还影响到对政策的评估。实践证明：在许多信息资源管理政策制定场合中，方案选择错误的原因主要不在于方案失当，而在于标准失当或模糊。因此，确立适当而明确的标准是十分重要的[8]。

高校信息公开政策制定既涉及制定主体，又涉及制定客体。高校信息公开政策的制定主体，主要是指直接或间接地参与政策制定的个人、团体或组织。一般而言，高校信息公开政策的制定者分为官方和非官方两大类，官方的高校信息公开政策制定者是指那些具有合法权威去制定高校信息公开政策的人们，包括高校信息公开的立法者、高等教育行政官员和高等教育行政管理人员等；非官方的高校信息公开政策主体包括利益团体、研究机构、传播媒介和作为个人的公民等。由于高校信息公开政策过程因社会政治制度、经济发展状况和文化传统等方面的不同而不同，因此高校信息公开政策主体的构成因素及其作用方式也会有所不同。高校信息公开政策制定客体，主要是指高校信息公开政策本身。鉴于现实中难以考察并掌握高校信息公开政策的具体制定过程，我们以下试图从已经出台的国内外高校信息公开政策的实例，发掘其内涵，展示高校信息公开政策的制定效果。

6.2 高校信息公开政策的内涵分析

从某种意义上来说，高校信息公开的主要途径之一，就是通过高校信息公开政策对信息公开过程中的各种问题进行调节、调控及处理。高校信息公开政策，是高校信息公开的重要组成部分，是党和政府用以规范、引导与高校信息公开有关的机构、团体和个人行为的准则或指南，是对高校信息公开行为的一种指引。

6.2.1 国外高校信息公开政策的内涵分析

目前来看，我国高校信息公开政策既松散又不规范，与公众对高校信息公开政策的社会诉求相差甚远。相比之下，国外高校信息公开政策的制定与运行已有一段时间，能够给我们一定的启示。例如，根据 University of Adelaide 的信息自由政策，高校信息公开政策的内容有：概要、范围、政策原则（包括：总原则——大学文件的公共获取、保密协议、管理机构）、程序（包括：处理信息公开申请、信息公开决议的内部复查、保护机密条款免受信息公开、报告和公布义务）[9]。英国斯塔福德县制定了学校信息自由政策模式（Model School Policy on Freedom of Information），其内容有：概要、背景、范围、义务和责任、信息公开指南（Publication Scheme）、处理申请、豁免条款、公共利益测试、收费、责任、控诉[10]。为此，我们应当以我国的经济、政治、文化和法律等大环境为背景，考察和借鉴国外高校信息公开政策的内涵，积极引导大学制定系统完整的信息公开政策。

（1）美国高校信息公开政策的内涵

美国一共有 185 所公立大学，虽然州立大学都有责任要公开信息，但是很少有公立大学设立一个专门机构来负责依申请公开信息；而华盛顿州有其特殊性，根据该州法律规定，政府机构和大学都要有负责信息公开的专门部门。例如，华盛顿大学（University of Washington）就按照相关规定成立了信息公开办公室，该办公室每年会受到 700 多页的申请，公开 25 万到 50 万页的记录，只有百分之五的信息最终决定不公开，主要是学生的隐私信息和大学附属医院病人的病历信息[11]。为了告知公众大学的何种信息应当公开、通过什么途径获得大学信息，美国许多大学都制定了相关信息公开政策，以便公众利用大学信息资源。

以明尼苏达大学（University of Minnesota）为例，该校于 1999 年 1 月制定了《公开获取大学信息政策》（Public Access to University Information，2006 年更新）明确了公众对大学信息的权利，内容包括政策声明、采取该政策的理由、程序、形式/指令、附加联系方式、定义、责任等。政策声明指出，遵守州和联邦有关隐私和信息公开法律法规，方便及时地提供所有大学公共信息，为提供最大便利和控制成本，大学尽可能引导请求者获得现有公共信息，提升大学信息资源的价值，并防止信息被不适当或未经授权而公开。政策中明确规定，负责信息公开的相关机构包括大学数据保管部门、区域数据保管部门、应用数据保管部门、一般公众部门、总法律顾问、信息科技办公室以及记录和信息管理办公室，一般公众有权查阅和请求信息公开，根据法律规定对所要求的公共信息进行付费。早在1997年，该大学出台了“内部获取大学信息政策（Internal Access to University Information，2008年修改）”，以方便员工获取履行职责所必需的信息。该大学还对公开信息、个人信息和机密信息进行了举例，以便于发布者和获取者进行区别和把握，见表6-1[12]。

表6-1　明尼苏达大学公开信息、个人信息和机密信息类型举例

类型	公开信息			个人信息/非公开信息	机密信息/受保护信息
内容	员工信息	学生指引信息	其他	社会保障号码；研究活动的商业秘密或知识产权；出生日期；家庭电话号码；家庭住址；健康信息；学生成绩；资产位置；密码；停车场租赁合同；匿名捐赠；性别；民族；公民权；签证代码；退伍军人和残疾情况；将图书馆用户已提出要求的信息或资料相关的特定主题与某人相关联的信息	大学所进行的法律调查；密封投标
	姓名、薪酬、总退休金、附加福利性质及价值、费用返还、职称、工作描述、教育培训、以前工作经验、第一次和最后就业、是否有投诉及状态、购买协议条款、纪律处分的最终决定、工作地点、工作电话号码、徽章号码、荣誉和奖励以及薪资考勤表	姓名、地址、电邮、电话号码、注册日期、注册状态（全职/在职/未注册）；专业；导师；学院；班级；学术奖项和荣誉；所获学位	公共赞助项目的财务数据；开设课程；发票和采购订单；财政预算案		
备注	1. 学生指引信息除非学生要求不予公开，上述学生指引信息属于公开信息 2. 非指引学生信息除非在某些规定下不得发布。不可发布的信息包括等级、所选课程、时间表；测试成绩、咨询记录、接受教育服务情况、纪律行为以及学生证件				

美国不少大学还专门制定了大学政策模版，方便学校各机构以规范化格式编制各类政策，我们仅举两个例子：萨巴斯卡大学（Athabasca University）和西北大学（Northwestern University），见表6-2[13]和表6-3[14]。

表 6-2 阿萨巴斯卡大学政策模版

××××大学	
政策题名	
政策发布者：	
政策联系人：	
政策编号：	
生效日期：	
通过机构：	
通过日期：	
修订日期：	
目的	
定义	
政策内容陈述	
适用法律法规	
相关参考资料、政策、程序及表格	
发展历程	

表 6-3　西北大学政策模版

大学 LOGO	大学相关负责人： 负责办公室： 起始日期：[月，日，年]
政策题名	
政策内容陈述	
政策制定原因/目的	
政策通过机构	
需要知悉政策的主体	
政策放置的网址 [以 PDF 格式链接该政策]	
政策释疑联系方式 [电话及 E-mail 邮箱]	
相关名词定义 [名词] [定义]	
政策/程序	
相关表格/指南	
附录	
相关信息	
发展历程/修改日期 起始日期：[月，日，年] 上次修改日期：[月，日，年] 下次修订日期：[月，日，年]	

在美国，一个新的现象值得注意并有必要深入探索。随着公众对高等教育治理质量的关注，美国的高等教育界近年来出现了大学自愿问责机制和大学形象塑造运动，以回应公众对教育投入效果的质疑并树立良好的大学公共形象，这种自愿问责制也可以看作是大学组织对高校信息公开的一种集体反思和对高校信息公开政策的集团制定形式。2006 年，美国斯佩林斯委员会（The Spellings Commission）报告提出：学院和大学必须在成本、价格和学生成功方面变得更加透明，并且以一种聚合形式公开报告，以便消费者和政策制定者衡量不同院校的效能。面临来自政府和市场各方的问责压力以及日益紧缩的外部资源支持，大学等高等教育机构一方面坚守认证制度的民间性与相对独立性，另一方面积极开展基于高校“自愿”的问责制改革，以完善美国的高等教育质量保障体系[15]。自 2007 年起，由美国“公立大学与赠地大学协会”（Association of Public and Land-Grant Colleges，APLU）和“美国州立大学协会”（American Association of State Colleges and Universities，AASCU）发起创建，并由鲁米娜基金会（Lumina Foundation）启动资金资助（2010 年起改由参与机构年费支助）开发并实施了“自愿问责制”（Voluntary System of Accountability，VSA）计划，VSA 的概念则在 2006 年就已被提出并充分讨论［About the VSA http：//www. voluntarysystem. org/about］。APLU 和 AASCU 合在一起，共有 520 多个州立大学加盟，参与校的在籍者总数达 750 万人，每年全美被授予学士学位的 70% 来自这些学校。其中，参加 VSA 组织的州立大学到 2011 年 3 月止已有 319 所大学（约 64%）[16]。

VSA 基于“大学肖像”（College Portrait），对社会公众公开公立四年制高校的学生经历、活动等基本信息，包含学生资料、校园特色资料、活动费用、学生成功和进步比率、校园安全性、班级规模、学生校内经验以及学习成果等，形成了一个高校标准化数据集和大学形象平台，向公众提供可获取的、透明的、可比较的大学信息[17]。“大学肖像”由三部分构成：消费者信息，包括入学费用、可获学位、生活安排、学生特征、毕业率、转学率；学生经验与观念，简介学生的经验和活动；学生学习成果，包括学习过程的测度和成果类型。“大学肖像”的第一类用户是未来的学生及其家庭，为公众提供可信的标准数据；第二类用户是校董事会成员、立法者、决策者、教育机构管理者以及机构教师员工，以便更广泛地了解大学的运行状况。例如，美国科罗拉多州立大学（Colorado State University）是该计划的成员之一，通过“大学肖像”（College Portrait）这一通用格式或模版向公众提供大学基本信息，展示大学的问责制运行情况[18]。结合“大学肖像”模板的基本构架，“自愿问责制”的主要内容如表 6-4 所示[19]。

表 6-4　自愿问责制主要内容表

<table>
<tr><th>截面</th><th>页码</th><th>信息要素</th><th>信息来源或备选工具</th><th>报告期限</th></tr>
<tr><td rowspan="3">学生与家庭/消费者信息</td><td>1</td><td>主题描述
学生特征
本科生成功与发展率
全日制新生保留率</td><td>院校提供名称、联系、标志等信息
通用数据库（CDS）
全国学生交流中心
CDS</td><td>3 个月内
3 个月内
1 年内
3 个月内</td></tr>
<tr><td>2</td><td>学习成本与财政资助
大学费用计算器
本科生录取情况
学位与系科</td><td>CDS
VSA
CDS
CDS</td><td>3 个月内
6 个月内
3 个月内
3 个月内</td></tr>
<tr><td>3</td><td>院校主题描述
院校选择按钮
班级环境与师资队伍
院校特征
学生住宿
校园安全
学位获得者未来计划</td><td>院校提供有关自身使命等特色信息
院校自己确定标题及其链接
CDS
参考卡内基高校分类标准
CDS
院校提供相关信息并建立与反映校园安全状况的“克莱里报告”的链接
院校春季学期进行一般调查时提供</td><td>3 个月内
3 个月内
3 个月内
3 个月内
3 个月内
3 个月内
2 年内</td></tr>
<tr><td>学生经历与体会</td><td>4</td><td>小组学习
主动学习
体验不同人群和思想
学生满意度
院校服务学生学习与成功
学生与教职人员互动</td><td>VSA 推荐成员组织在“全美大学生学习性投入调查”（NSSE）、“大学高年级学生调查”（CSS）、“大学生经验问卷”（CSEQ）以及“加利福尼亚大学本科生经验问卷”（UCUES）4 种调查工具中任选其一</td><td>2 年内</td></tr>
<tr><td>学生学习结果</td><td>5</td><td>批判性思维
分析性推理
书面交流</td><td>VSA 推荐成员组织在“大学生学术能力评估”（CAAP）、“大学生学习评估”（CLA）以及“学术能力和发展测量”（MAPP）3 种测量工具中任选其一</td><td>4 年内</td></tr>
</table>

2007 年，由 1 000 多所私立大学组成的全美私立大学协会（National Association of Independent Colleges and Universities，NAICU)，创立了“大学肖像”的私立大学版 U-CAN——“高校问责系统”（University & College Accountability Network，U-CAN）。另外，在 2009 年，美国社区大学协会（American Association of Community College）也开始了研制自愿问责框架（Voluntary Framework of Accountability)，目前已经进入试点阶段[20]。

（2）英国高校信息公开政策的内涵

英国的《信息公开法》规定，任何人都有权利要求公共机关公开信息，而且不需要任何理由。受国家资助的学校和其他教育机构属于公共机关，因此，社会中的每个人，不管与学校有无利害关系，都有权利申请获取学校信息[21]。为了贯彻落实英国《信息公开法》，英国信息委员会（Information Commissioner's Office，ICO）统一出台了“信息公开界定文件与模版指南”（Definition Documents and Template Guides to Information)，为不同的公共机构（如政府机关、教育机构、警察部门、卫生健康部门、图书馆博物馆等公益机构等）提供了适合该机构的信息公开指引文件，其中包括《信息自由法——高校界定文件》(Freedom of Information Act-Definition Document for University)。2013 年 9 月 1 日该文件的 3.1 版本已经出台，范围拓展到高校及相关高等教育机构（Definition Document for Universities and other Higher Education Institutions)。该文件详细列举了高等学校信息公开的范围，规定每个高校都要制订信息公开指南（Publication Scheme，PS)，指南中需要公开以下信息：1）我们是谁和我们做什么，包括：学校定位、机构信息、组织结构、年度报告、学生活动、位置和联系方式等；2）我们花费什么和我们如何花费它，包括：基金或者收入、关于计划的和事实上的收入和开支的财政信息、资本项目、员工收入结构、合约和至少包括当年和前一财政年度的财政审计报告等；3）我们的优先事项和如何做的，包括：年度报告、合作及商业计划、教学战略和计划、绩效指标、审计、检查和评论，这些信息是最基本的；4）我们如何作决定，包括：会议纪要、决定过程和决定记录等，最少要有当年和前三年的记录；5）我们的政策和程序，包括：近期书面协定书、学术服务和学生服务的政策和程序以及涉及员工或学生的信息、安全、收费、教育、课程等方面的政策等；6）目录和登记表，即目前维护的目录和登记表，如财产登记；7）我们提供的服务，即有关我们提供服务的信息，包括为公众商业活动制作的小册子、指南和快讯等；8）其他信息。

在英国，几乎每个大学的网站上都专门设有信息公开指南，以威斯敏斯特大学（University of Westminster）为例，该校按照英国信息公开法的规定和信息委员会的要求，编制了本校的“信息公开指南”[22]，从七个方面详细列举了本校的公开信息及获取途径，见表6-5[23]。

表6-5　英国威斯敏斯特大学信息公开指南内容一览表

类别	内容	获取方式
1. 我们是谁和我们做什么	关于学校组织、结构、地址和联系方法的信息。其中详细规定了包括法律框架、机构构成、详细地址和联系方式、学校的合作公司、学生活动等五个方面的内容	部分可申请获得复印件；部分提供网站链接
2. 我们花费什么和我们如何花费；有关收入支出、财务审计等的财务信息	提供现在以及过去年份的财务信息。包括收入、预算和会计信息、财务审计报告、资本项目、财务条例和程序、员工薪酬及职级结构等十个方面的内容	部分可申请获得复印件；部分提供网站链接
3. 我们的优先权是什么和我们如何做	主要是现在和过去三年学校战略和计划、审计等。包括年度报告、公司和商业计划、教学战略、学术标准、合作关系、政府和监管报告等七个方面的内容	提供网站链接
4. 我们如何做决策	主要是现在和至少过去三年的决策过程和决策报告。包括管理主体的成员和备忘录、教学委员会备忘录、员工/学生研讨会备忘录、任命委员会和程序共四个方面的内容	部分依申请；部分提供网站链接
5. 我们的政策和程序	主要包括经营高校商业的政策和程序、学术服务的政策和程序、学生服务的政策和程序、有关人力资源的政策和程序、招聘的政策和程序、决策部门的行为准则、公平性和多样性、健康和安全、不动产管理、投诉政策、记录管理和个人资料政策、研究政策和策略、收费制度和政策共十三个方面的内容	部分依申请；部分提供网站链接

续表

类别	内容	获取方式
6. 登记表	包括资产登记表、披露记录、为高级管理人员提供礼物和接待的记录、任何高校持有的利息记录共四个方面的内容	依申请
7. 我们提供的服务	大学说明书、向校外机构提供的服务、课程目录、福利以及辅导、健康（包括医疗）服务、就业服务、福利服务等十四个方面的内容	提供网站链接

可见，英国高校信息公开工作根据信息公开法的要求和信息委员会的规定，各高校大多制定了自己的信息公开指南（本章下文中还将进行详细阐述和分析），由此形成较为规范而又特色的体系。

(3) 其他国家高校信息公开政策的内涵

加拿大高等教育一直以大学高度自治为特征，两院制（即董事会和评议会制度）治理结构是加拿大高校治理的主导模式，是高校法人治理结构内部平衡公共利益和学术利益的一种尝试。总地来讲，利益相关者对高校信息的需求既有诸如资金来源及其结构、总费用及其构成及变动趋势、学生培养成本及变动趋势、捐赠资金的使用效果等高校的基本财务状况信息，又有包括学生入学人数、生源质量、学生奖学金的申请与发放、专业设置、人才培养质量、毕业生就业状况，以及教师的学位和职称构成、管理水平、学校声誉、办学规模等非财务信息[24]。例如，布鲁克大学（Brock University）成立于1964年，是加拿大著名的公立综合性大学之一，也是加拿大全国最好的大学之一。早在1995年6月，该大学即按照安大略省《信息公开与隐私保护法》（Freedom of Information and Protection of Privacy Act，FIPPA），发布了“信息公开与隐私保护政策”（Freedom of Information and Privacy Protection Policy），2007年4月随着法律的修改而调整为“信息获取与隐私保护政策”（Access to Information and Protection of Privacy Policy），该政策界定了信息记录和个人信息的概念，明确了高校信息公开的范围，规定了信息公开主管人员及员工的责任。针对学生记录的获取和使用，该学校还于2007年3月通过了“学生记录获取与信息公开政策”（Access to Student Records and Disclosure of Information Policy），规定了学生获取自身信息的权利以及大学和员工在获取、发布、使用、传播学生信息方面的责任[25]。可以看出，加拿大高校的信息公开政策既有连续性，又随着本地区法律的修订而不断调整。

澳大利亚的高等学校也注重根据联邦信息政策及区域信息公开法律，制定信息公开政策，实现高校信息的公开透明化。例如，弗林德斯大学（The Flinders University）建于1966年，以1802年探索南澳海岸的英国航海家Matthew Flinders命名，名列全澳大利亚最高八所研究大学，是一所充满活力、具有现代气息和进取精神的现代化的大学，以其出色的教学和科研工作而享誉全球。该大学根据《南澳信息公开法》（South Australia Freedom of Information Act）于1995年1月制定并于2010年修订了本校的“信息公开政策”（Freedom of Information Policy），鼓励行政透明化、保障个人借助于各种手段获取学校相关信息，这种手段包括学校制定的“获取学生信息政策”（Access to Student Information）、学校网站上发布的大学政策与程序文件、网站上发布的信息说明文件（描述大学结构、大学文献范围及获取途径）等。该政策规定了公众可以获取大学的政策与活动信息、个人可以获取大学掌握的有关其个人的信息、个人有权确保大学掌握其个人信息的准确性，明确了信息公开的例外（如个人或机构商业事务、个人私人事务、保密事项、内部工作文件等），详细列举了信息公开的管理流程[26]。

6.2.2 我国高校信息公开政策的内涵及形式

我国教育部发布的《办法》既是高校信息公开政策的本源，又可为各高校制定信息公开政策提供值得参考的范式。只不过同国外相比，由于环境的不同及习惯的差异，“政策”一词一般较多地在国家及政府层面加以使用，我国大学出台的各种政策性文件，一般也难见以“政策”加以命名，而以“实施办法”、“实施细则”、“通知”、“规定”、“指南”、“计划”、“规范”等形式出现。根据政策工具理论，政策工具的层次具有宽泛性，政策工具有时候与政策本身难以泾渭分明：特定的政策工具从某一层面上看是一项政策，但从更高层面看又只是上层政策的一个工具；“政策工具”中所谓“工具”（instruments/tools），是指主体实现特定目的或履行特定职责所采用的技术（techniques）、措施（measures）、机制（mechanism）、方法（methods）、策略（tactics）与手段（means）等[27]。因此在实践中，政策的形态可能是多种多样的，在大学的语境中也会有这种表现。例如，南京师范大学成立了信息公开工作办公室和信息公开监督办公室，建立了信息公开网，表现为一种政策机制；制定并发布了信息公开实施细则、信息公开指南、信息发布保密审查暂行规定等政策措施文件；还依据江苏省教育厅颁布的《江苏省高等院校政府信息公开详细目录编制参照标准》这种技术规范，编制了信息公开详细目录，等等。考察我国高校信息公开政策的制定与发布情况，主要有以下几种形式。

（1）信息公开实施办法或实施细则

根据《条例》和《办法》的规定，国内许多高校纷纷制定并实施了适合本校的信息公开政策文件，只是在具体内容设计上有些高校的相关文件还存在不够统一、规范、齐全等缺陷，而另外一些高校的政策文件则较为完整。以《中国政法大学信息公开实施办法（试行）》为例，该办法界定了本校信息公开的范围和内容、主动公开的方式和程序、依申请公开的程序和要求、信息公开的监督检查和保障、信息公开领导体制和工作机制等核心内容。有些高校则将出台的信息公开政策文件命名为实施细则，其内容同实施办法有相近之处，只是不同的高校之间会存在一些差异。以《上海交通大学信息公开实施细则》为例，该细则规定了公开的内容与范围、公开的方式和程序、监督和保障等内容，还以一章的篇幅特别规定了“信息公开保密审查”，包括：公文形成时的同步保密审查；主动公开信息前的保密审查；依申请提供信息的保密审查。东南大学还专门编制了《东南大学信息公开保密审查暂行规定》，这种规定对于其他高校而言，具有一定的可借鉴性。

（2）信息公开指南

信息公开指南是高校信息公开政策文件的重要组成部分，为了保障师生员工与公民、法人和其他组织依法获取学校信息，促进学校依法治校，充分发挥学校信息的服务作用，许多高校根据教育部令第29号即《办法》，编制了本校的信息公开指南。以中国政法大学为例，《中国政法大学信息公开指南》中界定了大学信息分类、大学信息编排体系、大学信息获取方式及收费依据，其中的信息分类如表6-6所示。

表6-6 中国政法大学信息分类表

代码	目录分类	代码	目录分类	代码	目录分类
01	学校概况	07	财务管理	13	后勤管理
02	重大改革与决策	08	资产管理	14	党务工作
03	教学管理	09	基建与维修工程管理	15	涉及教职工切身利益的事项公开
04	科研管理	10	国际合作与交流	16	其他
05	学生工作	11	党风廉政建设		
06	干部、人事与人才工作	12	校园安全		

但从现有高校编制的信息公开指南内容来看，还存在较多的项目不一致、格式不统一、内容表述不规范等缺陷，因而，有必要编制一种适合我国高校的信息公开指南模版，我们将在以下进行专门的探讨。

（3）信息公开内容要求

不容质疑的是，高校信息公开政策的核心环节是信息公开的内容，如果规定详尽，便可屏蔽掉日后学校形式化公开的可能性；否则，其就缺乏实质意义。根据我国教育部出台的《高等学校信息公开内容基本要求》，信息公开的内容至少要包括以下15类信息：学校概况，重大改革与决策，教学管理，科研管理，学生工作，干部、人事与人才工作，财务管理，资产管理，物资设备采购管理，基建与维修工程管理，国际合作与交流，监督工作，校园安全，后勤保障和其他。信息公开的内容在高校信息公开政策的地位是举足轻重的，我们要基于此制定高校信息公开政策。《中国政法大学信息公开内容》文件显示，其中所设计的内容相对详细而明确，具有一定的示范性，见表6-7。

（4）信息公开相关规范

例如，《上海交通大学信息公开网上专栏设置规范》，是为了推进该校信息公开网上专栏的规范化、标准化建设而编制的，其中规定信息公开网上专栏设置应当包括以下基本栏目和内容：信息公开指南、信息公开目录、最新公开信息目录公告、信息公开栏目、新闻发布、在线服务、信息公开相关规定与制度、政府信息公开链接、其他网站链接，为相关用户利用高校信息提供了方便。

此外，少量的高校已经通过网站，发布部分财政与收费信息。例如，北京科技大学通过信息公开网站发布了2012年公共预算财政拨款支出决算表、收入决算表、支出决算表、收入支出决算总表等；北京大学通过网站发布了2013年收支预算总表、收入预算表、支出预算表、财政拨款支出预算表，中国政法大学通过网站发布了该校的教育收费标准，具有一定的引导性。

总体来看，我国高校信息公开政策的制定在不断发展和进步，但同国外高校信息公开政策相比，我国信息公开政策文件的内容尚需进一步丰富，尤其需要借鉴英国的经验，编制一套具有示范性的高校信息公开指南模版。

6.3 国外大学档案信息公开与利用政策内涵及启示

高校是以实现公共利益为目的，以提供教育公共服务为主要职能，承担公共事务的社会组织。高校在行使办学权即开展办学活动和提供社会公共服务等过程中所持有的信息资讯，如高校重大改革与决策信息，高校教学管理信息，高校科研管理信息，高校学生工作信息，高校财务与资产管理信息，高校采购、基建、后勤保障信息，高校国际交流与合作信息等，都可以界定为高校信息的范畴[28]。以下我们以国外大学档案信息公开与利用政策为例，阐述其内涵及其可借鉴之处。

表6-7　中国政法大学信息公开内容

编号	公开类别	序号	公开事项	公开内容	承办单位	公开范围
一	学校概况	1	学校基本情况	学校章程、历史沿革、学校定位、办学规模、办学指导思想、办学特色、发展目标、校训、校园环境风貌、著名学者介绍、学校联系方式等	学校办公室	社会
		2	领导班子	校级领导班子成员简介及分工	学校办公室	社会
		3	机构设置	机构设置、变更情况；机构职责、办公地点、联系方式	人事处及各单位	校内或社会
		4	制度规范	学校现行的各项规章制度及办事流程	学校办公室及各单位	校内或社会
		5	整体工作	学校年度工作计划、总结、年鉴	学校办公室	校内或社会
		6	统计数据	办学基本条件；教职工数及构成情况；本科生、研究生学生数及分专业统计情况	发展规划与学科建设处	社会
二	重大改革与决策	1	发展规划	学校发展战略规划、学科与师资队伍建设规划、校园建设规划等规划方案及执行情况	发展规划与学科建设处及各有关单位	校内或社会
		2	重大改革	教学、科研及管理体制等重大改革方案及形成过程	教务处、科研处、人事处及各有关单位	校内或社会
		3	重大决策	教代会、党代会、党委会、常委会、书记办公会、校长办公会等重要会议作出的决策	学校办公室、组织部、工会	一定范围
		4	重大建设项目	“211”工程、教学质量工程及其他重大建设项目论证及执行情况	发展规划与学科建设处、教务处	校内或社会

续表

编号	公开类别	序号	公开事项	公开内容	承办单位	公开范围
三	教学管理	1	学科专业情况	学科建设情况；重点学科介绍；专业设置与建设情况	发展规划与学科建设处、教务处	社会
		2	学生培养	教学计划及执行情况；课程信息及学生选课情况；考试规程、纪律；交流培养情况；转专业办法和程序；实践教学情况；学位授予情况；推荐免试研究生情况	教务处、学生处、研究生院、团委	校内或社会
		3	教学研究与改革	教学研究成果、课程建设与改革、教学改革立项情况	教务处	校内或社会
		4	实验室管理	实验室介绍；大型仪器设备调配、使用情况	教务处及各有关单位	校内或社会
		5	教辅情况	图书、网络、机房等相关信息	图书馆、现代教育技术中心	校内或社会
四	科研管理	1	科研机构	在编、非在编科研机构建设和管理情况	科研处	社会
		2	科研项目	科研项目的立项、申报、评审、执行、验收及评估情况	科研处	校内或社会
		3	科研成果	知识产权保护；科研成果推广开发及科研奖励的申报、推荐、获奖情况等	科研处	校内或社会
五	学生工作	1	学生招生	各类学生的招生政策、招生资格及有关考生资格、招生计划、录取信息、考生咨询及申诉渠道、重大违规事件及处理结果	教务处、纪委办公室、监察处	社会
		2	学生管理	学籍管理规定；评优、评先情况；学生奖学金和助学金的发放、学费减免、学生贷款、勤工助学等帮困助学情况；推荐优秀学生入党选拔条件及培养过程；学生违纪处分情况	组织部、教务处、学生处、团委	校内或社会
		3	学生就业	毕业生就业指导与服务、就业信息、就业去向及就业率	学生处	校内或社会

续表

编号	公开类别	序号	公开事项	公开内容	承办单位	公开范围
六	干部、人事与人才工作	1	干部工作	干部选拔任用、教育培训、考核等相关工作	组织部	校内
		2	人事工作	定岗定编、岗位聘任情况；教职工录用、调配、培训、交流、考核、晋升、奖惩、辞退、退离休等工作；工资、津贴、奖金、福利、社会保障等情况；师资总体情况介绍；知名教师简介；教师资格认定、师德建设、研究生导师遴选等工作	人事处、研究生院	校内或社会
		3	人才工作	人才选拔、引进、管理、考核等情况	人事处	校内或社会
七	财务管理	1	财务预决算	经费预算方案、执行情况及财务年度决算情况，大额资金使用情况	财务处	校内
		2	教育收费	收费项目、标准、依据等	财务处	社会
		3	财务审计	经费审计情况；领导干部经济责任审计情况	财务处、审计处	校内
		4	科研经费管理	科研经费收支情况；科研课题经费使用、监督检查情况	财务处、科研处	校内
八	资产管理	1	资产管理	土地管理与使用情况；办公用房分配、调整情况；教职工住宅及周转房房源情况、管理情况；无形资产管理情况；仪器设备、家具管理情况	资产管理处	校内或社会
		2	物资采购	仪器设备、药品、图书、家具等的采购情况，尤其是招投标相关信息和结果	资产管理处、图书馆、校医院	校内或社会
九	基建与维修工程管理	1	重大建设与维修工程	重大基本建设与维修工程的方案、招投标、进展情况、工程验收、审计结果、负债情况等	基建处、后勤工作委员会办公室、审计处	校内或社会

续表

编号	公开类别	序号	公开事项	公开内容	承办单位	公开范围
十	国际合作与交流	1	国际合作与交流项目	国际合作办学项目；教师、学生国际交流项目	国际合作与交流处、人事处、国际教育学院、团委及各相关学院	校内或社会
		2	国际合作与交流情况	教师、学生国际交流情况；接收留学生情况	国际合作与交流处、人事处、国际教育学院、团委及各相关学院	校内或社会
十一	党风廉政建设	1	捐赠礼品	个人及单位收受礼品上交登记及管理使用情况	学校办公室	校内
		2	违纪案件查处	违反党纪党规、重大行政失职等问题的查处结果	纪委办公室、监察处	校内或社会
十二	校园安全	1	突发事件应急处置	应急预案、预警信息、重大安全事故和突发事件的处置情况	学校办公室、宣传部、保卫处	校内或社会
		2	安全保卫	校园治安、周边环境治理情况	保卫处	校内或社会
十三	后勤管理	1	医疗卫生	公费医疗、医疗改革情况；疾病防控信息；计划生育工作情况	校医院	校内
		2	后勤保障	后勤改革与服务情况	后勤工作委员会办公室	校内
		3	产业管理	校办产业的经营和财务状况	后勤工作委员会办公室	校内或社会

续表

编号	公开类别	序号	公开事项	公开内容	承办单位	公开范围
十四	党务工作	1	发展党员	发展党员的程序、要求，接收预备党员，预备党员转正结果	组织部、学生处及各有关单位	校内
		2	党员管理	党员评优的要求、程序及结果；党员违纪处理情况	组织部、纪委办公室、监察处	校内
		3	统战工作	党外人士社会任职情况；党外人士发挥民主管理和民主监督情况	统战部	校内或社会
		4	党费管理	党费收缴、管理和使用情况	组织部	校内
		5	团费管理	团费收缴、管理和使用情况	团委	校内
十五	涉及教职工切身利益的事项公开	1	工会会费	工会会费收支和管理情况	工会	校内
		2	捐助活动	教职工捐助活动发起及捐助财务统计	学校办公室、工会	校内或社会
		3	信访工作	信访渠道及信访事项的办理情况	学校办公室、纪委办公室、监察处、工会	校内或社会
十六	其他	1	其他需要公开的事项			

6.3.1 大学档案的信息公开定位

随着我国《条例》的实施，被列为首位政府信息法定查阅场所的档案馆承担起了政府信息公开的重要使命[29]。大学档案馆记录着大学的历史、文化与发展变迁，不论对于大学自身还是整个社会，大学档案馆藏都是富含价值的机构信息资产；同时，在政府信息公开语境下的大学档案馆，也必然成为公共机构信息的公开承载主体。计算机网络技术改变了信息生产与传播方式，也对大学档案管理提出了挑战，即在注重保存记录的基础上，通过制订有效的档案政策，重新定位档案的信息资产价值[30]，推动档案信息的公开，服务于大学的决策及相关利益主体的档案信息获取与利用。发达国家大学档案政策在档案信息公开和利用方面的经验，为我们提供了有益的借鉴。

6.3.2 发达国家大学档案信息公开与利用政策的内容分析

发达国家诸多大学都编制了档案政策，涉及到档案信息的公开与利用。

(1) 美国大学档案信息公开与利用政策的内涵

北俄亥俄大学（Ohio Northern University）《档案政策》（Archival Policy）提出[31]：学校秉承公开与开放原则，寻求提供与大学有效运行相适应的最大程度的档案记录获取服务，在保证安全的基础上，档案馆将满足多样化的信息获取需求，包括产生自行政机构和学术院系的，反映学校发展历程、组织、结构、功能的各种载体各种形式的官方记录，以及与学校发展有关的非官方记录，如教职员工及校友的传记信息、教学及课程材料、涉及学校事务的个人通讯信件等。塔夫茨大学（Tufts University）的《记录政策》（University Records Policy）规定[32]：数字收藏与档案馆（Digital Collections and Archives，DCA）在无特定限制并遵守相关法律及伦理规范的前提下，有责任针对相应教职员工的信息获取需求，无歧视地公开开放大学的所有档案记录。美国档案工作者学会（Society of American Archivists，SAA）在其《学院及大学档案馆指南》（Guidelines for College and University Archives）中提出[33]，大学档案馆在机构信息资源管理中发挥着重要的集成性作用，档案馆应决定哪些信息记录至关重要，既要保证其制作又要保障用户的获取；档案馆应提供信息以促进大学完成使命并延伸服务范围，鼓励信息获取以促进学术研究，并推进知识的发现与传播。

(2) 英国大学档案信息公开与利用政策的内涵

布鲁内耳大学（Brunel University）的《档案政策》(University Archive Policy)规定[34]，根据学校的战略规划及记录管理政策，档案馆应致力于识别、采集与保存涉及大学及其所属学院和研究机构历史的各种原始及独特的文献记录，并按照国家信息公开法（Freedom of Information Act 2000）及环境法规（Environmental Regulations）的规定，通过公开来保证教工、学生、学术团体及更广泛的公众获取使用；应采纳相关标准对档案记录进行编目组织，实现档案信息及研究资源的价值最大化。伦敦南岸大学（London South Bank University）的档案中心(University Archives Centre）为能更好地部署、维护及开发利用大学信息，根据大学档案战略、记录管理政策及大学信息战略，特别编制了《档案收藏与处置程序》（Collection & Disposal Procedures）[35]；档案中心的《获取流程》（Access

Procedures）同时规定[36]，根据国家信息自由法（Freedom of Information Act 2000）、数据保护法（Data Protection Act 1998）等法律规范的要求，档案中心有责任在保护个人信息的前提下公开加工组织好的档案信息供教工、学生及外部研究人员的利用。莱斯特大学（University of Leicester）的档案政策（Archives Policy）提出[37]，档案馆的工作目标之一是满足信息自由法的要求，保证档案资源的公开与公共获取，该政策与学校的选择政策与计划（University Selection Policy and Schedule）、记录管理政策（University Records Management Policy）、记录保留与处置计划（University Records Retention Schedule）等，构成了大学记录及管理的政策体系。

（3）澳大利亚大学档案信息公开与利用政策的内涵

澳大利亚国家大学（Australia National University）的《记录与档案管理政策》（Policy：Records and Archives Management）规定[38]，根据国家信息自由法（Freedom of Information Act 1982）和档案法（Archives Act 1983）的要求，档案馆有责任向教职员工提供档案记录信息的公开获取。澳大利亚天主教大学（Australian Catholic University）《记录与档案管理政策》（Records and Archives Management Policy）提供了与学校战略规划相一致的信息管理框架[39]，认为存储、检索和管理学校各种活动所产生的、电子的或纸质的记录信息，对学校的发展至关重要，一个好的记录管理系统是高校透明与责任担当的基础，有必要开发相应的信息系统以存储、处理并提供获取档案记录信息。卧龙岗大学（University of Wollongong）的《档案政策》（University Archives Policy）规定[40]，档案馆的职责之一是根据相关立法及档案标准或指南，提供专业化的档案管理与参考咨询服务，方便员工及相关用户获取大学及其他档案信息以支持大学的教学与研究活动。

（4）加拿大大学档案信息公开与利用政策的内涵

《阿萨巴斯卡大学档案政策》（Athabasca University Archives Policy）的目的之一是为未来决策的连续性提供必要的信息支持，档案馆应当根据地方信息自由法及隐私保护法提供官方档案记录的获取，接受档案信息及记录的各种需求，为教职员工及公众使用档案信息资料从事研究提供定期的参考咨询服务[41]。卡尔顿大学（Carleton University）的《机构记录与档案政策》（Corporate Records and Archives Policy）提出[42]，信息是机构的资产，大学记录是管理、evidentiary 和历史信息的重要来源，档案政策的目标之一是确保档案记录信息的可获取并应用于大学的决策，档案馆应基于信息自由法的规定支持信息获取申请。皇后大学

(Queen's University) 认为[43]，安大略省的大学受到地方信息自由与隐私保护法 (Ontario Freedom of Information and Protection of Privacy Act) 的制约，因而应当按照法律要求提供大学档案信息的公开获取。西安大略大学 (University of Western Ontario) 的《记录与档案政策档案》(University Records and Archives Policy) 提出[44]，档案馆应当协助并推动大学各类记录的生成、接收、利用与维护的高效率及有效的管理，并按照大学《信息获取与个人隐私保护指南》(Guidelines on Access to Information and Protection of Privacy) 及其他法律要求，促进档案记录信息的公开与使用，有益于师生、研究者及公众的研究或参考利用，并为学校决策与 accountability 提高必要的信息支持。渥太华大学 (University of Ottawa) 编制的一系列政策（按数字编号）中，第 23 号是档案政策，其中规定档案馆应实施有效的信息管理、提供信息管理培训，确保档案信息有效传递给学术机构、行政机构、公众及其他利益组织，并根据第 11 号和第 90 号政策为研究者提供参考服务，确保其获取档案信息[45]。

6.3.3 发达国家大学档案政策对我国的启示

(1) 大学决策中档案信息的价值认知

从大学的基层管理机构到校级管理层面，每天都产生着大量的各种类型的管理信息，如数字化的电子邮件、网页等类型，如涉及大学战略定位发展的文件等信息。这些信息的归档与利用，对于大学作出英明决策至关重要。从另一个角度看，由于数字信息的海量化及易删除等特征，如果不加以档案化保存，将严重影响未来的大学决策[46]。因而，发达国家大学普遍认为，应当在法律允许的范围内，最大程度地支持用户的信息需求，促进归档的行政管理信息的自由获取与利用[47]。相对来说，我国大学档案馆对档案信息的价值认知程度尚待提升。

(2) 大学档案政策的制定与引导

大学管理与教育活动中，每天都产生大量的信息，尤其在网络环境下，更多的管理者和教学人员习惯于利用计算机和网络制作、组织、交换、传递与查找数字信息。但是对于他们来说普遍缺乏这样的知识，即哪些信息是有价值的、值得记录的、值得保存的。因而，发达国家大学普遍制订有效的档案政策，尤其是有关数字信息的档案政策，引导员工的档案信息价值理念，通过有效的教育手段，指导员工的档案信息活动实践[48]。实际来看，在计算机操作环境下，电子邮件通讯、大学诸多委员会或工作组的工作文件、邮件组中的讨论、员工的记录信息等，是很容易发生流失的，需要政策的规范与引导。我国《高等学校档案管理办法》由2008年9月1日起施行，其中规定高校档案机构的管理职责之一是：编制检索工具，编研、出版档案史料，开发档案信息资源。另外值得注意的是，国内已有研究者提出应建立与信息权利保护相适应的档案开放与开发政策体系[49]。但从国内高校网站的调研结果看，我们尚难以找到成型的大学档案政策文本，影响了档案信息的公开与利用。

(3) 大力开发应用数字机构存储库

由于大学机构层次复杂、种类多样，在计算机网络环境下，教学与管理日益呈现分散化、碎片化状态，如果由档案馆自身来进行相关业务记录信息的采集、加工、保存，可操作性不强。因而，国外大学档案馆追求信息管理机制创新，大力开发与应用数字机构存储库（Digital Institutional Repository，DIR），并培训各类管理及教学人员应用DIR系统获取与保存每天产生的大量办公业务的数字信息，档案馆则作为中心DIR汇集各方信息。所谓大学的数字机构存储库，即是获取并保存大学智力产出的数字化集合[50]。目前最常用的机构存储库系统是DSpace，它可以存储文本、音频、视频、图像及实验数据集等，并给定归档信息一个URL地址或网页地址，这一地址并不会因为档案格式转换而变化[51]。国内已有研究者基于档案馆资源及其提供利用的特性，探讨以DSpace软件为基础构建档案馆机构仓储的可行性和优势，试图对高校档案收集和馆藏资源的存储、查询及提供利用等提供借鉴[52]。

(4) 保证档案信息的公开与可获取性

档案工作的终点是促进利用，档案管理者的职责是开放各类研究财富，不仅是积累和保存文献资料，而且应当使其可获取[53]；因而，在保证国家和机构安全和保密的基础上，档案管理者应当尽力合法地促进、方便、支持各类用户的利用[54]，在履行记录保存职责的同时有责任确保公共物品的开放获取[55]。事实上，大量的档案记录已被公共官员、企业CEO、大学管理者、宗教领袖等出于公共利益而加以利用[56]。随着互联网的广泛应用，大学内提供信息的机构越来越多样化，这彻底改变了有关大学行政管理、学术研究等方面记录的信息提供者和信息搜寻者的关系，但相对于大学中其他起到维系组织记忆功能的相关信息机构（计算中心、政策分析中心等）而言，档案馆具有独特的保存校方官方记录的使命和功能[57]。然而，大学各类记录信息的归档目的是记忆历史、促进未来的英明决策，因而档案信息在保存的同时，就应当充分考虑到它的可获取性，以便用户的检索与利用。在信息化网络化环境下，档案管理者不应仅是单纯的记录保管人，而应融入学校管理大环境，应当致力于介入信息政策的制定过程，发挥相关专业领域的信息解译者和信息合成者的作用，而一旦丧失这种能力，将会损害大学的档案工作计划与方案[58]。发达国家大学档案政策中大都有鼓励档案信息公开与获取的条款，这对我国大学档案馆从封闭走向公开具有一定的启示意义。

6.4 英国 Publication Scheme 的发展及其对我国高校信息公开的启示

通过网站调研英国大学的信息自由政策，我们发现几乎每所大学的信息自由政策都含有“信息公开指南”（Publication Scheme，PS），如 Newcastile upon tyne 大学，Brunel 大学，Buckinghamshire Chillems 大学学院，James 烹饪学院等。不仅如此，它还占据了信息自由政策的大量篇幅，甚至有些大学的信息自由政策就是 PS，除此之外别无其他，如 Derby 大学的信息自由政策。可见 PS 不仅仅在大学的普及率高，而且是信息自由政策不可或缺的组成部分，甚至在一定程度上能够体现为大学信息自由政策。而我国有关高校信息公开政策的制定实施及相关的学术研究尚很不充分，所以有必要分析英国大学 PS 的适用范围、发展状况及内涵，并借鉴其经验推进我国高校信息公开指南的制订与完善。

6.4.1 英国 Publication Scheme 的发展状况

（1）英国 Publication Scheme 的发展背景

受英国 2000 年《信息自由法》的影响，每个公共机构都被要求采用和维持一个 PS。PS 要积极主动地向公众提供日常工作产生的信息。2005 年英国信息委员会办公室（Information Commissioner's Office，ICO）审查了 PS 的效力。审查的结果是强调有必要开发和增加公共部门信息的积极主动传播[59]。于是，ICO 就颁布了“Publication Scheme 发展和维护计划”（The Publication Scheme Development and Maintenance Initiative，DMI），其目标是鼓励和帮助公共机构通过以下措施改善和扩展 PS：积极主动地传播信息；保持信息一贯可用；提供简单、迅速的获取信息的途径等。

（2）英国 Publication Scheme 的内容

根据 DMI 的规定，ICO 提出所有公共机构都应该采用通用 PS 模版[60]。通用 PS 模版是由信息委员会筹划的，并且已经得到了认可。信息委员会的职责就是促进官方信息的公众存取和保护私人信息。公共机构可以不用任何修改，也无须得到进一步的批准就可以直接采用该模版。而每一类的机构还都有 ICO 推荐的特殊 PS 模版，它们的模版框架是有区别的，但它们都要遵循通用 PS 所规定的内容。通用 PS 的内容除了包括信息种类外，还有获取可用信息的方式和促成信息发布的费用，以及书面请求[61]。

（3）英国 Publication Scheme 的适用性分析

通过网站调查发现，ICO 已经为学校、地方议会、全科医师、牙医、眼镜商、药商等制定了各自的 PS 模版。可见，PS 不是大学专有的计划，同样也适用于其他公共机构。英国《信息自由法》的第 19 部分要求：每个公共机构采用和维护信息委员会认可的 PS，并且根据计划的要求进行信息发布。根据英国《信息自由法》的规定，公共机构被定义为包括政府部门、当地机构、国家卫生和安全机构、学校、学院和大学、警察当局、英国国会下议院、英国国会上议院、北爱尔兰立法机构和威尔士的国家立法机构[62]。由此我们可以看出，PS 广泛适用于英国《信息自由法》规定的所有公共机构，其中包括大学。

（4）英国 Publication Scheme 的作用

PS 就是当机构被要求获取信息时，使信息能够被公众容易获取的指南。2000 年英国《信息自由法》的关键特色就是 PS。在英国国会上议院有关法案的争论中政府发言人描述 PS 为“很可能是法案中促进公开的最有力的推动力”[63]。PS 对执行英国《信息自由法》所起的作用是不可估量的，其作用就是为公民、法人和其他组织如何获取政府信息提供指引。通过 PS 的制订与公布，公众可以了解到该机构要公开的信息种类、获取信息的方式以及要支付的费用，从而指引公众方便地获取他们想要获取的信息，为公众知情权的行使提供切实的保障。相似地，大学的 PS 的作用也是辅助大学信息公开的指南。

PS 的作用大致可归纳为以下几点[64]：（1）充当机构出版物的指南，用来解释机构已经让公众获取的记录类型；（2）减少工作量的方式，即在申请之前发布不含豁免信息的记录种类，它们能被高效地处理，也为用户快速地存取那些信息；（3）引导信息自由法的贯彻实施；（4）帮助公众克服他们将要在其他方面面对的一些困难的存取工具源。

6.4.2 英国大学的 Publication Scheme 与中国高校信息公开指南的比较分析

英国很多机构都有 Publication Scheme（PS）模版，我们仅针对适用于英国学校（含大学）的 PS 模版（Template guide to information for schools）与中国高校信

息公开指南进行比较，以期发现我国现有的高校信息公开指南的不足，进而为我国高校信息公开提供借鉴和指导。

英国学校的PS模版主要包括三个模块，即要发布的信息种类、信息获取的方式和费用。其中信息种类中有如下内容：（1）我们是谁和我们做什么，包括：学校定位、员工名录、机构信息、组织结构、年度报告、位置和联系方式等，这仅仅是当前的信息；（2）我们花费什么和我们如何花费它的，包括：关于计划的和事实上的收入、开支的财政信息、采购、合约和财政审计，至少要包括当年和前一财政年的；（3）我们的优先权是什么和我们是如何做的，包括：战略和计划、绩效指标、审计、检查和评论，当前的这些信息是最低要求；（4）我们如何做决定，包括：会议一览表、作决定的过程和决定的记录，最低要有当年和前三年的记录；（5）我们的政策和程序，包括：近期书面协定书、实现我们服务和义务的政策和程序以及涉及员工或学生的信息、安全、员工、收费、教育、课程等方面的政策，仅仅需要当前这些信息；（6）目录和登记表，即目前维护的目录和登记表；（7）我们提供的服务，即有关我们提供服务的信息，包括：为公众和商业活动制作的小册子、指南和快讯等；（8）其他信息，这是为学校提供发布上面目录中没有提到的信息的机会。信息获取的方式主要有打印件、网站，有些信息仅供查阅。费用主要采用收费明细表的形式描述收费项目及收费依据[65]。

我国教育部发布的《办法》，是在国务院部委的层面上最早以规章的方式落实《条例》的一个尝试，其特色包括：构建了多层次的、相互结合的高校信息公开执行和监督机制；在主动公开方面，既规定了静态的结果信息的公开，也要求决策过程中的信息公开以及决策前的信息公开等[66]。其中《办法》第十二条明确规定：高校应当编制、公布信息公开指南和目录，并及时更新；信息公开指南应当明确信息公开工作机构，信息的分类、编排体系和获取方式，依申请公开的处理和答复流程等。

而事实上，目前我国已经有一些大学制订并在网上发布了信息公开指南，公众可以随时获取，如东南大学、昆明理工大学、上海外国语大学、云南财经大学、华东理工大学、上海工程技术大学等。这些大学的信息公开指南大体上可以分为三个模块，即主动公开、申请公开和监督方式和程序。主动公开中包含了公开范围、公开形式和公开时限，但公开范围语焉不详，只是说明“参见信息公开目录”；申请公开包括受理机构和受理程序，其中受理程序中包括提出申请、申请方式和申请处理。只有几所大学的信息公开指南中提到申请费用，如上海外国语大学、云南广播电视大学和上海工程技术大学等，其中只有上海工程技术大学以费用明细表形式详细描述收费问题。

从以上的介绍可知，我国高校信息公开指南有如下的不足之处：

第一、缺乏信息公开指南模版的引导。尽管我国出台的《办法》中规定了高校信息公开指南应该包括的内容，但是由于我国并没有类似英国大学的 PS 模版，导致我国高校在信息公开指南的内容编排体系上差异性很大，不够详细、具体、规范，操作性也不强，指南应该涵盖的内容要么没有包括在内，要么表述得很含糊，这样，高校信息公开指南就不会起到指导人们方便、快速地获取信息的作用。以下我们将专门探讨我国高校信息公开指南的模版构建问题。

第二、信息公开范围不明确。我国高校信息公开指南的公开范围表述不够明确，而是含糊其词地表述为“参见信息公开目录”。信息公开目录做得也不够完善，各个大学的目录都差异很大，同一种类的信息有的大学视为公开的范围，有的却相反。信息公开范围的模糊化处理势必会影响高校信息公开稳定有序的进行，大学就会有机可乘，“该公开的没公开，形式上公开的多，实质上公开的少”的现象会时常发生，它可以此为契机作出于己有利的公开范围，那么信息公开就只是流于形式，不会达到最初制定信息公开指南的初衷了。

第三、缺失信息收费标准及明细。在高校信息公开指南中费用问题也几乎没有提出，只有少数的几所大学意识到了费用问题应该是信息公开指南的组成部分，并在信息公开指南中有所表述，但是阐述的不够明晰，还很模糊。如果收费问题规定的不够清晰，就会为大学留有乱收费的空间，它们可以将自己手中掌握的公共信息变成商品，并向公众收取高额的费用，那么这就是让公众二次买单。总地来说，信息公开指南对费用问题的规定是粗线条的，信息公开的成本制约着公众获得信息权利的实现，有必要借鉴英国等国家的经验，继续完善信息收费制度。

6.4.3 英国大学 Publication Scheme 对我国高校信息公开政策制定的启示

(1) 尽早推出高校信息公开指南模版

据调查，加拿大政府直接采用了英国所推荐的 PS 模版[67]，可以认为英国大学 PS 有一定的国际适用性。因此我们完全可以将 PS 的一些做法移植到我国，尽早推出我国高校信息公开指南模版，使我国各机构的信息公开指南更加规范、实用，摆脱过去那种不利于公众获取信息和难以寻求帮助的状态。信息公开指南模版能够规范高校信息公开指南的内容编排体系，使其科学、合理地展示给寻求信息公开的申请人；有助于信息公开工作主管人员检视信息公开指南的内容是否完整、规范，进而来整顿高校信息公开工作。信息公开指南模版的内容至少应该包括：信息公开范围、信息收费标准、信息获取方式、信息请求和监督方式等，并且要针对主动公开和已申请公开这两种形式区别对待。它应该由负责信息公开工作的主管部门制订、颁布，要求各所大学都必须据此制订适于本高校的信息公开指南，这样，各所大学的自我裁量空间相应地就缩小了，公众就可以较合理的成本、快速方便地获取到他们想要的信息。

（2）加大建设高校信息公开指南的力度

据不完全调查，几乎英国的每所大学都有 PS，而我国只有少数几所大学制定并颁布了信息公开指南，这样的建设力度还远远不够。我们应该大力提倡并鼓励高校制定信息公开指南，因为它的制订意味着大学又向“透明大学”、“阳光大学”迈进了一步。高校信息公开指南不仅可以促使信息公开工作有条不紊地进行，而且还是公众、法人、其他组织获取信息的一把钥匙。我们可以尝试通过以下措施来加强高校信息公开指南的建设：一是宣传教育渠道。通过对信息公开指南的宣传，使高校意识到信息公开指南可以提升学校的自主性，并且能够获得公众对学校的普遍认可，而自愿建设高校信息公开指南；二是法律保障渠道。《办法》中明确表示所有大学“必须”而不是“应当”制订并公布高校信息公开指南，如有违反则需要承担相应的惩罚。只有通过法律条文明确下来，执行起来才有强制力的约束，才能保障高校信息公开指南的建设力度。

（3）明确并不断拓展信息公开的范围

信息公开范围是高校信息公开指南内容的重中之重。在实施过程中，正确把握信息公开范围有助于帮助公众明确哪些信息可以获取，从而可以为公众免去咨询他人的麻烦。这里的公众指的是信息公开的权利主体，即社会、教职工、学生。权利主体往往不知道信息公开义务主体拥有哪些信息，哪些信息可以公开、哪些信息不能公开[68]。高校信息公开指南的目的无外乎是：保障公众的知情权，提高大学工作透明度、促进依法行政，发挥大学信息对经济社会活动和学生、教职工生活和科研、学习的服务作用。我国高校信息公开指南中公开范围的制订应视权利主体的不同而加以区分，同时可借鉴英国大学的 PS 模版中关于信息种类的规定，将信息公开范围明确化，形成模版，明确要求各所大学应参照此模版制订符合自己独特情形的信息公开范围。从高校本身属性来看，从对公共资源的监督要求来看，公开在操作过程中不能过于保守；各个高校还应结合具体情况，特别是结合人民群众、教职员工、学生关心的重点问题、热点问题，积极拓展信息公开的范围。

（4）完善信息收费标准

信息公开的收费制度制约着公众获取信息权利的实现。在高校信息公开指南中，应该将收费标准予以明晰，使公众看到费用明细表就可基本上知道自己要求获取信息需要付出的成本，而不是从头至尾都蒙在鼓里。只有将收费标准公开，才会降低大学暗箱操作的可能性，才能体现公平、公开的原则。但是收费标准要视地区、公开对象等而定，如果费用定的过高，相对应的就是公众获得收益的减少，这就会形成冲突。在实践中都存在着公开信息成本过高的难题，不解决成本与收益这个矛盾，就会阻碍信息公开的实现[69]。因此，我们可借鉴英国大学的PS模版中关于费用的规定，使收费标准得以明确、予以公开，形成模版，要求各所大学都要按此标准制订符合自己实际情况的收费明细表。

6.5　高校信息公开指南模版构建

借鉴发达国家大学信息公开指南模版，我们试图研究并构建适合于我国大学的信息公开指南，并作为高校信息公开政策制定的一种体现方式和结果。

高校信息公开指南对于公众和高校双方都有重要作用。一方面，有利于公众了解获取高校信息的途径和方式等基本情况，便于公众快速查阅、获取相关高校信息，为公众行使知情权提供保障；另一方面，有利于高校信息公开工作的顺利开展，降低高校信息公开成本，提高高校信息公开效率以及公众对高校信息公开的满意度。因此，各高校应在了解和熟悉《办法》规定的高校信息公开内容与程序基础上，尽快认真编制或修订本校的高校信息公开指南，明确并不断拓展高校信息公开的范围。目前，高校的信息公开指南的建设都是依据高校的实际情况，按照高校自己的一套体系来编排，高校信息公开的内容缺乏统一的标准[70]。高校信息公开政策对信息公开内容的规定宽泛且随意性强，导致目前还没有出台一个相应的可以供全国各个大学进行套用的高校信息公开指南的模版。鉴于高校信息公开指南的重要性和目前我国尚无一份具有普适性的高校信息公开指南制定出台的现状，我们在对我国高校信息公开指南制订发布现状进行网络调查分析的基础上，根据《办法》的相关规定，并结合英国的Model Publication Scheme等信息公开指南模版的内容，构建适合我国各个高校的统一高校信息公开指南模版，以便更好地完善我国高校信息公开制度的建设及有效地指导我国高校信息公开实践工作的开展。

6.5.1 我国高校信息公开指南建设现状分析

根据《办法》第二十九条对高等学校的划分，我们对2 417所高等学校的信息公开指南建设现状开展网络调查。作为网络调查对象的2 417所高校是指教育部公布的2010年具有普通高等学历教育招生资格的高等学校，由792所普通本科院校、1 239所普通高职院校、316所经国家批准设立的独立学院、经国家审定的70个分校办学点组成[71]。我们所指高校信息公开指南是高校最新官方网站开通的高校信息公开网站专栏或专题上发布的高校信息公开指南。调查结果表明，目前我国高校信息公开指南发布状况不乐观，只有199所高校在其开通的高校信息公开网站平台上发布了属于自己高校的信息公开指南，高校信息公开指南发布率仅为8.23%。总体上来说，目前我国高校信息公开指南发布率较低，呈现出明显的地区差异和学校办学层次差异，各高校信息公开指南内容上也存在较大差异。

表6-8 我国高校信息公开指南发布情况表（按高校所属地区划分）

排名	地区	高校数（所）	发布指南的高校数（所）	发布率（%）	排名	地区	高校数（所）	发布指南的高校数（所）	发布率（%）
1	天津	55	30	54.55	17	山西	78	2	2.56
2	甘肃	44	20	45.45	18	湖南	118	3	2.54
3	上海	65	19	29.23	19	江西	90	2	2.22
4	重庆	54	12	22.22	20	山东	137	3	2.19
5	江苏	154	23	14.94	21	陕西	96	2	2.08
6	云南	62	9	14.52	22	广西	73	1	1.37
7	广东	131	16	12.21	23	辽宁	113	1	0.88
8	四川	94	11	11.70	24	河北	117	1	0.85
9	浙江	102	10	9.80	25	湖北	122	1	0.82
10	福建	85	8	9.41	26	河南	112	0	0.00
11	贵州	47	4	8.51	26	新疆	37	0	0.00
12	安徽	111	9	8.11	26	西藏	6	0	0.00
13	北京	89	6	6.74	26	内蒙古	44	0	0.00
14	海南	17	1	5.88	26	宁夏	15	0	0.00
15	黑龙江	82	3	3.66	26	青海	9	0	0.00
16	吉林	58	2	3.45	合计		2417	199	8.23

(1) 各个地区的指南发布率差异较大

调查结果表明，我国各个地区的高校信息公开指南在发布率上存在较大差异，有的地区指南发布率较高，如天津、甘肃、上海、重庆、江苏等地区，有的地区指南发布率较低，如河南、新疆、西藏、内蒙古、宁夏等地区，只有11个地区的高校信息公开指南发布率超过了平均值8.23%。按高校所属地区进行统计，各个地区的高校信息公开指南的发布率情况，见表6-8。

（2）不同办学层次的指南发布率差异较大

调查数据表明，我国不同办学层次的高校发布信息公开指南情况存在明显差异，普通本科层次的高校信息公开指南发布率最高，分校办学点层次的高校信息公开指南发布率最低，只有普通本科院校的高校信息公开指南发布率超过了平均值8.23%。按高校信息公开指南发布率降序排列，依次是普通本科院校、普通高职院校、独立学院、分校办学点，指南发布率分别是15.53%，5.08%，3.48%，2.86%，见表6-9。

表6-9　我国高校信息公开指南发布情况（按高校办学层次划分）

高校办学层次	高校数量（所）	发布指南的高校数量（所）	发布率（%）
普通本科院校	792	123	15.53
普通高职院校	1239	63	5.08
独立学院	316	11	3.48
分校办学点	70	2	2.86
合计	2417	199	8.23

（3）各高校信息公开指南内容编排模版差异性较大

调查数据表明，目前我国各个高校所发布的信息公开指南在内容的编排模版方面存在一定的差异。从落实到每份高校信息公开指南内容的三级标题来看，199份高校信息公开指南共有159份不同的高校信息公开指南内容表现模版；从落实到每份高校信息公开指南内容的二级标题来看，199份高校信息公开指南共计有149份不同的高校信息公开指南内容表现模版；从落实到每份高校信息公开指南内容的一级标题来看，199份高校信息公开指南共有106份不同的高校信息公开指南内容表现模版。利用武汉大学ROST虚拟学习团队开发的内容挖掘软件ROSTCM的词频分析功能[72]，对目前我国高校信息公开指南内容从一级标题层次进行频次分析，199份高校信息公开指南共涉及136项一级标题，一级标题出现频次最高不到50次，出现频次为1次的一级标题多达80项，这进一步说明目前我国各高校信息公开指南在内容编排模版上的不统一，指南内容编排模版差异性较大，频次分布见表6-10。

表6-10 我国高校信息公开指南内容一级标题频次分布

一级标题	出现频次	一级标题	出现频次	一级标题	出现频次
主动公开	49	投诉方式及程序	5	工作机构	2
依申请公开	46	信息公开目录附件	5	公开领导小组和工作机构	2
信息公开申请表附件	44	公开的形式	4	救济方式	2
监督方式及程序	18	公开的程序	4	监督与责任	2
主动公开信息	16	监督投诉	3	公开领导机构和工作机构	2
监督和保障	13	单位信息公开代码附件	3	公开的组织领导	2
信息分类	12	信息不予公开决定书附件	3	依申请公开信息指南	2
信息获取方式	12	收费标准	3	申诉监督	2
附则	12	受理回执附件	3	获取方式	2
信息编排体系	12	信息公开决定书附件	3	信息公开机构	2
依申请公开信息	9	监督	3	联系方式	2
总则	9	信息的收费项目和收费标准	3	举报监督	2
监督方式	8	主动公开信息分类	2	补正申请通知书附件	2
申请公开	7	公开的方式	2	主动公开的学校信息	2
公开的内容	6	监督程序	2	公开内容	2
公开的原则和程序	6	监督与保障	2	公开的原则和类型	2
监督举报	6	编排体系	2	公开时限	2
监督方式与程序	5	依申请公开的有关事项	2	公开形式	2
救济方式及程序	5	工作机制	2	（省略共计80项）	1

注：一级标题出现频次为1次的共计80项，限于篇幅故省略。

（4）各高校信息公开指南内容结构模块不完善

高校信息公开指南是高校信息公开工作的指引和帮助文档，在整个高校信息公开工作中起着重要作用。高校信息公开指南应包括该高校机构设置情况、负责信息公开的机构的介绍、信息公开主体的权利义务、主动公开的范围、方式及程序、申请公开的程序、救济途径等内容[73]。为进一步分析目前我国各个高校发布的信息公开指南在内容构成方面的主要模块，我们将一级标题里表达同样内容但采用不同称谓的情况进行合并处理，如将依申请公开信息和依申请公开等统一合并为申请公开，监督方式与程序和监督举报等统一合并为监督方式及程序。利用ROSTCM的可视化标签云的功能生成我国高校信息公开指南内容一级标题标签云图，见图6-2。

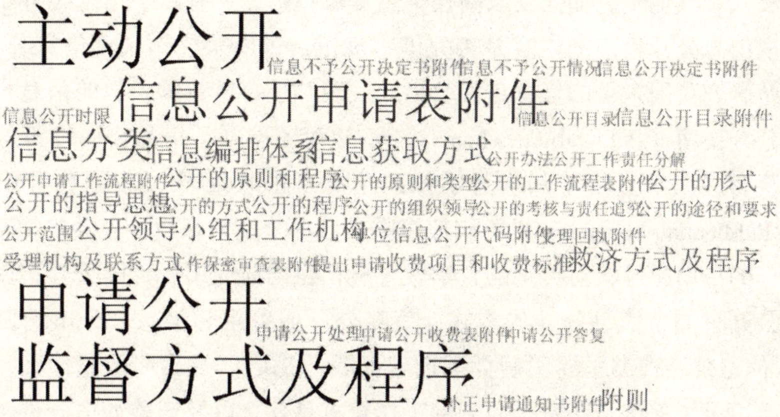

图6-2 我国高校信息公开指南内容一级标题标签云

数据显示，目前我国高校信息公开指南内容的主要构成模块首先是主动公开、监督方式及程序、申请公开、信息公开申请表附件，其次是信息分类、信息获取方式，再次是信息编排体系、救济方式及程序、公开领导小组和工作机构。结合《办法》第十四条对高校信息公开指南构成内容的规定，可看出目前我国制订的高校信息公开指南内容结构不完善，大多数高校信息公开指南只明确了《办法》第十四条规定的部分内容，仅少数高校信息公开指南明确了《办法》第十四条规定的全部内容，如华南师范大学信息公开指南、厦门大学信息公开指南、中山大学信息公开指南、长安大学信息公开指南等。

6.5.2 英国 Model Publication Scheme 编排体系及内容分析

2011年6月底，主管高等事务的英国商业、创新及技能部（Department for Business, Innovation and Skills, BIS）发布了最新的高等教育白皮书，并定名为《把学生置于体系中心》，该方案为充分保证学生选择权统筹设计了高等教育经费、高校信息公开、教学改革、招生改革、教育公平等各个环节[74]。英国高等教育基金委员会（Higher Education Funding Council for England, HEFCE）还为信息公开专门制作了必须含有学生满意度、毕业六个月后的就业率、年薪、学费、平均住宿费、授课时间、考试和作业评分比例、学生设施等数据的模拟“重要信息组”作为示范[75]。BIS 的《把学生置于体系中心》中关于高校信息公开的设计以及 HEFCE 的为信息公开专门制作的“重要信息组”一定程度上给高校信息公开指南模版的制订提供了指引。信息公开指南模版不仅能规范大学信息公开指南的内容分类和编排体系，使其科学、合理地展示给寻求信息公开的申请人，为公民、法人和其他组织如何获取高校信息提供指引，还有助于信息公开工作主管人员检视信息公开指南的内容是否完整、规范，进而来整顿大学信息公开工作。通过网站研究英国大学的信息自由政策，发现几乎每所英国大学的信息自由政策都含有公开指南（Publication Scheme），该指南还占据了信息自由政策的大量篇幅，甚至有些大学直接将其作为学校的信息自由政策[76]。英国公开指南模版（Model Publication Scheme）是英国信息委员会办公室用来指导公共机构开展信息公开工作的指南文件，对英国的大学教育机构也同样适用。英国公开指南模版包括信息公开种类、信息公开的方式、信息公开的费用和信息公开申请四部分内容[77]。信息公开种类里要明确如下内容：我们是谁以及我们做些什么，我们花费了什么以及如何进行花费，我们的工作重点是什么以及当前如何开展工作，我们如何进行决策工作，我们的政策和工作程序，我们目前管理的信息和登记册，我们可提供什么服务，通常不包含的信息种类。信息公开的方式是指公共机构如何公开各类信息以及公众如何获得这些信息。信息公开的费用是指机构将按最小成本和最便利原则提供信息，通过网络免费给公众提供信息，针对某些过程收取成本费，如复印费、邮寄费等。信息公开申请是指根据指南模版，某些信息不进行主动公开，公众可以根据相关法律进行书面申请公开。

苏格兰信息委员会办公室也制订了相应的公开指南模版——Model Publication Scheme 2011，该指南模版包括引言、指南模版简介、开发信息指南、相关费用问题、机构联系方式、信息公开种类五个方面的内容[78]。开发信息指南部分对机构提供公开信息的可用性及信息格式、获豁免公开的信息、公开信息的版权问题等情况进行了说明，指南模版的信息公开种类包括八部分内容：①有关机构信息（有关我们是谁、我们的位置、如何联系我们、我们如何进行管理及对外关系信息等信息）；②如何提供相关功能和服务（有关我们的工作范围、提供服务的战略和政策等信息）；③如何进行决策及已经完成的决策（有关进行相关决策的信息、如何进行决策及如何使用决策信息等信息）；④花费了什么和如何进行花费（有关管理财政资源的策略、花费公众财政的计划等信息）；⑤如何管理以及监督人力、物资和信息资源（有关人力资源、物资资源、信息资源的管理和监督信息）；⑥如何对外采购货物和服务（如何购买商品和服务，外部供应商等信息）；⑦如何行使权利（如何执行相关权利，如何优质的提供功能和服务等信息）；⑧机构的商业出版物（有关机构进行商业活动的信息）。

苏格兰大学代表其成员提议的针对苏格兰高等教育界的信息公开指南模版（Model Publication Scheme for Scottish Higher Education Institutions）修订版获得苏格兰信息委员会办公室的检验认可，这份指南模版主要包括引言、法律背景、公开指南介绍、公共公司组织、公开指南模版信息分类、公开方式、费用问题、豁免情况、公开时间相关规定九大模块，其中公开指南模版信息分成一般信息、信息获取、治理情况、财政资源、合作及发展规划、资源采购、研究管理及基金资助、研究的商业化及其知识转移管理、机构人力资源管理及战略、机构物资资源、健康与安全政策、支持残疾人的政策、学生的管理和进展、教学质量、信息服务、外部及社区关系、提供给政府及监管机构的信息共计 17 类，同时每一类下面必须明确信息分类名称、信息分类描述、举例或注释、获取方式、费用、豁免情况六方面的信息[79]。苏格兰大学协会（ASC）也制订了针对苏格兰大学的信息公开指南模版（Model Publication Scheme for Scotland's Colleges），并通过苏格兰信息委员会办公室的认可，此模版大部分内容和苏格兰高等教育界的信息公开指南模版相一致。苏格兰大学信息公开指南模版主要包括引言、法律背景、公开指南介绍、公开指南模版信息分类、公开方式、公开时间相关规定、苏格兰高校共同文件 7 部分内容，和苏格兰高等教育界的信息公开指南模版相比，增加了苏格兰高校共同文件的规定，减少了公共公司组织、费用问题、豁免情况三部分内容[80]。苏格兰大学信息公开指南模版的公开指南模版信息分类分为 17 类，每一类信息需要明确信息分类名称、信息分类描述、举例或注释，这 17 类信息分别是指南引言、一般信息、信息获取、治理情况、财政资源、合作及发展规划、资源采购、机构人力资源管理及战略、机构物资资源、健康与安全政策、学院的多样性及平等政策、学生的管理和进展、教学质量、信息服务、外部及社区关系、提供给政府及监管机构的信息、大学环境信息。同苏格兰高等教育界的信息公开指南模版的信息分类相比，苏格兰大学信息公开指南模版的信息分类减少了研究管理及基金资助、研究的商业化及其知识转移管理、支持残疾人的政策三项分类，增加了引言、学院的多样性及平等政策、大学环境信息三项分类。

6.5.3 我国高校信息公开指南模版的内容设计

目前我国高校信息公开指南存在的指南发布率在地区上和办学层次上差异较

大、指南编排模版差异性较大及其内容结构模块不完善等问题，很大程度上是由于我国高校信息公开指南模版的缺失，我们应在《办法》对高校信息公开指南编制相关要求的基础上结合国内高校的特点，同时吸收英国一些 Model Publication Scheme 的相关做法，开发适合我国高校特点的高校信息公开指南内容模版，以更好地指导高校信息公开工作的开展和进一步深化高校信息公开指南的作用。我们根据《办法》的相关规定，并参照国内外大学信息公开指南建设的经验，设计了适合我国高校特点的高校信息公开指南模版。公开指南模版内容编排体系，见表6-11。

表6-11　我国高校信息公开指南模版内容编排体系

×××大学（学院）信息公开指南模板	
一、公开指导思想、原则和类型	（三）申请要求
（一）信息公开指导思想	（四）申请方式
（二）信息公开原则	1. 通过互联网在线提交申请
（三）信息公开类型	2. 通过信函、传真提交申请
二、公开领导小组和工作机构	3. 信息公开办公室服务窗口提交申请
（一）信息公开领导小组	（五）处理时限
（二）信息公开工作机构	（六）申请处理
三、公开信息分类和编排体系	（七）申请答复方式
（一）公开信息分类	（八）相关收费标准
（二）公开信息编排体系	六、监督、救济和保障
四、主动公开的高校信息	（一）信息更正
（一）公开范围	（二）投诉举报
（二）公开方式	1. 高校信息公开主管部门
（三）公开时限	2. 高校信息公开监察部门
（四）查阅场所	3. 上级主管行政机关
五、申请公开的高校信息	（三）救济方式
（一）申请流程说明	七、常见问题解答
（二）受理机构	八、相关附件下载

（1）公开指导思想、原则和类型

根据《条例》、《办法》等法律、法规的要求，为更好地提供信息公开服务，×××大学（学院）编制了《×××大学（学院）信息公开指南》（以下简称《指南》）。需要获得本校信息公开服务的公民、法人和其他组织，建议阅读本《指南》，此《指南》将根据相关要求和实际情况进行更新，最新内容可在学校信息公开网站中查阅，也可到学校信息公开工作办公室获取。

学校实施信息公开的原则：以公开为原则，不公开为例外。学校信息公开类型分为主动公开和申请公开两种。主动公开类型是指按照《办法》要求应该公开的信息，申请公开是指除已主动公开的信息外，申请人根据学习、科研、工作等特殊需要，以填写申请表的形式（书面、数据电文）向学校信息公开办公室申请获取的信息。

（2）公开领导小组和工作机构

信息公开领导小组：×××大学（学院）信息公开领导小组是信息公开领导机构，负责领导、管理我院信息公开工作，学校成立以校长为组长，分管信息工作校领导为副组长，相关职能部门主要负责人为成员的信息公开领导小组。

信息公开工作机构：校长办公室为学校信息公开工作机构，公开工作机构详细信息如下：办公地址：________，工作时间：________，电话：________，传真：________，邮编：________，电子邮箱：________。

（3）公开信息分类和编排体系

公开信息分类主要指对学校各类公开的信息进行分类管理，学校公开信息分类见表6–12。

表6–12　×××大学（学院）公开信息分类

分类代码	内容分类	分类代码	内容分类	分类代码	内容分类
01	学校概况	05	教学科研	09	财务、资产管理与招投标
02	规章制度	06	学生工作	10	突发事件与校园安全
03	发展规划	07	人事工作	11	对外合作与交流
04	招生录取	08	收费管理	99	其他

公开信息编排是指对每条主动公开的信息进行详细的编码管理，信息编排体系见表6–13：

表 6-13　×××大学（学院）公开信息编排体系

元数据	详细含义	举例说明
信息名称	反映信息主要内容的标题	如：学校领导基本情况介绍
信息类别	反映信息所属的信息分类	如：01 代表学校概况类
信息索引	由大学机构代码等 20 位字符组成的编码	如：10574-010-01-2011-00012-1
生成日期	该信息可为公众完整获得的起始时间	如：2011-06-16
更新日期	该信息被最近一次更新的时间	如：2011-08-18
发布机构	制作并提供该信息的机构单位	如：010，代表校长办公室
发文字号	反映该信息的发文号	如：校办［2011］12 号
关键词	反映信息核心内容的主题词	如：校领导
信息全文	信息的正文内容的获取地址	如：一个完整获取信息内容的网页地址

公开信息编排体系由以下 9 项核心元数据构成：信息名称、信息类别、信息索引、生成日期、更新日期、发布机构、发文字号、关键词、信息全文。信息索引是由大学机构代码、部门代码、信息分类代码、年份代码、信息流水号、公开方式码共计 20 位字符组成的索引编码。信息索引的大学机构代码为 5 位字符，可到《高等学校及科研机构代码》获取[81]；部门代码为 3 位字符，可根据实际情况对学校所有机构部门进行编码识别，对每一个部门赋予一个固定的部门代码；公开方式码为 1 位字符，1 代表主动公开，2 代表申请公开。

（4）主动公开的高校信息

涉及学校基本情况、发展规划、学生招生考试、学位评定、就业资助、学科专业与教学、师资建设、财务资产管理、自然灾害等突发事件的调查和处理，以及对外交流与合作等 12 类信息应纳入主动公开的范围[82]。学校主动公开的高校信息这一模块主要包括公开范围、公开方式、公开时限、查阅场所四个方面的内容，见表 6-14。

表6-14　学校主动公开的高校信息

（一）公开范围
本校根据《办法》第七条的规定，制订了本校主动公开的高校信息主要包括学校概况、规章制度、发展规划、招生录取、教学科研、学生工作、人事工作、收费管理、财务、资产管理与招投标、突发事件与校园安全、对外合作与交流、其他公开事项。更多信息请参见本校编制的《×××大学（学院）信息公开目录》（以下简称《公开目录》），附件1下载。
（二）公开方式
本校主动公开信息的方式以学校信息公开网站公开为主，其他方式为辅。 1. ×××大学（学院）信息公开网 ×××大学（学院）网站（http：//www. ＊＊＊. edu. cn/）下设×××大学（学院）信息公开网站，公众可登录网址（http：//xxgk. ＊＊＊. edu. cn/），通过《公开目录》的引导来查询所需的信息。查询方法有两种：（1）目录导航式浏览：点击相应的分类栏目，系统会自动展开下一级目录，并自动显示与该栏目对应的信息列表，点击条目名称或详细信息就可查看信息；（2）输入检索条件进行检索查询：进行本校信息公开网站的高级搜索页面，搜索网址为：http：//xxgk. ＊＊＊. edu. cn/search/，然后按照提示输入相关信息进行检索，检索匹配的目录项会以列表形式进行显示，点击条目名称或详细信息即可查看详细信息。 2. 其他方式 公众可到XXX大学（学院）图书馆设立的学校信息公共查阅点进行现场查阅，也可通过学校新闻发布会以及报刊、广播、电视等媒体获取学校信息公开的有关情况。
（三）公开时限
应当公开的各类信息产生后，信息公开办公室工作人员将在第一时间予以公开，最迟自信息形成或变更之日起20个工作日内予以公开。对信息公开的期限另有规定的，从其规定。
（四）查阅场所
学校将根据需要在图书馆设置信息公开公共查阅室（地址：学校图书馆×××楼×××室；电话：××××-×××××××，工作时间：周一至周五，8：30-11：30，13：30-17：00）、信息公开资料索取点（联系方式同公共查阅室），并配备相关工作人员以及电脑、电子屏幕、打印复印机等工作设施，校内外人员可到以上地点查询学校相关信息。

（5）申请公开的高校信息

高校依申请公开信息总体来说由申请和处理两大程序环节构成，并依次进行[83]。《办法》第九条规定，除高等学校已公开的信息外，公民、法人和其他组织还可以根据自身学习、科研、工作等特殊需要，以书面形式向学校申请获取相关信息。学校申请公开的高校信息模块包括申请流程说明、受理机构、申请要求、申请方式、处理时限、申请处理、申请答复方式、相关收费标准八个方面的内容，见表6-15。

表6-15　学校申请公开的高校信息

（一）申请流程说明
请参见《×××大学（学院）依申请公开流程说明图》（以下简称《申请公开流程》），附件2下载。
（二）受理机构
申请公开受理机构：信息公开办公室依申请公开部，信息公开办公室申请公开部信息如下： 办公地址：______，工作时间：______，电话：______，传真：______，邮编：______，电子邮箱：______。
（三）申请要求
1. 一般申请应采取书面形式，我校不直接受理通过电话方式提出的申请。申请人提交书面申请书确有困难的，可口头提出，由学校信息公开机构的工作人员代为填写《×××大学（学院）信息公开申请表》（以下简称《申请公开表》），附件3下载，申请表经申请人确认后生效；2. 申请人同时提出多项信息需求的，应当分别提出申请；3. 申请人可以委托代理人提出信息公开申请，申请时应当出示申请人、代理人有效证件，以及授权委托书；4. 申请人将所取得的信息应当用于合法用途；5. 提供信息如需向申请人收取费用的，将在申请人办妥缴费手续后即予办理；6. 申请人申请的学校信息属于下列情形之一的不予公开：涉及国家秘密、商业秘密、个人隐私（经权利人同意公开的除外）的信息；正处于调查、讨论、审议、处理过程中的信息；与申请人自身学习、科研、工作等需要无关的信息；相关法律法规中规定不予公开的其他信息。
（四）申请方式
1. 通过互联网在线提交申请。在线网址 http：//xxgk. ＊＊＊. edu. cn/apply/提交或者填写《申请公开表》后，发送到信息公开办公室申请公开部专用邮箱：xxgk@＊＊＊. edu. cn。 2. 通过信函、传真提交申请，申请人通过信函方式提交申请的，请在信封左下角注明“信息公开申请”的字样；申请人通过电报、传真方式提交申请的，请注明“高校信息公开申请”的字样。 3. 信息公开办公室服务窗口提交申请。申请人可以到我校信息公开办公室服务窗口（地址：×××大学（学院）×××楼×××室；电话：××××-×××××××，工作时间：周一至周五，8：30-11：30，13：30-17：00），填写《申请公开表》，当场提出申请。 4. 申请人自身申请有困难的，可委托工作人员填写《申请公开表》，申请人确认后生效。

续表

（五）处理时限
本校收到信息公开申请后，工作人员能够当场答复或提供的，将当场予以答复或提供；不能当场答复或提供的，自收到申请之日起20个工作日内予以答复或提供；如需延长答复或提供信息期限的，须告知申请人，并延长答复或提供信息的期限最长不超过20个工作日。
（六）申请处理
信息公开办公室申请公开部门工作人员根据申请人填写的《公开申请表》进行审查，并根据下列情况分别作出处理：1. 属于公开范围的，出具《信息公开告知书》（见附件4），告知申请人获取该信息的方式和途径；2. 属于不予公开范围的，出具《信息不予公开告知书》（见附件5），告知申请人并说明理由；3. 信息不存在的，出具《信息不存在告知书》（见附件6），告知申请人；4. 对不属于本校公开但能确定该信息的公开机构的，出具《非本校信息告知书》（见附件7），告知申请人公开机构；5. 申请公开的信息中含不应公开内容的，进行区分处理，出具《信息部分公开告知书》（见附件8），告知部分公开；6.《公开申请表》填写不明确、不完整需要提供有效身份证明的，出具《信息补正修改告知书》（见附件9），告知申请人进行补充、更改或提供证明；7. 同一申请人重复向本校申请公开同一信息，若已作出答复处理，将不再重复处理。
（七）申请答复方式
按照申请人在《公开申请表》中的要求，信息公开办公室申请公开部门工作人员可以提供纸质文本、电子邮件等形式的学校信息，并可以通过自行领取、信函、传真、电子邮件等方式答复。
（八）相关收费标准
本校依申请向申请人提供信息，收取实际发生的合理的检索、复制、邮寄、递送等成本费用，并全部上缴学校财政，收取费用的详细标准参见附件10——《×××大学（学院）信息申请公开收费详表》。若申请人确因经济困难需申请减免费用的，可在《公开申请表》备注栏中一并填妥，将按实际情况进行处理。

（6）监督、救济和保障

《办法》第十九条规定，申请人有证据证明高等学校提供的与自身相关的信息记录不准确的，有权要求该高等学校予以更正；该高等学校无权更正的，应当转送有权更正的单位处理，并告知申请人。《办法》第二十六条规定，公民、法人和其他组织认为高等学校未按照本办法规定履行信息公开义务的，可向学校内设监察部门、省级教育行政部门举报；对于中央部委所属高等学校，还可向其上级主管部门举报。高校信息公开指南模版中监督、救济和保障模块包括信息更正、投诉举报和救济方式三部分内容，详见表6-16。

表6-16　监督、救济和保障

（一）信息更正
申请人有证据证明学校信息公开工作机构提供的与自身相关信息记录不准确的，有权要求学校信息公开工作机构予以更正。如需进行信息更正请携带有效身份证件或证明文件到信息公开办公室填写《×××大学（学院）信息更正申请表》（见附件11）进行办理。
（二）投诉举报
1．高校信息公开主管部门
投诉举报部门：学校信息公开主管部门； 接待投诉举报时间：周一至周五，8：30-11：30，13：30-17：00； 投诉地址：×××大学（学院）×××楼×××室； 投诉举报电话：××××-××××××××；　　邮编：××××××； 投诉举报专用电子邮箱：toushu@＊＊＊. edu. cn。
2．高校信息公开监察部门
投诉举报部门：学校信息公开监察部门； 接待投诉举报时间：周一至周五，8：30-11：30，13：30-17：00； 投诉地址：×××大学（学院）XXX楼XXX室； 投诉举报电话：××××-××××××××；　　邮编：××××××； 投诉举报专用电子邮箱：jiancha@＊＊＊. edu. cn。
3．上级主管行政机关
投诉举报部门：×××省（市）教育局（委员会）； 接待时间：周一至周五，8：30-11：30，13：30-17：00； 投诉地址：×××省（市）×××区×××路×××号； 投诉举报电话：××××-××××××××；　　邮编：××××××； 投诉举报专用电子邮箱：＊＊＊@＊＊＊.＊＊＊。
（三）救济方式
公民、法人或其他组织认为本校信息公开工作机构在高校信息公开工作中的具体行为侵犯其合法权益的，可以依法申请复议。 复议部门：学校信息公开复议部门； 接待复议时间：周一至周五，8：30-11：30，13：30-17：00； 通信地址：×××大学（学院）×××楼×××室；　联系电话：××××-××××××××。

（7）常见问题解答及相关附件下载

为进一步提高高校信息公开工作效率和质量，高校信息公开指南模版应包括常见问题解答及相关附件下载两个模块。一方面，对高校信息公开工作中常见问题解答情况制作常见问题集锦表，并定期进行更新操作；另一方面，对高校信息公开工作中需要的相关文件表格提供下载功能，需要提供的相关附件下载列表，详见表6-17。

表6-17 高校信息公开指南相关附件下载

学校信息公开相关附件列表（点击附件名称可直接下载）	
附件1：《×××大学（学院）信息公开目录》	附件7：《×××大学（学院）非本校信息告知书》
附件2：《×××大学（学院）依申请公开流程说明图》	附件8：《×××大学（学院）信息部分公开告知书》
附件3：《×××大学（学院）信息公开申请表》	附件9：《×××大学（学院）信息补正修改告知书》
附件4：《×××大学（学院）信息公开告知书》	附件10：《×××大学（学院）信息申请公开收费详表》
附件5：《×××大学（学院）信息不予公开告知书》	附件11：《×××大学（学院）信息更正申请表》
附件6：《×××大学（学院）信息不存在告知书》	

大学是承担信息公开责任的公共机构，有必要借鉴国外的信息自由法律规范及信息公开工作经验，引导大学构建系统完整的信息公开体制，如建立信息公开主管机构、编制公开指南模版（Model Publication Scheme）、明确信息获取方式与渠道、规定答复信息公开请求的职责与期限、告知收费事由及信息公开例外、建立信息公开申诉与救济制度等，通过信息公开，促进大学更好地服务社会。

参考文献

[1] 陈富智．关于《政府信息公开条例》的几个问题（上）[J]．中国行政管理，2007（11）：21-23.

[2] 张金马主编．政策科学导论 [M]．北京：中国人民大学出版社，1992：146.

[3] 张金马主编．政策科学导论［M］．北京：中国人民大学出版社，1992：156.
[4] 陈振明主编．政策科学（第2版）［M］．北京：中国人民大学出版社，2003.
[5] 彭和平．公共行政管理［M］．北京：中国人民大学出版社，1995：158-171.
[6] The Texas A&M University System. Policy Development and Maintenance Guidance.［2013-10-30］. http：//www. tamus. edu/offices/policy.
[7] 陈振明．公共政策制定的基本程序（上）［J］．中国工商管理研究，2006（6）：72-74.
[8] 陈振明．公共政策制定的基本程序（下）［J］．中国工商管理研究，2006（7）：72-74.
[9] The University of Adelaide Freedom of Information Policy［EB/OL］.［2013-10-22］. http：//www. adelaide. edu. au/policies/3/.
[10] Model School Policy on Freedom of Information［EB/OL］.［2013-10-22］. http：//education. staffordshire. gov. uk/SchoolAdministration/DataProtection FreedomInformation/FreedomInformation/ModelPolicy/.
[11] 沈成骄．美国高校信息公开的理论与实践［EB/OL］.［2013-10-27］. http：//law. china. cn/txt/2012-10/19/content_ 5416949. htm.
[12] 马怀德主编．公立高校信息公开研究［M］．中国法制出版社，2012：183.
[13] Athabasca University. Policy Template［EB/OL］.［2013-10-30］. http：//ous. athabascau. ca/policy/about. php.
[14] Northwestern University. Policy Template［EB/OL］.［2013-10-30］. http：//policies. northwestern. edu/.
[15] 吴佳妮．美国高等教育质量保证体系中的权力博弈：学术、国家、市场的三角关系变迁［J］．比较教育研究，2012（7）：30-35.
[16] 山崎慎一．標準化フォーマットに基づく大学情報の公開——アメリカ州立大学団体の試行から［J］．情報管理，2011，54（6）：335-344.
[17] About the College Portrait［EB/OL］.［2013-11-05］. http：//www. voluntary system. org/about_ portrait.
[18] Colorado State University. Voluntary System of Accountability［EB/OL］.［2013-11-05］. http：//www. colostate-pueblo. edu/vsa/Pages/default. aspx.
[19] 柳亮．“自愿问责制”：美国高等教育问责制发展的新动向［J］．比较教育研究，2011（2）：81-85.
[20] 山崎慎一．標準化フォーマットに基づく大学情報の公開——アメリカ州

立大学团体の試行から［J］. 情報管理，2011，54（6）：335-344.

［21］朱科蓉. 中英学校信息公开的比较研究［J］. 中小学管理，2007（7）：46-48.

［22］University of Westminster. Publication Scheme［EB/OL］.［2013-10-26］. http：//www. westminster. ac. uk/about-us/our-university/information-compliance/publication-scheme.

［23］马怀德主编. 公立高校信息公开研究［M］. 中国法制出版社，2012：187-189.

［24］李志慧，彼得·西科德. 加拿大高校信息披露制度扫描［J］. 财经理论与实践，2009，30（3）：66-68.

［25］Brock University. Access to Information and Protection of Privacy Policy［EB/OL］.［2013-10-30］. ttp：//www. brocku. ca/university-secretariat/freedom-information-protection-privacy.

［26］Flinders University. Freedom of Information Policy and Procedures［EB/OL］.［2013-10-30］. http：//www. flinders. edu. au/policyandsecretariat/freedom-of-information/.

［27］黄红华. 政策工具理论的兴起及其在中国的发展［J］. 社会科学，2010（4）：13-19.

［28］尹晓敏. 高校信息公开若干疑难问题解析［J］. 高等教育研究，2011，32（7）：47-50，55.

［29］陈祖芬. 档案开放政策理论与实践现状及学者的责任［J］. 海峡科学，2010（11）：124-125.

［30］Jennifer Dunnam，etc，. University Information Assets：Re-Defining the University Archives in a Digital Age［EB/OL］.［2013-09-30］. http：//conservancy. umn. edu/bitstream/5513/2/digital. pdf.

［31］Ohio Northern University. Archival Policy［EB/OL］.［2013-04-10］. http：//www. onu. edu/academics/heterick_ memorial_ library/primary_ links/onu_ history_ /_ archives/university_ policies.

［32］Tufts University. University Records Policy［EB/OL］.［2013-04-20］. http：//sites. tufts. edu/dca/records-management/records-policies/university-records-policy/.

［33］SAA. Guidelines for College and University Archives［EB/OL］.［2013-04-20］. http：//www. archivists. org/governance/guidelines/cu_ guidelines. asp.

［34］Brunel University. University Archive Policy［EB/OL］.［2013-04-25］.

http: //www. brunel. ac. uk/services/archives-management/university-archive-policy.

[35] University Archives Centre. Collection & Disposal Procedures [EB/OL]. [2013-04-25]. http: //www. lsbu. ac. uk/about/documents/CollectionDisposalProcedures. doc.

[36] University Archives Centre. Access Procedures [EB/OL]. [2013-04-25]. http: //www. lsbu. ac. uk/about/documents/accessprocedures. doc.

[37] University of Leicester. Archives Policy [EB/OL]. [2013-04-26]. http: //www. 2. le. ac. uk/library/downloads/UoL_ Archives_ Policy_ V1. pdf.

[38] Australia National University. Policy: Records and Archives Management [EB/OL]. [2013-04-26]. http: //policies. anu. edu. au/policies/records_ and_ archives_ management/policy.

[39] Australian Catholic University. Records and Archives Management Policy [EB/OL]. [2013-04-28]. http: //www. acu. edu. au/_ _ data/assets/word_ doc/0020/171416/Records_ _ and_ _ Archives_ Policy. doc.

[40] University of Wollongong. University Archives Policy [EB/OL]. [2013-04-28]. http: //www. uow. edu. au/about/policy/UOW026948. html.

[41] Athabasca University. Archives Policy [EB/OL]. [2013-04-30]. http: //www. 2. athabascau. ca/secretariat/policy/archives/policy. htm.

[42] Carleton University. Corporate Records and Archives Policy [EB/OL]. [2013-04-30]. http: //www. 2. carleton. ca/secretariat/ccms/wp-content/ccms-files/Corporate-Records-and-Archives-Policy2. pdf.

[43] Queen's University. Queen's Archives and the Freedom of Information & Protection of Privacy Act. [2013-04-30]. http: //archives. queensu. ca/about/foipp. html.

[44] University of Western Ontario. University Records and Archives Policy [EB/OL]. [2013-04-30]. http: //www. uwo. ca/univsec/mapp/section1/mapp130. pdf.

[45] University Of Ottawa. Policy 23 [EB/OL]. [2013-05-01]. http: //web5. uottawa. ca/admingov/policy_ 23. html.

[46] Jennifer Dunnam, etc, . University Information Assets: Re-Defining the University Archives in a Digital Age [EB/OL]. [2013-04-30]. http: //

conservancy. umn. edu/bitstream/5513/2/digital. pdf.

[47] Mark A. Greene. The Power of Archives: Archivists'Values and Value in the Postmodern Age. The American Archivist, Vol. 70 (Spring/Summer 2009): 17–41.

[48] Jennifer Dunnam, etc, . University Information Assets: Re – Defining the University Archives in a Digital Age [EB/OL]. [2013-04-30]. http: //conservancy. umn. edu/bitstream/5513/2/digital. pdf.

[49] 马红. 档案开放与开发政策框架：梳理、述评与设计 [J]. 浙江档案, 2009 (6): 18-22.

[50] Raym Crow. The Case for Institutional Repositories: A SPARC Position Paper [EB/OL]. [2013-05-01]. http: //www. arl. org/sparc/IR/ir. html.

[51] David Talbot. The Fading Memory of the State [J]. Technology Review, July 2005: 44-49.

[52] 陆懿琦, 陈华新. 基于 DSpace 的高校档案管理系统 [J]. 档案与建设, 2009 (2): 15-18.

[53] Theodore R. Schellenberg. The Management of Archives [M]. New York: Columbia University Press, 1965: 108.

[54] Mark A. Greene. The Power of Archives: Archivists'Values and Value in the Postmodern Age [J]. The American Archivist, Vol. 70 (Spring/Summer 2009): 17-41.

[55] Randall C. Jimerson. Archives for All: Professional Responsibility and Social Justice [J]. The American Archivist, Vol. 70 (Fall/Winter 2007): 252 – 281.

[56] Randall C. Jimerson. Embracing the Power of Archives [J]. The American Archivist, Vol. 70 (Spring/Summer 2006): 19-32.

[57] Willian E. Brown and Elizabeth Yakel. Redefining the Role of College and University Archives in the Information Age [J]. American Archivist, Vol. 59, Summer 1996, 272-287.

[58] Willian E. Brown and Elizabeth Yakel. Redefining the Role of College and University Archives in the Information Age [J]. American Archivist, Vol. 59, Summer 1996, 272-287.

[59] ICO. Background to the publication scheme initiative [EB/OL]. [2013-10-29]. http: //www. ico. gov. uk/what_we_cover/freedom_of_information/publication_schemes/background. aspx.

[60] ICO. Model Publication Scheme [EB/OL]. [2013-10-29]. http://www. ico. gov. uk/what_we_cover/freedom_of_information/publication_schemes. aspx.

[61] ICO. Download the Model Publication Scheme [EB/OL]. [2013-10-19]. http://www. ico. gov. uk/what_we_cover/freedom_of_information/publication_schemes/download_model_publication_scheme. aspx.

[62] Stephen Saxby. News and comment on recent developments from around the world [J]. Computer Law & Security Report, 2001 (6): 428.

[63] Patrick Birkinshaw. Freedom of information in the UK and Europe: Further progress? [J]. Government Information Quarterly, 2002 (19): 77-86.

[64] Response to the Information Commissioner's consultation paper on Publication Schemes [EB/OL]. [2013-07-21]. http://www. cfoi. org. uk.

[65] ICO. FOI guide to information for schools [EB/OL]. [2013-10-30]. http://www. ico. gov. uk/upload/documents/library/freedom_of_information/detailed_specialist_guides/schools_england_mps_final. doc.

[66] 王朋. 北京大学王锡锌教授谈《高等学校信息公开实施办法(征求意见稿)》[EB/OL]. [2013-10-10]. http://www. moe. edu. cn/edoas/website18/83/info1239263001884183. htm.

[67] Report 15-Access to Information Review Task Force [EB/OL]. [2013-10-21]. http://www. atirtf-geai. gc. ca/paper-published3-e. html.

[68] 曾兵. 高校信息公开制度建设研究 [D]. 厦门大学硕士学位论文, 2006: 42.

[69] 简海燕. 从比较角度看我国《政府信息公开条例》收费制度 [J]. 湖湘论坛, 2007 (5): 77-79.

[70] 杨庆, 黄锁明. 当前高校信息公开工作的特点、问题与对策 [J]. 药学教育, 2010, 26 (1): 9-11.

[71] 中华人民共和国教育部. 2010年具有普通高等学历教育招生资格的高等学校名单 [EB/OL]. [2013-10-26]. http://www. moe. edu. cn/publicfiles/business/htmlfiles/moe/moe_ 122/201010/109688. html.

[72] 免费的学术性数字人文、内容与文本分析研究平台 ROSTCM. ROSTCM 数字人文研究 [EB/OL]. [2013-10-26]. http://hi. baidu. com/rostcm/blog/item/62a4b3fe1cbf69d3b58f31d7. html.

[73] 曾兵. 高校信息公开制度建设研究 [D]. 厦门大学硕士学位论文, 2006:

34-38.

[74] DIY 英国留学第一门户网站. 英国高教改革：把学生置于体系中心 [EB/OL]. [2013-10-26]. http://www.ukuni.net/news/liuxuezhengce/2011/0824/25770.html.

[75] UK Department for Business, Innovation and Skills. Students at the Heart of the System [EB/OL]. [2013-10-30]. http://discuss.bis.gov.uk/hereform/white-paper/.

[76] 马海群. 关于大学信息公开政策的制定与评价研究的思考 [J]. 教育探索, 2011 (2): 35-36.

[77] The Information Commissioner's Office. Download Model Publication Scheme [EB/OL]. [2013-10-30]. http://www.ico.gov.uk/for_ organisations/freedom_ of_ information/model_ publication_ scheme.aspx.

[78] Scottish Information Commissioner. Model Publication Scheme 2011 [EB/OL]. [2013-10-30]. http://www.itspublicknowledge.info/ScottishPublicAuthorities/PublicationSchemes/PublicationSchemeGuidance.asp.

[79] Universities Scotland. The Scottish Higher Education Institutions Model Publication Scheme [EB/OL]. [2013-10-30]. http://www.recordsmanagement.ed.ac.uk/InfoStaff/FOIstaff/PubSch/MPS.htm.

[80] The Association of Scotland's Colleges. Model Publication Scheme for Scotland's Colleges [EB/OL]. [2013-10-20]. http://www.jwheatley.ac.uk/documents/other/JWCPublicationScheme.pdf.

[81] 国务院学位委员会办公室. 高等学校和科研机构学位与研究生教育管理信息标准 [M]. 北京：北京大学出版社, 2004: 206-240.

[82] 刘奕湛. 高校信息公开办法公布 [N]. 人民日报海外版, 2010 年 5 月 11 日第 4 版.

[83] 尹晓敏. 让高校办学沐浴在“阳光”下——教育部新颁《高等学校信息公开办法》的立法评析 [J]. 高教探索, 2011 (2): 41-45.

7 高校信息公开政策执行与效果研究

政策执行是将政策内容转化为实际效果、从而实现既定目标的活动过程，主要包括政策宣传、政策实施、政策协调与监控等环节。本章我们将在讨论高校信息公开政策执行内涵及影响因素的基础上，以突发事件为视角探索高校信息公开政策执行过程，分析高校信息公开中的政策执行偏差及其规制，以高校网站建设水平探究高校信息公开政策执行效果，并开展高校信息公开政策执行中的公开与保密博弈研究。

7.1 政策执行及高校信息公开政策执行的内涵与过程

政策执行是政策过程的中间环节，是将政策目标转化为政策现实的关键途径。政策科学中的政策执行内涵及方式，必然影响着高校信息公开政策的执行过程与途径。

7.1.1 政策执行的内涵及手段

政策执行是政策执行者通过建立组织机构，运用各种政策资源，采取解释、宣传、实验、实施、协调与监测等各种行动，将政策观念形态的内容转化为实际效果，从而实现既定政策目标的活动过程[1]。公共政策方案一旦经合法化并公布之后，便进入政策执行阶段，政策执行是在政策制定完成后，将政策规定的内容变成现实的过程，是为实现目标而重新调整行为模版的动态过程[2]。政策执行过程主要包括政策宣传、政策分解、物质准备、组织准备、政策实验、全面实施、协调与监控等环节。

政策执行手段是指政策执行机关及其执行者为完成一定政策任务，达到一定政策目标，而采取的各种措施和方法。政策执行的每一环节都离不开一定的执行手段，政策执行手段的恰当与否直接关系到政策目标能否顺利实现。政策执行活动的复杂性，决定了政策执行手段的多样性。概括说来，主要有以下几类：

（1）行政手段

行政手段是指依靠行政组织的权威，采用行政命令、指示、规定及规章制度等行政方式，按照行政系统、行政层次和行政区划来实施政策的方法。

（2）法律手段

法律手段是指通过各种法律、法令、法规、司法、仲裁工作，特别是通过行政立法和司法方式来调整政策执行活动中各种关系的方法。法律手段所依靠的不仅仅是国家正式颁布的法律，同时也包括国家各类管理机构制定和实施的各种类似于法律、具有法律效力的各种规范。

（3）经济手段

经济手段是指根据客观经济规律和物质利益原则，利用各种经济杠杆，调节政策执行过程中的各种不同经济利益之间的关系，以促进政策顺利实施的方法。经济手段运用价格、工资、利润、利息、税收、资金、罚款以及经济责任、经济合同等来组织、调节和影响政策执行者和政策对象活动。

（4）思想诱导手段

思想诱导手段是一种以人为中心的人本主义管理方法，它通过运用非强制性手段，诱使政策执行者和政策对象自觉自愿地去贯彻执行政策，而不从事与政策相违背的活动。常用的思想诱导手段有：制造舆论、说服教育、协商对话、奖功罚过等。

7.1.2 高校信息公开政策执行的内涵与影响因素

我们可以从政策执行的内涵推导出高校信息公开政策执行的涵义，然而，高校信息公开政策执行不同于公共政策执行，其执行手段更多地体现在行政手段和思想诱导手段，只不过在影响因素方面与公共政策有相同之处。

（1）高校信息公开政策执行的内涵

高校信息公开政策执行是高校信息公开政策执行者按照一定的政策方案，运用各种政策资源，在一定时期内为实现政策目标，把高校信息公开政策所规定的内容转化为有效现实成果的双向互动过程[3]。也可以理解为：高校信息公开政策执行是高校信息公开政策执行主体将高校信息公开政策思想、内容、目标转化为高校信息公开政策行动、现实、效果，为高校师生及公众提供服务的政策执行过程，它既是一种公共服务的过程，又是高校信息公开政策执行主体将高校信息公开政策之思想、内容、目标转变为高校信息公开政策行动、现实和效果的特殊的过程[4]。

(2) 高校信息公开政策执行的影响因素

高校信息公开政策执行的影响因素主要有：其一，政策本身。政策的科学性和合理性影响政策的执行效果，政策的连续性和稳定性影响政策的执行成本和公正公平，政策需要有相应的配套措施。其二，政策执行主体。任何一项政策的实施都必须依赖于一定的机构和执行人员来承担，因此必须建立相关组织机构，并配备执行人员。其三，政策目标群体。公共政策的目标群体是政策直接作用和影响的对象。政策能否成功，并不是政策制定者一厢情愿的事情，它与政策目标群体有直接的关系，诸如政策目标群体的认同度、目标群体的利益选择以及目标群体的群体结构与规模都会影响政策的执行效果。其四，政策执行资源。主要包括人力资源、财物资源、信息资源和权威资源[5]。

7.2 面向突发事件的高校信息公开政策执行研究

根据2007年11月1日起施行的《中华人民共和国突发事件应对法》的规定，突发事件，是指突然发生，造成或者可能造成严重社会危害，需要采取应急处置措施予以应对的自然灾害、事故灾难、公共卫生事件和社会安全事件。所谓高校突发事件，是指由于自然的、人为的或社会政治的原因引发的，突然发生在高校校园内（或虽然发生在校园外但涉及的主体是高校师生的）的，不以高校管理者的意志为转移，对学校的教学、工作、生活秩序造成一定影响、冲击或危害的事件。高校信息公开不仅是常态社会秩序下建设的基本要求，还是突发事件中值得关注的一个重要课题。而面向突发事件的高校信息公开有其特殊性，正因为如此，研究高校突发事件及高校信息公开相关问题有其特定的奠基作用。

7.2.1 高校突发事件及高校信息公开相关问题

(1) 高校突发事件的现状及对策

我们认为，高校突发事件是指那些突然发生在高校内，或者未发生在校内，却与高校的人或者事有密切联系的，对高校甚至社会造成一定威胁、危害的公共事件。因此，只有突发性和危害性二者同时具备，才构成一个完整的高校突发事件，否则就可能属于正常活动，或者只是突发事件的苗头而已。

1）高校突发事件的现状

①高校突发事件种类繁多

当前高校内外部层次多、工作头绪复杂、人财物管理庞杂，加上伴随着高校改革的不断推进，高校扩招广泛的推行，使得高校突发事件频频发生。近年来，比较突出的高校突发事件呈现以下几个方面：一是心理问题类事件呈上升趋势。据调查当前28%的高校生具有不同程度的心理问题，因而导致其杀人、自残、出走等高校突发事件不断上升；二是招生与就业类事件日益突出。一些高校尤其是少数民办高校用虚假宣传来获取生源，学生入校后发现受骗引发不满情绪。而且近年来实施扩招，毕业生数量增加，引起就业困难，都会引起高校突发事件的爆发；三是师德学风类事件越来越多。由于高校教师工作灵活性较大，师德败坏及学风不良不断涌现；四是网络安全导致的突发事件越来越多。大学生缺乏社会经验，心理抵抗力差，由于网络的快速发展，有不良企图的人利用网络发布信息误导人们，在网上进行高校突发事件的直接诱导。

②高校突发事件受关注度大

当前高校突发事件不断发生，常常伴随来自外界各种因素的干扰。高校作为教学科研的中低和高层次人才的培养基地，教师作为高素质、高能力的群体，学生作为有思想、有热情的群体，始终备受政府、媒体和社会公众的广泛关注，甚至导致相关政策、法律法规的修改及出台。如马加爵杀人案引发对大学生心理问题的关注；吴世明被捕引发社会对高校腐败的关注；丁炜父亲之死引发社会对贫困大学生救助问题的关注；徐丽求职受挫引发对大学生尤其是女大学生就业的关注。“公共性”使得高校突发事件更容易引发社会反响，更容易与外在因素产生互动，产生“辐射”效应，成为全社会的热点。

③高校突发事件影响深远

在目前的情况下，高校突发事件，除了会引起财物遭受直接损失，会引起事件过程中人们的认知、情绪、行为的影响，给学校的管理带来困难外，还会引发高校形象声誉下降、蒙受损失的深远后果，更有可能导致包括生源减少、高层管理人员和科研人员流失、引进人才和募集资金困难、学生就业困难，甚至带给师生人身危害和政治上的影响，这都会对学校的发展造成恶劣影响，而且不易在短期内解决。尤其是那些因国内外重大政治因素和涉外事件引起的一个学校、一个城市的群体性事件，更易成为地区性甚至全国性学潮的“导火索”，作为国内外敌对势力攻击我国的“政治武器”，危害性非常大。

2）高校突发事件的对策

①信息收集

高校突发事件的信息收集是信息对策管理的第一个环节，也使得决策支持成为可能。因此，在信息收集的过程中，需紧紧围绕这一目标进行。信息收集是人们根据一定的需求，对信息源中的特定信息感知、辨析、选择、追求的过程，其包含以下内容：信息收集主体是人，这决定了它是一种社会活动；信息需求是信息收集活动的动力和出发点；信息收集的目标是与信息需求相适应；信息收集活动本质是人对信息的感知、辨析、选择和追求；信息源是信息收集的保障[6]。

由于高校突发事件的特殊性，信息收集的重点注意以下两个方面：第一，即时收集。是对目前存在的突发事件信息进行收集，即时收集不是指目前的一瞬间，而是当前的一个时间段，其信息具有极强的时效性；第二，跟踪收集。是以目前时间为基点，对未来一段时间内，高校突发事件变化情况的信息进行持续不断的收集活动[7]，既可保证信息的时效性，又有持续性、完整性的特点，便于反映高校突发事件发展规律。同时，高校突发事件信息的收集，需要包括时间信息、技术信息、人力信息、资金信息、地理信息等，更要保证信息的真实、完整、准确，这是收集工作的基本要求，也是有效应对突发事件的前提和基础。

②信息整理

赫伯特·西蒙认为，在这世界上，稀缺资源不是信息，而是信息处理的能力[8]。首先，通过监测工作收集到相关信息后，接下来的工作就是要对其进行整理。对高校突发事件信息进行分类、统计、加工、分析，建立高校突发事件信息数据库，使其系统化、有序化，为后续工作做好准备，这是高校突发事件信息整理的根本目的。高校突发事件信息整理的根本任务就是要把杂乱无章的信息变为井然有序的信息，为应急管理而服务。

在信息整理阶段，主要应当做好以下工作：其一，高校突发事件信息的识别。依据收集到的高校突发事件，在比较分析的基础之上，明确高校突发事件信息的实际情况；其二，高校突发事件信息的诊断。明确高校突发事件的类别、成因、影响规模及未来可能的发展趋势，为之后的信息评价提供依据。其三，高校突发事件信息的评估。主要包括：对已确定的突发事件信息造成的损失进行评估，对已确定的突发事件信息在将来一定时期内可能造成的损失进行评估。只有高校突发事件信息整理工作的规范化、标准化、准确性，维护信息的权威性与明确性，才使得人们更好的利用信息。

③信息公开

奥尔伯特与波斯特曼在《流言心理学》中提出一个关于解决流言传播的基本法则，即把“流言的强度和流步量”设定为R，流言主题对个人的“重要度”设定为I，其论旨的“暧昧度”（信息公开不足）设定为A。导出以下公式：R（流步量、强度）=I（重要度）×A（暧昧度）[9]。通过公式可以看出，不论何种高校突发事件，只要暧昧度为零，流言就不会出现，突发事件就会得到更好的管理，所以高校突发事件的信息公开尤为重要。

高校突发事件的信息公开最基本体系应该包含：什么人（公开主体）根据什么样的事由（公开内容）通过什么方式（公开渠道）对什么人（公开对象）公开。第一，公开主体。对高校突发事件这一种信息公开行为，其首要的因素就是主体的参与。有行为必有主体，没有主体的参与，行为不可能发生，高校信息公开也就无从谈起。公开主体是信息公开活动的参与者和推动者，也是实行高校信息公开的基础和必备要素；第二，公开内容。信息公开的内容范围是整个高校突发事件信息公开的核心问题，因为公开工作本身就是为了最大限度公开突发事件信息，保护公众知情权，利用信息积极应急。没有公开内容，无论主体是多么明确、渠道是多么完善、对象是多么配合，信息公开也只能是空中楼阁；第三，公开渠道。渠道是保证高校突发事件信息公开有效实施的重要手段，是保证公开对象顺利获取信息的途径[10]。公开渠道的有效性，直接决定了高校信息公开的实施成本和实施结果，并且直接影响了公开对象获取高校突发事件信息的便利程度；第四，公开对象。高校突发事件的信息公开的“主人公”是公开对象，要充分调查公开对象的高校突发事件的信息需求，并且了解其文化水平，这对于信息公开渠道的选择、公开语言的选择，有着重要的参考作用。

④信息反馈

信息反馈，能使管理的本体工作与高校突发事件整个环境处在动态之中，构成新陈代谢的活力运动，是检验高校突发事件处理情况的重要手段。高效的突发事件信息反馈，可以反馈各种高校突发事件处理的效果、评价、建议，这样不仅有效处理突发事件本身，而且还可以减少负面影响，从而赢得社会公众的理解与支持。为此，要采取切实有效的措施，如建立信息反馈中心，健全高效灵敏、快捷畅通的反馈渠道，加强信息反馈工作的宣传，建立纵向、横向多级的信息反馈系统。信息反馈要以社会公众为中心，积极收集公众对于高校突发事件处理结果的意见和建议，及时了解决策执行的情况，发现突发事件处理过程中存在的问题，适时改进突发事件的处理方法，从而进一步提高处理高校突发事件的能力。

突发事件信息反馈机制的建立，应该包括两个方面：其一，外部信息的反馈，即社会公众对高校突发事件处理过程及其结果的评价与建议；其二，突发事件管理机构内部不同部门之间的信息反馈，即各职能部门及时总结经验教训，并且将这些经验教训及时反馈到专门的管理部门，为改进高校突发事件处理提供依据。信息反馈的建立能提高管理绩效，更加有效地保证管理工作适应高校和社会发展的需要。

(2) 高校信息公开的内容及原则

高校信息公开的内容及原则是实行公开的保障，也是沿着健康轨道持续发展的保证。因此，有必要对其内容和原则加以分析研究，从而更深层次地理解高校信息公开。

1) 高校信息公开的内容

高校常规事件。包括：①高校教育教学资源方面。包括：学校的基础设施水平、办学思想、课程与教学体系。教学资源信息的公开将有效克服受教育者与高校之间的信息不对称，促进受教育者对高校的资源及制度的了解；②高校运营过程方面。包括：重大决策及执行情况、预算经费收支情况、招生录取情况、教育教学和管理情况、教育教学质量、人事调整情况。高校与纳税人及其集中代表者政府之间形成的“委托——代理”关系下，高校运营效率体现了对纳税人委托责任的履行状况，相关信息的公开体现了问责的精神[11]；③高校的运营产出方面。包括：毕业生状况、科研产出情况、高校产业产出与利润分配。产出信息的公开有利于解决高等教育管理者与高校之间的信息不对称问题。

高校突发事件。包括：①自然灾害类，指由于地震、洪水等自然灾害引发的高校突发事件。公开有利于灾前预防、灾中应急、灾后重建；②公共卫生类，指重大传染疫情、群体性不明原因疾病以及其他严重影响到健康的事件。公开有利于预防疾病，控制感染，为高校师生提供健康的学习、生活环境；③治安安全类，指威胁到高校公共财产、师生个人财产和人身安全的突发事件。公开有利于不安全因素及矛盾得到及时化解，实现高校的秩序稳定；④政治思想类，指由于心理问题所引起或带有浓厚政治色彩的突发事件。公开有利于宣传民族精神教育，引导健康的心理。

2) 高校信息公开的原则

为了更好地完善信息公开，应遵循以下原则：①真实性。信息真实应该符合实际情形，而非指公开的信息是对制作的原始信息的复制，真实性系知情权的固有内涵，亦是高校突发事件信息公开的基本义务；②完整性。保持可以公开信息的完整性。如果高校信息中只有一部分内容可以公开，其他内容限制公开，那么就应该使用信息分割原则，可以避免高校以含有保密内容为借口拒绝公开相关信息；③及时性。高校突发事件的信息公开更应当讲究及时性问题，所谓时间就是生命，公开的时效性价值在这种情况下，便彰显出其“第一价值”的本性；④易得性。要求使用便于利益相关者获得信息的方式和载体公开信息；⑤易解性。应当语言直白、逻辑清晰、描述细致，避免使用生僻词语或者社会公众难以理解的专业术语，即使是专业性很强或是具有特定历史和文化背景的信息，也尽量要以通俗的方式进行公开。

7.2.2 面向突发事件的高校信息公开作用

面向突发事件的高校信息公开是指教育组织或个人按照法律、政策或道德的要求，向其他利益组织或个人及时、准确地汇报、解释、证明和回答高校突发事件。面向突发事件的高校信息公开理论与实践作用具有很多方面，主要表现为以下五点。

（1）保障公众知情权的需要

随着人类文明和社会进步程度的提高，特别是大众传媒和信息技术的发展，社会公众要求了解并参与高校突发事件决策和活动的呼声越来越高。社会公众对于高校突发事件享有合法的知情权，相应地要求信息公开，信息公开是公众知情权实现的最主要方法，高校信息公开的程度也决定了公民对于高校突发事件知情权实现的程度。

知情权与信息公开的义务是相对应的权利和义务关系，公众知情权的实现有赖于履行相应的信息公开义务，信息公开使得知情权从抽象走向了具体。由于政策执行者的职责是通过公共政策影响高等教育的发展，他们需要了解整个教育事业发展的状况，其实质就是基于公共利益，而非某些单位或团体的利益来制定一系列的法律法规，以规范高校信息公开的内容范围、程序、方式，以避免出现高校信息公开内容选择的随意性、虚假性、模糊性、不及时性等问题，从而实现高校信息公开的规范化。而权力是需要制约的，其是一种支配他人的力量，具有扩张性和蜕变性，没有外部力量的促进，单纯依靠自身自律是很容易懈怠的。突发事件所涉及的相关信息如果能够主动化公开、人性化公开、规范化公开、动态化公开、及时化公开、客观化公开，让社会公众在第一时间知道高校突发事件的相关信息，这样不仅可以起到稳定公众情绪、抑制恐慌扩散的作用，还可以作为责权双方的信息对称平台，使得公众的知情权得到很好的保障。

（2）提高突发事件治理的效率

当代社会纷繁复杂，高校突发事件层出不穷。因此，为了保证重大决策的合理性和科学性，必须依靠专家、学者、社会各界人士给予决策咨询和建议，其对于突发事件表现出极大的信息饥渴，希望了解事件的真相，知道事件的发展。如能正确把握信息需求，真正实行面向突发事件的高校信息公开，才能吸纳专家及社会各界人士的力量和智慧，使得决策更加科学化，从而有利于协同治理，推动高校突发事件的解决。

由于突发事件具有危险性、不确定性以及紧迫性，必须在极短时间内及时处理，一旦放置，就有可能导致进一步加深恶化。所以要提高治理突发事件的效率就必须密切配合，协调行动，综合治理[12]。但是，如果相关的突发事件信息不充足，对行为的目的没有足够的了解，就不能够作出相关决策；突发事件的破坏性强和难以控制的特点又要求动员和组织必须迅速有效，否则可能延误时机，会造成不可挽回的损失[13]。因此，在高校突发事件发生后，应及时全面公开有关信息，包括做了哪些工作、还存在哪些问题，使社会公众能够更好地理解和接受突发事件对策行为目的、手段、方式和权力的行使状况，提出意见和建议，合理配合作出的决定和决策，进而配合高校的行动，只有这样才会确保得到公众的认可，使自己处于主动地位，从而提高突发事件处理效率，加快突发事件管理体系的运转效率。

（3）有利于防治权力腐败

权力腐败，是指利用公共权力谋取私人利益，也称权力寻租。如何控制权力滥用，防止腐败成为世界各国普遍关注的问题。2003 年“透明国际”全球腐败文件报告中特别谈到信息公开，强调其对反腐败的重要性。在报告的引言中，艾根说：信息公开是反腐败中最重要的武器[14]。信息公开使得高校突发事件处在社会公众监督之下，对于防治腐败具有不可替代的作用。

“阳光是最好的防腐剂”，表现在其具有明显的预防功能，即具有在源头上防止腐败的特效[15]。产生腐败的深层次原因，是权力过于集中又得不到有效约束。从反腐经验来看，腐败层出不穷的一个重要原因是管理的滞后性，腐败总是以最新的方式“紧跟经济发展的步伐产生”，而相应的对策制订则总是等到腐败发生后才出台；如果能够提前防止腐败产生，国家和人民的损失才能降到最低[16]。在没有权力监督制约制度保证的情况下，有关高校的权力很可能产生“权力异化”，造成“权力失范”。高校突发事件的信息公开，意味着增加了利用权力寻租的成本，意味着高校信息公开将要接受社会公众的监督，意味着无法进行暗箱操作，这将有效弥补我国防腐败的滞后缺陷。

（4）有利于实现善治

20 世纪 90 年代后，在英文的政治学文献中，善治的概念成为出现频率最高的术语之一。概括地说，善治就是使公共利益最大化的政治管理过程，涉及公民社会的方方面面，善治的基本要素有以下 10 个：①合法性；②法治；③透明性；

④责任性；⑤回应性；⑥有效性；⑦公民参与；⑧稳定；⑨公正；⑩廉洁。透明是善治的一个重要标准，面向突发事件的信息公开体现了合法性、法治性，本着公众参与原则，使得决策者、执行者都负有相应的责任，增强高校自身的廉洁性、责任性、回应性，充分表达利益诉求，体现了公正性，以此确保高校、社会的稳定性，实现对高校信息公开的有效管理。因此，从善治视野下考察，推进高校突发事件的信息公开有利于推动我国形成协调合作以实现公共利益最大化的善治体系。

（5）赢得社会各界对高校的支持

高校突发事件的信息公开可以增强社会各界对高校的理解信任，获得一种公平而有益的认识，并且体现以下形象：①诚信形象。提高信息的透明度，保持中立和公正、维护公平的秩序，并以此来营造一种“守信为荣，失信为耻，无信为忧”的环境；②服务形象。突发事件的信息公开促使高校信息公开得以完善，主动公开信息以及积极回应诉求使得高校树立服务面貌；③责任形象。工作中有相应的压力，避免不作为的工作作风，才能使领导者、管理者、检查者在行使其权力的同时，有助于责任高校的形成。

伴随着以网络媒体为代表的信息传播媒介的日益成熟与高速发展，尤其在高校遭遇突发事件的过程中，如果不公开高校信息，事件相关人往往利用网络、求助媒体等方式传播信息，公众缺乏权威渠道的信息作为判断依据，小道消息也会迅速扩散，从而直接导致个别问题社会化、社会矛盾网络化、网络舆论扩大化，这对于高校的形象会大打折扣，社会也会对高校产生信任危机。而信息公开可以澄清谣传，提高公信力，从而赢得社会各界对高校的支持。

7.2.3 面向突发事件的高校信息公开存在的问题分析

要想完善面向突发事件的高校信息公开对策，最重要的是明确其外在与内在、理论与实践存在的问题。

（1）相关法律法规不健全

新制度主义认为，制度是一种节约的手段，它不但给我们提供了行为规范，而且给我们带来了效率[17]。制度的建立是基于人性自利的假设，凭借着对高校突发事件信息享有的特权，有可能使可公开的信息不公开成为合理之事。所以，制度研究的最终意义就在于，确保各个层级降低自私的政治行为。高校信息公开制度作为一种工具、手段和规则，是用来规避凭借高校信息优势在公开过程中可能遭受的道德风险，保证组织层面管理资源的有效配置和管理行为的实施效率[18]。

我国高校信息公开办法尚缺乏缜密的制度设计，尤其是关于突发事件管理中信息公开的内容。在已颁布法律法规中，大多仅仅对信息公开进行原则性规定，至于公开什么内容、什么时间公开、向谁公开、怎么公开、信息公开的范围、详细程序、时间更新速度、不公开将导致什么法律后果，内容描述不够充分、制度制定方法不科学、制度内容不清晰，尤其缺乏操作性。虽然陆续公布了《中华人民共和国突发事件应对法》，对突发事件提供了法律依据，尤其是第十条有关人民政府及其部门做出的应对突发事件的决定、命令，应当及时公布，但是对于突发事件的如何公开、怎么公开等具体问题没有予以解决。法律仅仅规定相关单位应当及时公开信息，而对于应该公开信息的内容、方式、时间、主体、对象以及相关责任制度和救济措施等都不够完善，造成政府部门自由裁量权的滥用，实际上，很多情况下部分高校就是以此为借口拖延、拒绝、阻挠信息公开，这对高校突发事件有效应对造成了巨大阻力。

另外，我国高校新闻发言人制度还十分薄弱。在铺天盖地的信息面前，新闻发言人所发布的信息是权威的信息来源，有利于人们了解真实情况，避免小道消息影响社会公众的正确判断力。高校新闻发言人制度主要是以高校为传播主体，以新闻媒介为手段，以社会公众为传播对象，通过发布、传播与公众利益相关的政务信息和重要新闻来实现与社会公众的有效沟通，它是一种相对稳定和规范的公共信息传播机制[19]。而新闻发言人本身具有一定的权威性，加之当突发事件发生时，受众对突发事件的相关信息的需求十分迫切，受众在这种关键时刻都会对新闻人关于突发事件的报道产生强烈的依赖。

（2）思想意识淡薄

面向突发事件的高校信息公开思路上的闭塞必会导致行动的受阻，表现在以下两个方面。

1）面对高校突发事件的意识不足

高校突发事件的形成、发生与发展所涉及的因素错综复杂，客观与主管、偶然与必然、原发与继发、宏观与微观等多方面影响交织。许多高校在管理理念上滞后于时代的发展，一般把高校突发事件的处理看成是高校安全保卫处这类部门的职责，尚未树立起“大校园应急管理”的意识；尚未建立起全程管理的理念，仍把高校突发事件管理当作偶然事件，将突发事件发生后的相应处理当作应急管理的全部内容；尚未认识到高校突发事件管理是一个学校内外多元主体共同治理的活动，需要借助和发挥各方面的力量。

增强高校突发事件的意识主要有两个方面：一是增强高校管理层突发事件的意识。高校管理部门作为执行职能的办事机构，要正确评估可能面临的风险，切实做好预警、响应和恢复工作，以使高校突发事件得以完善的管理。二是增强大学生突发事件的意识。学生为高校中的主体人群，突发事件管理的目的是为了确保正常的教学秩序，保障大学生的生命财产安全。因此要在强化高校责任的前提下，增强大学生的突发事件意识培养：意识到高校突发事件具有不确定性和破坏性；意识到除了高校的帮助外，增强学生的自我保护、自救和互救能力也是非常重要的；意识到高校突发事件的风险，这样会避免高校突发事件引起恐慌，造成更严重的后果[20]。

2）高校信息公开意识淡薄

当今，技术支持已经得到了很好的发展，信息网站的建设力度不断加大，但真正使信息发挥作用还得依靠高校信息管理能力，这更多体现在高校信息管理观念的变革上，观念上的变革远比维护系统、安装硬件等技术支持要困难得多。我国政府信息公开制度尚处在实施探索中，高校信息公开只是个新生事物，还没有引起高校以及社会公众的广泛重视。一方面，高校对信息公开的意识淡薄，没有意识到高校信息公开的重要性，甚至对高校信息公开存在顾虑。实践中，认为信息是高校自身管理的需要，自己拥有就可以了，没有必要公开；或认为信息公开，会导致自身利益减少；有的迫于要求，即使公开也不完善，没有把高校信息公开当作一项义务职责。另一方面，受传统的行政管理机制的影响，社会公众对于高校信息公开的观念也很淡薄，抱着“事不关己，高高挂起”的态度，并不了解高校信息公开是有关部门的义务，拥有高校公开信息是自己的一项权利[21]。

目前，高校信息公开以及高校突发事件得不到应有的重视，以致对于面向突发事件的高校信息公开的意识更为淡薄，必然会阻碍高校信息公开机制的发展。

（3）公开内容不完善

面向突发事件的高校信息公开内容对于高校信息公开的效果是至关重要的，但是当前却问题多多，其中主要有以下两个突出问题。

1）形式主义

尽管有些高校对于突发事件予以公开，但现实是，高校突发事件的信息公开是“重网络、轻内容、轻服务”，只不过是一项“形式工程”，造成公开不力。对信息公开工作口头上重视，实际上只做表面文章，被动应付多；没有对民意进行全面的信息需求调查，认真研究与思考得少；高校突发事件信息公开工作不够深入，善于搞形式主义，一味敷衍、应付上级主管部门对高校突发事件信息公开工作的检查，而对于如何具体有效开展工作则很少过问[22]。

高校管理社会属性是权力性的管理，是领导与服从的关系。这种属性使得保守信息秘密，不主动公开信息成为本能倾向。其原因有二：一是信息保密有利于掌握信息的控制权，为其权力的行使提供更多方便，可以带来更多的寻租机会。二是信息保密可以为逃避或推卸责任提供方便[23]。这直接导致高校信息公开积极性不高，只有引起媒体广泛关注的高校突发事件才会不得已而公开。公开内容形式化势必会影响到面向突发事件的高校信息公开应有功能的发挥。

2）结果主义

当今面向突发事件的高校信息公开往往是结果信息多、过程信息少，偏重于对包括人员补偿、重建能力、可利用资源、事故发生的原因、造成的后果等结果信息做出公开；事件结果信息固然重要，可是由于高校突发事件的特殊性，过程信息更为重要。

(4) 公开渠道不畅

传统时代，信息表现为文字和图形，可以通过报刊、杂志、宣传栏等渠道来公开。而在当今时代，信息技术的发展使信息以文字、声音、影像、电子文件等多种形式存在。信息社会中公开渠道的确有日益增多的发展趋势，但是，这并不能保证公开渠道的畅通。实际存在着很多困境，主要表现为以下两个方面。

1）新旧渠道难以适用

通过什么样的渠道公开高校突发事件才容易被公众理解、接受和获取，是信息公开中必须考虑的重要因素。目前，社会公众获取信息的途径主要依靠传统的传播手段如电视、报纸，这两种公开渠道分别为92%和85%，这说明传统信息公开渠道是有效的。由于高校师生的特点，其多以网络、手机获取信息，这就给予管理者面对不同的人群公开信息以启示：不要一味地强调新技术的基础设施建设，而摒弃传统的信息公开渠道，应实际考虑人们的有效获取渠道。如一般人无法登录高校内部的校园网，一是由于文化水平的限制，无法利用计算机进行信息的获取；二是由于高校自身对外的IP限制，无法利用网络进行登录查看。这就导致高校内部信息公开渠道畅通，可是并没有进行外部公开，导致外部人群不了解高校突发事件的相关信息，造成社会公众的知情权无法保障，高校的支持率下降。

2）内外渠道难以适用

高校突发事件分为发生在高校内与未发生在高校内两种，但对高校有影响的突发事件，高校突发事件中的绝大多数事件还是发生在高校内的。高校的社会属性决定高校突发事件的重要性，但是高校信息公开渠道单一，公开范围主要局限为高校的内部信息公开，而面向社会的信息公开内容较少，究其原因，一是因为传统的关门办学的思想依然存在，自我封闭的意识还较强；二是因为高校接受社会监督的自觉性不强。面向突发事件的高校信息公开渠道作为其具体公开方式，直接关系到公民获取信息的能力和便捷程度。如果有必要让整个社会都知晓的信息，却用高校简报、墙报、公告栏等方式予以公开，由于这些公开方式的影响范围仅局限在高校内，即使公开了，外界社会民众也很难了解，不能达到高校突发事件信息公开的效果和目的。

（5）管理部门和培训机构缺乏

高校信息公开涉及千万大学生的利益，也涉及千万大学生背后的家庭甚至全社会的利益。绝大多数高校尚未指定管理部门和培训机构，不能够很好地完成面向突发事件的高校信息公开任务。

一方面，高校突发事件信息公开的管理部门的缺乏，导致在遭遇高校突发事件时，常常根据高校突发事件的类别成立一个临时指挥部门，甚至仅在原有的部门中增加信息公开的职能来负责信息公开。比如大部分高校的信息公开实施机构是纪委，在没有明确高校信息公开负责部门前，信息公开工作也归纪委负责，现在明确高校信息公开工作由“行政领导负责，校办组织协调”，所以在领导实施机构的设置上出现一分为二的现象，这种情况使信息资源也未能得到充分的公开，造成信息资源的巨大浪费，也不利于工作的开展[24]。面向突发事件的高校信息公开主体的多样化不仅导致对突发事件预警阶段的关注度不够，即仅停留在响应阶段上，而且也导致在高校突发事件应急中，由于部门分割，部门之间协调不畅、权限不清，出现职权交叉而相互推诿不公开突发事件信息，或者我行我素，依照自己的志愿随意公开高校信息，造成要么不公开突发事件信息，要么公开的信息不完善的结果。这不仅不利于高校信息公开规范的建立，也不利于高校信息公开权威性的树立。

另一方面，高校至今还没有真正建立和落实面对突发事件信息公开的培训机构，思维方式落后，盲目性与封闭性严重。相关训练机构不足，导致师生普遍缺乏突发事件管理和信息公开管理的技能，没有高校突发事件的预警和应急经验。建立培训机构，可以通过具体的实践方式，使人们认识到高校突发事件信息公开的本质含义及重要性，培训师生掌握高校突发事件信息公开的理论和技能，引导人们面对纷繁复杂的现代社会，树立自救、互救观念，形成自救、互救意识，掌握自救、互救知识，锻炼自救、互救能力，使高校师生能够果断正当地进行自救、互救，机智勇敢地处置遇到的各种异常情况[25]。

（6）推进措施不足

由于长期历史传统与社会正处于转型期的现实原因，使得体制环境难以同步到位，这必然会制约高校信息公开。例如，没有相应的措施制约；或不愿施行有关措施来规范行为；或出于对公开后可能导致后果的担心，导致突发事件后第一反应是压制、掩盖信息，尽量拖延信息公开[26]。因此，需要在法律规范明确清晰的基础上，采取一系列推进措施和手段，提高高校信息公开政策执行效率。

7.2.4 推进面向突发事件的高校信息公开对策

根据面向突发事件的高校信息公开具体存在的问题分析，考虑各种利益因素，综合国外解决模式的优势，结合我国体制的特点，有针对性的提出以下建议：

（1）健全高校信息公开法规和制度

法规和制度所特有的强制性、规范性，是面向突发事件的高校信息公开顺利实施的重要保障，也是在对信息公开主体进行权力监督与责任追究的结合体。因此，如何通过法律和法规，更好地促进高校信息公开，充分发挥其内在价值，是当下迫切需要解决的问题。

1）改进高校信息公开的操作办法

与高校突发事件信息公开相关的法律法规存在问题，给管理实践和责任的追究造成困难。比如：《传染病防治法》第三条规定，国务院和国务院卫生行政部门可以根据增加传染病病种予以公布。但是，哪些情况下必须增加，通过何种程序（例如是否经过公开听证）来增加，如果必须增加而有关部门不作为或拖延作为时应承担何种责任，有关法律却未作出明确规定。令人欣喜的是2010年4月，教育部以部门规章的形式发布了《办法》，这本身体现了建立高校信息公开的要求。但是申请公开人资格的规定与上位法相冲突，《条例》第十三条规定，在行政机关主动公开的政府信息外，公民、法人或者其他组织还可以根据自身生产、生活、科研等特殊需要，申请获取相关政府信息。但《办法》的规定则不同，《办法》第九条指出，“除高等学校已公开的信息外，公民、法人和其他组织还可以根据自身学习、科研、工作等特殊需要，以书面形式向学校申请获取相关信息”。中国政法大学刘莘教授认为，限制申请人只是出于“自身学习、科研、工作等特殊需要”获取相关高校办学信息，这一规定与上位法规《条例》存有冲突，并且客观上限缩了申请人的范围[27]。高校信息公开只是一种办事制度，而非法律制度，因此高校信息公开活动还停留在一般管理制度层面，缺乏法律的强制性，什么时候公开、向谁公开、公开到什么程度则完全取决于各个高校或相关部门。

因此，应该改进高校信息公开操作办法，使其普及面充分、制订方法科学、制度内容清晰，尤其具有操作性，说明公开到怎样的程度、如何追究、怎么追究、追究哪些相关人员以及应当有的鼓励措施等具体问题，保证其制度的法律效力。

2）建立问责制度

高校突发事件的信息公开问责制是指教育组织按照法律和道德的要求，向其他利益组织或个人汇报、解释、证明和回答高校信息公开情况，并接受外界的评议和奖惩的制度。具体包括如何公开、效果如何、主要涉及谁负责、负有何种责任、向谁负责、通过何种手段或方法和结果如何，问责制最终目的是满足需求服务且改进高校突发事件的信息公开工作。著名公共管理学家法约尔指出：责任是权力的孪生物，是权力的当然结果和必要补充，凡权力行使的地方就有责任[28]。根据“有权必有责，用权受监督”这一基本政治原则，若要在高校突发事件的信息公开过程中实现真正的权责对等，就必须建立科学、完备的问责制，更好地促进高校突发事件信息公开，充分发挥其内在价值。

3）建立救济制度

“有权利必有救济，没有救济就没有权利”，这句古老的法律名言，指的是使法律赋予有关主体的权利成为可靠的、现实的权利，必须以有效的救济手段尤其是诉讼方式作为对有关主体的权利救济的依托，即主体的该项权利一旦受到损害，该主体可以通过特别是通过行政和司法保障获得救济，否则这种权利就是无效的[29]。一方面，当高校突发事件信息公开不力时，申请人可以向上级行政教育主管部门进行申诉或通过司法救济的途径强制其完善公开，并且在救济过程中对利益遭受损失者给予适当的补偿以达到保护公开的相对公平与合理。另一方面，有时公开了按照法律规定不得公开的信息，特别是由于该信息的公开，侵犯了第三人的隐私权或商业秘密，在这种情况下，该第三人也可以通过行政或者司法的救济途径，维护自己的合法权益，这就是救济原则所保护的另一种权利。

（2）加强高校信息公开宣传教育

有必要将高校突发事件信息公开提高到社会文化的层次，把对突发事件公开意识培养融入到日常教育中，促使文化成为人们日常生活中的思想观念。我们认为，根据什么人（公开主体）对什么人（公开对象）公开，可以分别从以下两方面进行宣传教育。

1）公开主体

①宣传法制观念。如果说社会公众的高校突发事件信息公开意识是公开主体的外驱动力，那么他们的法制意识则是信息公开的内驱动力。公开主体应树立新的管理及治理观念，把“权力中心主义”转变为“服务中心主义”，把“个体利益中心主义”转变为“公共利益中心主义”，消除权力本位和特权意识[30]，培养其自我约束、自觉带头护法守法、依法办事的法律意识，使公开主体逐渐形成公开信息是其义务和职责的观念。只有这样，才能强化公开信息的法制观念，把面向高校突发事件的信息公开作为自觉行为，并且乐意接受各个方面的监督。

②宣传信息观念。在应对高校突发事件时，公开主体本能地认为公开信息就会造成公众恐慌、社会混乱，甚至会损害高校的形象。高校突发事件爆发后，他们往往选择隐瞒或封锁消息，并宣称这样做完全是为了维护社会稳定。然而，这种信息观念是不正确的。面向突发事件的高校信息公开是一种向师生甚至社会公众公开信息的行为，高校突发事件的信息具有内容广泛性、形式多样性、后果危害性的特点。这些特性不仅会影响高校信息的管理、流动，也会影响人们对国家秘密、商业秘密、个人隐私等信息的认识，势必会影响信息公开的内容、方式和手段，甚至公开效果。因此，应该宣传掌握信息公开的特征、需求及效用的重要性，促使公开主体树立信息观念。

2）公开对象

①宣传法制观念。面向突发事件的高校信息公开离不开对象意识功能的驱动，但这种驱动并不是没有限制的。如果公开对象法制观念不高，就会妨碍意识功能的有效发挥。事实和经验表明，信息公开得以确立和运行的一个重要条件，就是公开对象的法制观念，高校突发事件的信息公开同样有效。公民的知情权是信息公开的理论基础，但作为高校突发事件的信息公开对象，存在着知情权意识极其淡漠的现象。为此，要转变传统的思想观念，关键是要增强知情权意识，要明确知情权是公民的基本权利，及时、准确、充分地公开信息是其法定义务并使公民知道如何获得公开信息，如何申请公开，如何申请救济。因此，我们要加大法制观念的培养力度，克服传统思想意识，树立权利本位意识、自由平等精神和民主法治观念，进而推动真正意义上面向突发事件的信息公开制度的有效运行。

②宣传信息观念。美国明尼苏达州教育心理学系杰森（Johnson）博士等人提出，教导处理突发事件的主要措施，在于教导学生如何规范自我和同伴之间的自我负责的态度和行为。应该使得包括大学生在内的公开对象，知道高校突发事

件信息公开的重要性，并且更重要的是留意公开对象应对高校突发事件的基本常识和做法[31]。

（3）充实高校信息公开的内容

1）预警阶段

突发事件预警是校园突发事件信息管理的首要阶段。要明确预警等级和预警范围，根据预警工作的需要，除了需要保密的和需要控制在一定人员和范围内传播的预警外，预警信号应尽可能采取多种渠道发布[32]。通过预警系统的建立，可以帮助学校对可能发生的各种突发事件事先有一个充分的估计，能提前做好应急准备，施行最佳的应急方案，以最大限度地减少突发事件所造成的损失[33]。一般高校突发事件预警信息发布的对象主要是高校的师生，有时范围也会扩大到社会公众。用数量分析等科学方法预先发现高校运行轨道出现异常变化时，高校应将有关信息和结果向学校有关部门、全体师生或社会公众按照不同等级的预警信号发布信息，以尽可能地减少不确定事件的数量，最大限度地明确可能发生的事件的状况，及时采取有效措施，将突发事件给校园秩序所带来的损失降到最低。

2）响应阶段

高校突发事件处置期是校园突发事件应急管理中最为关键的一环，而在这一阶段信息的及时准确又决定了突发事件处置的效果。因此在校园突发事件发生后，作为信息公开义务主体的高校应对以下内容进行公开，以争取师生和社会公众的理解和配合。首先，高校需明确发生的校园突发事件的性质，根据已有的情况和资料来判定受害人群以及所遭受的损失；其次，高校可以通过预估应对校园突发事件所需的资源和原有的应急预案提出尽可能多的处理方案，在此基础上对各个方案进行对比分析[34]，确定最有效的处理办法。当然，在最终确定的方案中还必须明确方案的负责人。再次，由于突发事件的处置期会有一个过程，在这期间，高校还必须根据校园突发事件的处理情况及时向全体师生和社会公众公布方案的执行情况，如有需要可以对原有战略进行适当的调整。以上内容的公布将大大增强高校与师生之间的信任，这对校园突发事件的快速化解有着重要的意义。

3）恢复阶段

在高校突发事件得以圆满解决后，高校还有义务收集各方面的信息反馈。一是进行客观、系统的评估，要对高校突发事件信息公开应急管理所有环节中的各项措施以及其所带来的各方面影响进行评估总结，所有因素都要进行实事求是的评估，以避免类似的事情再次发生，真正建立对此类高校突发事件的预警预防机制。二是应该依据有关政策和法律，对信息公开事件处理后的责任人采取适当的追究和奖惩，对相关责任人的奖惩措施也应当信息公开，其中应当说明基于什么理由、采取何种手段，保证权威性。及时公开高校突发事件后的恢复和重建工作的进程，公开正采取的每一项措施以及每一笔款项的用途，保障社会公众的知情权。事后阶段往往容易被人们忽视，因为高校突发事件后社会公众对于信息的需求瞬间降低，警惕性也大不如前。其实，事后的总结阶段的高校突发事件的信息公开尤为重要，因为良好的事后监督是有效防止腐败、提升应对高校突发事件能力的关键[35]，也是高校突发事件信息公开效果得到良好收尾的保障。

(4) 完善高校信息公开的渠道

应该根据实际情况灵活运用多种渠道，在第一时间公开高校突发事件，最大限度地对高校突发事件进行应急管理。

1) 高校门户网站

通过高校门户网站公开的渠道有着网络覆盖面广、公开速度快，为公众提供各种正确、权威、全面信息的特点。为了更好地利用高校门户网站关键性的作用，应当采取以下措施。①增加系统容量、拓展系统功能、加速信息公开；②建有专门的高校突发事件 News/新闻版，其他各版面均可以转载相关信息[36]；③根据搜索引擎、检索词来分析高校突发事件的相关信息公开需求；④按高校突发事件的所属等级、发生时间、波及范围进行升序降序排列，这样用户可以快速获取信息，可以保证高校门户网站作为信息公开的主渠道效果。

2) 高校新闻发言人

高校新闻发言人要做到能参与高校突发事件的全过程，掌握高校信息公开具体内容，对外界树立处理高校突发事件信息的一致性和连续性，因此，需要自身把握以下宗旨。

①高素质。既具备一般新闻发言人的基本素质，如口齿伶俐、思维清晰、熟悉相关政策文件，还要具备较广博的专业知识和较高的综合素质[37]。另外，高校新闻发言人需要具备官员和媒体的双重意识，有语言文学、文学艺术和幽默调侃这三种能力，可以从容面对媒体、建立友好关系，从而把握好高校话语权。

②权威性强。高校新闻发言人在整个突发事件管理中发挥重要的专业化效用，可以参与决策，明确突发事件的进展，了解管理层面对突发事件的高校信息公开的态度，可以确定信息公开的时间、范围、程度及频度，最终树立高校新闻发言人的权威性。

③开放性强。并不是让新闻发言人将所有信息都公之于众，但是在解释为什么时不要用“无可奉告”之类的词语，也应当尽量避免使用模棱两可的语言。总之，要在新闻公开的过程中，使媒体感觉高校在突发事件期间谨慎从事，这可以确保相关工作顺利开展。

④责任感强。思想是行动的基础，首先作为公开主体的发言人，应当重视本职工作的重要性，时刻关注新闻媒体对现有的高校突发事件活动的公开情况，以及社会公众对此信息的反馈情况，充分掌握信息的具体公开需求。公开过程中，一方面要承认突发事件的负面影响，另一方面对可能由于高校原因而导致的危害承诺作出适当补偿。

3）飞信群发

萨勒卫（Salaway）、卡如索（Caruso）等发现三分之一的学生喜欢通过短信方式与同伴进行交流。另有研究表明，“9·11”恐怖袭击后，学生们为了自身安全，更愿意为紧急事件警报系统分享其手机号码，2007 年 4 月的一周，PENN 州超过 6 200 人签名，表示愿意加入短信警报系统[38]。高校内部人员的信息公开渠道可以基于互联网、通过电脑发送短信来实现飞信群发。其主要功能是用户将需发送的信息和发送的号码库（或号码段）输入到该软件中，通过公司后台短信中心与移动、联通、电信无线网络平台联接，实现短信批量群发。短信群发平台软件，就是将你需要公开的高校突发事件的信息，以短信方式在短时间内成批量发送到各用户手机上。其有以下独特优点：①精确性：直达指定的用户手机公开信息，几乎所有用户都会浏览短信内容；②灵活性：可以根据突发事件的特点，弹性选择某个时间段公开；③互动性：可以与短信用户进行信息沟通，大大提高突发事件治理效率；④免费性：费用成本低，基本可以忽略不计；⑤时效性：一秒钟就以送到成千上万的用户手机上。

（5）设立专门的高校信息公开管理部门

设立由信息专家和法律专家组成的高校信息公开委员会这样的专门机构，有利于防止部门利益保护，促进高校信息公开的更好落实；有利于发挥信息专家的优势，充分保障申请人合法权益的实现。因此，设立高校信息公开委员会这样的独立机构，赋予其特定的职能和遵循特定的运作方式，是实现面向突发事件的高校信息公开一体化、规范化和科学化的重要保证。

1）模拟练习

模拟练习对于了解、把握面向突发事件的高校信息公开的发展动向，及时、有效地公开信息可以提高快速反应能力，控制事态发展，把握高校突发事件信息公开中的主动权尤为重要。各高校应适时组织师生进行演练，锻炼公开主体和对象的应变能力，并在实践中摸索出最佳的处置方法。模拟练习包括：高校信息公开委员会为高校突发事件信息公开的实施状况向上级部门报告；公开细则的制定和落实有关高校突发事件信息公开的具体措施；督促各机构利用多种渠道公开应当主动公开的信息；接受公众对有关高校突发事件信息公开行为的申诉；为社会公众进行权利救济，对高校突发事件信息公开争议进行裁决等。只有这样才能保证，一旦高校突发事件来临可以立即启动预案，全校统一部署，各部门协同反应，确保各项公开工作高效有序地进行，最大限度地减少高校突发事件带来的损失[39]。

2）实施程序

高校信息公开委员会的程序规范性和可操作性是完善信息公开的保障，也是高校突发事件的信息公开持续发展的保证。按照流程，信息公开程序分为以下几个方面：

①启动程序。启动程序是公开程序的第一个阶段。明晰的启动标准是程序的重要内容，不可或缺。

②调查程序。包括：第一步，制订调查方案。调查方案主要包括调查人员、应查明的问题和线索、调查的步骤和方法、拟采取的调查措施和其他需要考虑的问题等。第二步，实施调查。主要包括两方面的内容：其一，收集线索，即调查人员采取必要手段和措施获取高校突发事件信息的具体状况；其二，揭露事实，即查明在高校突发事件中，是否存在公开不力现象，调查组一般应在 15 个工作日内完成调查工作。

③决定程序。高校信息公开委员会应当根据审查最终制作公开决定书，内容应当包括：公开主体、公开对象、公开事件、申诉期限等。在作出公开决定书之前，应当认真调查信息需求，并且鉴别具体证据，为确保公开决定书的公正性。在对公开事件进行取证的基础上，用文字综合反映出突发事件的事实真相，并依据相关法律、法规分析认定案件性质，明确责任划分以及是否公开、公开的具体细则。

（6）建立有效的激励措施

追求利益最大化对高校同样有效，必须做到责任追究与奖励机制结合起来，注重物质激励与精神激励相结合，外部激励与内部激励相结合，来增强面向突发事件的高校信息公开的内在需求。对于受奖励人，奖励首先肯定了他的价值观念与行为方式，所获取的自豪感和荣誉感能够激发他继续提升思想境界。奖励有其心理学上理论基础，奖励是人们所喜好的、满足需求的刺激，又叫正强化物，模式可以概括为：正强化=好行为→满意→受到奖励→再发生好行为。当然，不仅要用精神利益，更要注重使用物质利益。要秉承强制性、奖惩性、回应性[40]，本着负责任的态度，根据执行的过程和目标达成度来实施奖惩，可以有效改进面向突发事件的高校信息公开质量，主要有：内部警告、通报批评、公开道歉、学术处分、减薪、停职、诫勉、免职、解除聘任方式等。激励措施还有：

1）调整招生指标

高校根据当年国家总体招生计划、毕业生数量、考生人数、该校各院系各专业师资情况等拟定出该校当年招生计划并上报，而教育部高教司、发展规划司、学生司等部门在核准高校招生指标时可以将信息公开程度作为重要的权衡要素。高校如果招不到学生，就收不到足够保证学校运转的资金，而没有充足的经费支持，学校的各项发展就会受到束缚。所以，招生指标可以作为高校突发事件的信息公开机制和效率的激励工具。

2）拨款罚款

基础拨款与提高水平的专项拨款分开拨付，基础拨款可以满足高校进行教学和科研工作的基本经费要求，专项拨款与高校信息公开情况相挂钩，势必会刺激高校在信息公开方面有所发展。如果高校达到了信息公开的目标，就会收到上级部门的专项拨款。反之，可以建立一定的惩罚措施进行处理。所以，拨款罚款可以成为问责制中解决面向突发事件的高校信息公开问题的一种激励机制。

3）影响排名评价

高校排名和高等教育机构排名在全球范围内日益流行，排名使用者日渐增加，其重要性日益凸显。把高校信息公开状况作为排名评价的重要参考根据，可以影响到企业、社会公众对于高校的经费支持，为高校其他利益相关者（雇主、合作院校、教师、入学申请人、捐赠者等）提供有价值的依据，这是高校自身所无法左右的。因此，排名评价可以成为对高校突发事件信息公开产生影响并行之有效的措施之一。

7.3 高校信息公开中的政策执行偏差及其规制

2010年9月1日教育部实施了《办法》，有关高校信息公开的研究逐渐成为信息政策法律及高等教育领域的热点问题，而高校信息公开中的政策执行偏差及其规制的研究，是其中一个十分重要但尚未被充分关注的主题。

7.3.1 高校信息公开的政策执行主体及利益分析

高校信息公开的政策执行就是通过高校行政机构综合各种环境与情况，使信息公开政策由纸面规定变为现实效果的过程。在这一过程中，各种信息公开政策执行主体存在着不同程度的利益博弈，而这种博弈最终将决定信息公开政策执行后的利益得失。

（1）高校信息公开政策执行主体

信息公开政策执行过程由输入、处理、输出、反馈、修正五部分组成[41]。输入部分是指信息公开政策内容的引进与传递；处理部分是指信息公开政策执行主体的具体创造；输出部分是指信息公开执行者将内容实践为实际效果；反馈部分是指信息公开受众对政策执行的意见与主观感受；修正部分是指信息公开政策执行者修改政策执行中的错误与偏差。作为高校信息公开政策执行主体——高校行政部门，负责信息公开目标的实施与具体措施的构建。信息公开政策必须依附于信息公开政策执行组织，方能发挥应有的功能与作用。我国现有的高校行政组织体系都能从实际上满足信息公开政策执行的需要。

（2）高校信息公开政策执行中的相关主体利益分析

信息公开政策执行中的相关主体利益博弈问题在其政策执行中扮演着举足轻重的角色，这是因为：

1）信息公开政策与政策执行主体的利益资源联系密不可分

现代大学是一个高度组织化的社会公益机构，其利益资源的分配和调节主要是由上级教育管理部门控制。上级教育管理部门所制订的条例、规章、制度为高校整体利益资源的分配，提供了一个基本的框架和规范，规定了基本的方向，但是大量的、经常性的利益资源分配和调节却主要是通过信息公开的方式使公众知晓和参与的[42]。高校行政主管部门对高校资源进行权威性分配的方案，信息公开政策具有十分重要的监督功能，不仅可以满足信息公开受众对于高校利益资源运用知晓的诉求，而且还能够对高校内部的利益资源配置矛盾起到协调和平衡的作用。在信息公开政策执行过程中，有不少信息公开政策之所以发生执行阻滞，其主要原因就在于，这些信息公开政策因未能充分地体现信息公开政策执行主体，尤其是信息公开政策目标群体的利益资源配属而难以为他们所认同和接受。

2）高校信息公开政策执行主体的行为易受利益的干扰与左右

在信息公开政策执行过程中，存在着信息公开政策执行和违反信息公开政策执行这两种实际行为的相互博弈。信息公开政策执行的最终效果是实现信息公开政策目标，而违反政策的行为即是阻碍信息公开政策目标实现的具体操作。但是，导致信息公开政策执行和违反信息公开政策执行行为的发生基础不是信息公开政策规范的驱使，而是实际操作中利益驱动的结果。信息公开政策执行过程中产生的利益博弈，不仅是信息公开执行主体采取行为的客观根据，而且是在具体操作中信息公开政策执行的根本出发点[43]。

许多高校在落实信息公开政策执行工作中的现象也表明，高校行政主管部门实施信息公开政策的行为是以利益为考量的。例如，在高校信息公开政策执行过程中，某些高校的行政部门不希望去正确执行信息公开政策，因为其出发点的考量是某些利益[44]。某些情况下，他们对于高校信息公开政策的执行是支持的，其出发点的考量也是某些利益。同样，支持高校信息公开政策的目标群体——信息公开受众愿意看到信息公开政策正确实施，其角度也是以自身可获取利益资源为考量的。经济学中将自然人视为一切行为都是围绕自身利益而采取的行动、避免自身利益损失、追求自身利益最大化的个体。“经济人”就是有理性的、追求自身利益或效用最大化的人。换言之，在既定的约束条件下，人的一切行为都表现为趋利避害，谋求自身利益的最大化。虽然制度为理性的个体设定了限制，但个人、组织仍然从自身利益出发来利用制度规则提供的机会[45]。虽然高校的行政机构人员有责任和义务去追求和维护社会公众的利益，但他们自身也兼有利己的自然属性，他们的行为与考量不可能完全摈弃这种属性。

7.3.2 高校信息公开中的政策执行偏差分析

高校信息公开中的政策执行偏差是指在政策实施的过程中，由于客观和主观因素的干扰而使信息公开政策执行行为偏离预期的政策目标，导致信息公开政策执行失败或失误。信息公开政策的执行偏差本质在于既有政策执行角度背离既定信息公开政策目标[46]。

（1）高校信息公开中政策执行偏差的表现形式

原则性与灵活性的统一是高校信息公开政策执行过程中的关键核心[47]，因为信息公开政策一般都是宏观性的方向把握，强调的是解决问题时的原则坚持而非具体的操作灵活细则。因此，在信息公开政策执行的过程中既要根据《办法》的规定，坚持原则性把握，又要根据自身的实际环境选择操作性强的具体措施。另一方面，政策执行是一个由执行主体、客体、环境等多要素构成的系统[48]，如果因为缺乏信息监督而导致信息失真，则信息公开政策执行必然产生偏差。偏差的主要表现形式包括如下几个方面。

1）信息公开政策照搬实施

即高校行政部门执行信息公开政策并不是结合本校实际情况，而是僵化死板地实施信息公开政策，结果造成信息公开政策的落实失效。信息公开政策一般都是宏观方向性的把握，仅在原则性上提供解决问题的一定程度的支持，具体的操作细节仍需信息公开政策执行主体的自身判断与贯彻。

2）信息公开政策变相实施

拥有独立利益属性的信息公开政策执行主体对利益也是有一定程度诉求的，当信息公开政策执行主体出于自身利益与政策目标相冲突的情况下而进行选择取舍时，信息公开政策执行主体往往超越不了自身自然人属性的特点，而采取具体措施对信息公开政策进行夸大宣传、曲解信息公开政策本意、肢解信息公开政策初衷等，从而导致政策变相实施。

3）信息公开政策选择实施

实践中可能的表现形式包括：信息公开政策执行主体选择性的对公开政策内容进行截留，使具体操作信息公开政策科室无法领会信息公开政策本意，而造成信息公开政策无法正确实施；信息公开政策执行主体根据自身需要选择性的部分执行信息公开政策；信息公开政策执行主体主观上故意错误理解上级主管教育部门的公开政策实质，造成信息公开政策的选择性实施。

4）信息公开政策附加实施

信息公开政策执行主体在实施信息公开政策中加入附加性和限制性的具体操作细则，从表面上看，信息公开政策的实施并不受到影响，而实质上来看，信息公开政策的实施目标与既定初衷相去甚远，而且后加入的具体操作细则也是跟政策执行主体及其组织的利益有着千丝万缕的联系。

5）信息公开政策对抗实施

作为信息公开政策执行主体的高校行政部门在表面支持拥护信息公开政策的同时，又出台一些与信息公开政策相悖的政策条款，公开或潜在地抵制信息公开政策实施，造成信息公开政策的实施困难。

（2）组织视角下的高校信息公开中政策执行偏差原因分析

高等学校是一类有特定结构的社会组织，组织结构及运作的变化，都会影响政策执行。

1）组织结构失衡引起的信息公开政策执行偏差

在我国现今的高校信息公开的政策实施中，纵向角度集权的组织结构设置不能有效地实施信息公开政策目标，上级教育主管部门和高校行政部门的权力并不在具体的法律框架下，上级教育主管部门对高校行政部门的权力可以随意配置，这可能促使高校行政部门在信息公开政策实施中采取偏差行为。因此，从法律层面明确相关体和责任人的义务和职能，是确保高校信息公开政策实施质量的核心。另外，信息公开政策执行组织的横向架构中存在各种行政部门权力划分的模糊状态，在信息公开政策实施过程中，信息公开政策执行组织横向结构设置混乱造成了职能分割、多维管理。政出多门是破坏信息公开政策有效实施的关键因素。首先，在过去的职能机构部门设置上，按照学校事务的功能类别和操作形式配置组建职能机构部门，随着职能的分类细化，相应的机构数量也在增长；这就造成性质相同的校务可以被一个上级管理部门统一调配，却被不同的下级行政部门分管，协调各部门的管理困难在现有组织机构设置的情况下需要耗费大量的成本。其次，我国高校行政管理的主要特征是重合从属，即同一类别的事务既属于相应层级的高校行政部门，又隶属上级主管教育部门，这种重合从属使管理效率低下并且造成了部门管理的条块结合。

2）组织控制缺失导致的信息公开政策执行偏差

合理控制过程的权力运作是确保信息公开政策成功执行的先决要素，对信息公开政策执行过程进行控制就显得尤为必要。以目前高校信息公开政策落实情况来看，作为政策制定者的上级教育主管部门对作为政策执行主体的高校行政部门政策执行过程的控制是有效的，但是任何控制措施都不可能是尽善尽美的，这种缺失主要体现在单一的控制措施。上级教育主管部门大多数采用的是政策执行偏差后的干预与控制，而非政策执行偏差发生前的防范与预防。控制机制的滞后使得只有在信息公开政策发生显著的偏差后才能引起重视而得到解决，控制机制起效后也可能产生一定程度的负面效果，即控制过度而导致的极端情况发生——矫枉过正。

3）由组织信息传递失效引起的信息公开政策执行偏差

高校信息公开政策执行组织中的信息不对称是导致信息公开政策执行偏差的一个重要原因。执行过程中的信息是在“上级教育主管部门—高校行政组织—信息公开受众”间的双向传递过程，双向传递的信息类型分为两类：一是由上而下运行的控制信息，即明示信息公开政策内容以及如何执行政策的指令，这类信息的运行过程是上级主管教育部门（政策制定者）—高校行政组织（政策执行者）—信息公开受众；另一类由自下而上运行的信息公开政策执行效果的反馈信息，信息公开受众—高校行政组织（政策执行者）—上级主管教育部门（政策制定者）。在信息运行过程中存在的问题导致上级教育主管部门、高校行政部门和信息公开受众之间严重信息不对称的发生，造成了信息公开政策执行偏差。高校信息公开政策执行过程中的信息不对称，不利于信息公开政策制定者和执行者客观准确地判断信息公开政策的执行状况[49]。这种信息不对称不仅会导致信息公开政策主体的滞后执行调整，甚至将影响信息公开政策制定与出台的科学性和实效性。

4）组织监督缺失导致的信息公开政策执行偏差

保证高校信息公开政策顺利实施的关键在于严格周密的组织监督机制，但是现行高校公开政策执行主体的监督机制相对滞后，只有在政策执行中出现较严重的偏差现象时，组织的监督机制才能加以干预和扭转，而且监督机制的效度和力度也是有待考量的问题。同时，信息公开政策执行中凸显着组织监督的缺失，包括监督力度不足、虚假监督等，组织监督的缺失导致信息公开政策执行发生偏差时，组织内部不能及时约束和防范信息公开政策执行主体的偏差行为。另外，目前信息公开受众的监督还存在着监督政策执行上的功能受限。

7.3.3 高校信息公开中的政策执行偏差规制措施

根据高校信息公开政策执行过程中出现的问题，我们提出针对信息公开政策执行偏差的如下规制措施。

（1）构建合理的政策执行组织结构

政策执行组织在政策过程中起着举足轻重的作用，而组织结构的合理与否，又决定着组织在执行政策过程中的效率和效果。高校信息公开政策执行需要精干、高效的组织结构，结构合理的组织表现出来的功能要大于所有执行人员的简单相加；随着民主化的推进和透明度的增强，需要在现代大学治理框架下构建有效的信息公开政策执行组织结构。

（2）减少执行信息的不对称

在政策执行中要改变近乎单一的信息传递渠道，使政策“指令信息渠道”和“执行状态反馈信息渠道”都能畅通无阻，只有使政策执行状态反馈信息真正摆脱政策制定者与政策执行者的影响，才能实现政策制定者、执行者和目标全体之间的信息对称[50]。应该建立和完善高校信息公开政策状态的信息披露制度，凡是涉及政策目标群体的权利义务的，只要不属于依法保密的范围，都应该向社会公开。一方面，执行组织及时地披露执行过程适用的行政法规、规章、政策和行政决定以及行政机关据以作出决定的有关材料等、统计报表以及有关办事规则等。另一方面，执行组织在执行政策之前，还应披露其行为的时间、地点、步骤及作出该行为的实际依据和法律依据等。信息披露制度可以减少政策执行中信息的不对称性，使执行者的作为公开化，减少执行过程中的不确定性，是保证政策成功执行的重要环节[51]。

（3）完善政策执行的监督机制

监督的有效性是各种权力因素或各个权力主体能够独立地采取行动并共同发

挥制衡作用的结果。我国宪法明确规定，“公民有对任何国家机关和国家工作人员提出批评和建议的权力”“一切国家机关和国家工作人员有义务倾听人民意见和建议、接受人民监督”的义务。从现阶段的高校信息公开政策执行情况来看，我们不能忽视因信息公开受众监督的贯彻落实不力以及相关法律制度的缺失而造成政策执行偏差现象。为此，需要通过建立和完善信息公开受众监督的相关法律规范，对信息公开受众监督的地位、权限、行使监督的方式、步骤、程序等作出明确的规定，保证信息公开受众在监督过程中的合法性不受干扰。

未来有必要从组织理论发展的角度来进一步深入探讨高校信息公开政策执行问题，使政策目标和任务同适当的政策执行主体相匹配，以达到有效地实现政策目标的目的。

7.4 高校信息公开政策执行效果分析——以高校网站为例

通过对我国高校网站信息公开情况的调查，可以反映出《办法》实施以来的政策效果，有助于进一步调整高校信息公开策略，完善高校信息公开主渠道，充实高校信息公开内容，规范高校信息公开行为，增加我国高校教育工作的透明度，从而促进我国高校的开放与发展。

本研究目标是运用下文建立的“高校网站信息公开能力评价指标体系”（详见表7-1），对所选取各高校网站的信息公开政策执行效果进行评价，以促进我国高校网站信息公开政策的深化实施。根据公平、公正、客观、准确的原则，对受评网站信息公开的各个方面进行分析判断和指标评分，最后对评价结果进行比较分析，发现问题并提出对策。

7.4.1 指标体系构建

高校网站信息公开能力包括信息资源、网站技术支持和高校信息公开制度三个方面。因此，对于高校网站信息公开能力的评价也从这三个方面展开。其中，对信息资源的评价包括公开内容和信息组织两个方面；对网站技术支持的评价包括信息安全与信息表达评价，以及信息资源与信息公开制度评价的部分内容；对信息公开制度的评价包括公开方式（主动公开与依申请公开）、监督保障与互动交流评价三个方面。

（1）原则和方法

关于指标体系的构建原则，我们可以从已有文献出发。Cole（1998）等人认为，评价指标选择的标准包括六个方面：数据的可获得性与适用性；信度和效度；应变性；可分解能力；可比性；代表性，对重要维度的涵盖能力[52]。Fox 等人在一份生态学研究报告中提出，适当的量表设计和测量成本是指标设计应该考虑的因素[53]。本指标体系的指标选取主要来源于：一是相关文献；二是考察高校网站信息公开建设的实际情况，补充应加入体系的指标或维度；三是通过征求专家意见补充应考虑进去的指标或维度；四是借鉴政府网站信息公开评价指标体系中的指标或维度。最后根据评价目标，将高校网站信息公开能力评价体系划分为三个层次。从第一层次的七个维度出发，将其细化为更加具体的 24 个二级指标和 32 个三级指标。

（2）指标权重的确定

层次分析法于 20 世纪 70 年代由美国运筹学家 T. L. Saaty 提出（Analytic Hierarchy Process，AHP），是一种定量和定性相结合的层次化、结构化决策分析方法，具有实用、简洁、有效和系统等特点，对各种类型问题的评价决策分析具有较广泛的实用性[54]。

由于本指标体系涉及的指标较多，利用 AHP 法计算量较大，故我们通过 Yaahp 软件实现对其计算。Yaahp 软件是一种层次分析法可视化建模与计算软件。在 Yaahp 软件中，判断矩阵值的输入可以选用判断矩阵形式和文字描述形式输入，可以选择 e^（0/5） ~e^（8/5）标度或 1 ~9 标度[55]。主要步骤如下：

1）绘制层次结构模型图。

2）编辑层次结构模型。

3）检查层次结构模型正确性。

4）检查层次结构树。

5）输入判断矩阵值。

6）显示及检查判断矩阵一致性动态。

7）自动调整判断矩阵一致性。

8）自动补全残缺判断矩阵。

9）导出计算结果。

高校网站信息公开能力评价指标体系及其权重如表 7-1 所示。在步骤 8）中对每一层次进行一致性检验，最后总层次的一致性比例为 0.0097<0.1，表明上述所计算的权重是可靠的（参见图 7-1）。

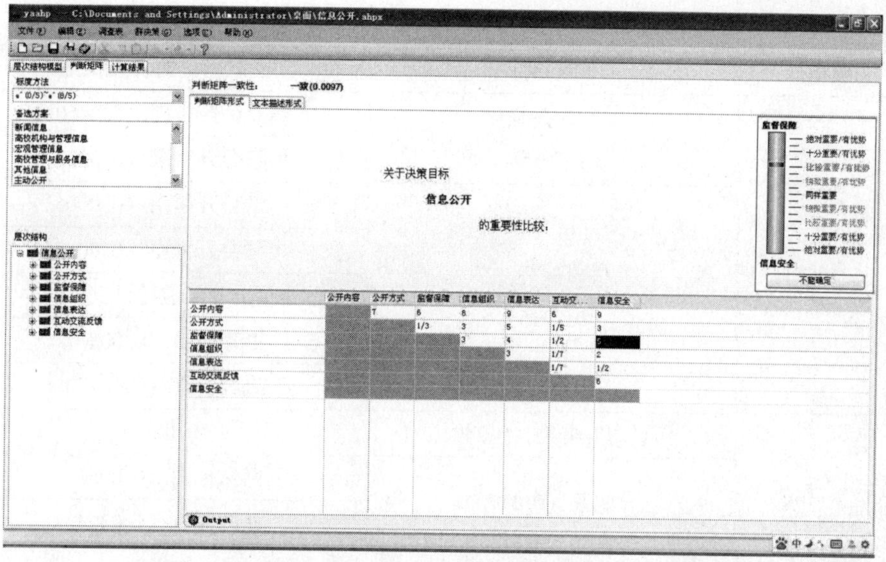

图 7-1 高校网站信息公开能力评价指标权重矩阵一致性比例

表 7-1 高校网站信息公开能力评价指标及其权重

一级指标	二级指标	三级指标的合成权重
公开内容（0.3596）	新闻信息（0.1549）	新闻动态（0.0231）
		专题信息（0.0432）
	宏观管理信息（0.2133）	规章文件（0.0749）
		规划计划（0.0335）
	高校机构与管理信息（0.1678）	机构设置及职责（0.0163）
		财政预决算（0.0648）
		人事任免（0.0072）
	高校管理与服务信息（0.3886）	财务信息（0.0238）
		统计信息（0.0116）
		重大项目建设（0.0434）
		科研信息（0.0399）
		应急管理（0.0242）
		监督检查（0.0784）
		教务信息（0.0453）
		后勤服务（0.0216）
	其他信息（0.0754）	数字图书馆（0.2766）
		研究生招考（0.4823）
		天气预报（0.0684）
		本校特色（0.1967）
		其他信息（0.0249）

续表

一级指标	二级指标	三级指标的合成权重
公开方式（0.1053）	主动公开（0.7685）	信息公开指南（0.0450）
		信息公开目录（0.0323）
	依申请公开（0.2315）	申请公开指南（0.0006）
		申请公开程序（0.0025）
		依申请公开渠道建设（0.0024）
		办理时限（0.0086）
		进程查询（0.0047）
信息组织（0.0791）	信息内容分类（0.2494）	0.0213
	导航系（0.3170）	网站地图（0.0056）
		站内导航（0.0324）
	站内搜索（0.1121）	0.0097
	相关链接（0.0722）	平行单位或部门（0.0013）
		下级单位或部门（0.0009）
		媒体网络（0.0004）
信息表达（0.0594）	文件格式（0.2721）	0.0046
	支持多语言（0.1223）	0.0024
	个性化服务（0.6056）	0.0279
互动交流反馈（0.1918）	领导信箱（0.1610）	0.0273
	在线咨询（0.5345）	0.1646
	交流论坛（0.1966）	0.0447
	留言板（0.1079）	0.0087
信息安全（0.0686）	网页可读（0.4091）	0.0179
	隐私保护（0.3031）	0.0132
	身份认证（0.1582）	0.0053
	密码级别（0.1295）	0.0024
监督保障（0.1361）	高校信息公开考核制度（0.7685）	0.0978
	高校信息公开工作年度报告（0.2315）	0.0248

7.4.2 评价对象的选取与数据采集

虽然目前我国拟以八大经济区域取代传统的东中西划分方法，但由于政策并未正式出台，我们仍沿用我国东中西的地域划分[56]。为从整体上分析我国高校网站信息公开情况，分别随机选取东部两个高校网站，即北京大学、南京师范大学，中部两个高校网站，即吉林大学、湖南大学，西部两个高校网站，即兰州大学、西安交通大学。通过对这6个高校网站进行横纵向的分析，以期对我国高校网站信息公开政策执行效果进行评价。

在评价中，通过运用构建的指标体系对每个受评高校网站进行打分。每项指标以很好、较好、一般、较差、很差这样5级来赋值，并把相应赋值定为5、4、3、2、1。如果某项指标在一些网站上没有体现，其相应赋值即为0。根据公式$M = FiWi$（F表示此指标所占权重，W表示该指标的得分）进行加权处理[57]。对于个别不能直接观察的指标，我们通过实验的方法解决。比如互动交流反馈中的在线咨询，我们设计一个相关问题向各网站提出，然后根据在线回复的速度和结果为在线咨询的相关指标赋值。

其次，根据公式计算出各网站的一级指标得分，并根据三级指标的合成权重计算出各高校网站的综合得分。

最后，将以上得分转化为百分制。

7.4.3 评价结果分析

（1）所选高校网站信息公开能力综合得分

经过评价打分，得出了所选高校网站信息公开情况的综合得分（参见表7-2）。

表7-2 各高校网站信息公开能力综合得分

网站	北京大学	南京师范大学	吉林大学	湖南大学	兰州大学	西安交通大学	平均分
得分	41.43	83.02	79.51	70.40	55.87	64.94	65.85

如表7-2所示，所选高校网站平均得分为65.85，整体水平并不理想。6个高校网站信息公开质量差别较大，得分最高的与得分最低的两所大学之间相差40余分。可见各个高校对于《办法》的重视程度差异很大，而且推进信息公开工作的水平差距也很大。有的高校没有实质性地开展信息公开的工作；已经开始

信息公开的学校大部分工作水平还比较低，基本处于完成法定动作的阶段。另外，教育水平的高低和信息公开水平并不成正比。在国外大学普遍实行年报制度并向公众公开学校财务情况的背景下，国内的情况并不令人乐观。作为所选高校中唯一非“985 工程”的南京师范大学得分最高，而有的大学号称中国高等教育的第一梯队，但其较低的信息公开水平，与其教育水平、口碑声誉和社会地位不相匹配。

（2）所选高校网站信息公开能力一级指标得分

所选高校网站信息公开情况的一级指标得分情况如表 7-3 所示。

表 7-3　所选高校网站信息公开能力一级指标得分

网站 指标	北京大学	南京师范大学	吉林大学	湖南大学	兰州大学	西安交通大学
公开内容	68. 62	81. 92	78. 54	75. 93	59. 64	68. 16
公开方式	0	96. 01	96. 49	95. 40	90. 56	91. 48
信息组织	89. 47	87. 11	80. 53	82. 67	72. 45	74. 05
信息表达	72. 03	82. 30	81. 56	80. 05	70. 13	70. 26
互动交流反馈	52. 73	83. 27	76. 44	71. 01	72. 49	64. 35
信息安全	100	96. 65	95. 76	96. 04	94. 16	95. 73
监督保障	0	82. 33	82. 95	80. 76	0	0

1）信息公开内容

如表 7-3 所示，在信息公开内容方面，高校间各项工作开展的侧重点不同。有的高校侧重新闻动态更新及时，有的侧重于机构设置及职责明确，有的侧重数字图书馆建设。其中湖南大学设置了“校园交通指南”专题，突出本校特色的同时也方便服务广大师生及校外人员。

招考信息是高校信息公开程度较高的项目，这与教育部多年推动“阳光招生”密切相关。招生录取信息不仅关系到广大考生的切身利益，也直接影响国家高等教育资源的公平享有，更是学校长期发展的基础，因此高校公开招生录取信息虽然已经成为常态，但是在公开程度上尚有待于进一步深化。

高等教育资源是公共资源，社会有权利对高校使用公共财政资金、从事公共教育事业的情况进行监督。按照招投标法和政府采购法的相关规定，多数高校都公布了招投标采购的一些信息，这点得分比较高。但有几项得分很低，在观察的年度内没有一所高校主动公开了学校的经费来源和年度经费预决算方案。有些高校虽然设置了“经费来源”和“经费预决算”栏目，但链接无法打开或是显示“正在建设中”。对于高校的财政资金的使用和管理情况，大部分高校只进行了比较简单的公开。在教育部《办法》规定的高校应主动公开的信息范围内，高校财政信息公开程度最低，高校普遍未公开学校财政性资金的使用和管理情况。同时，高校收费信息的公开度较低，包括收费的项目、依据、标准、投诉等，大部分的高校都没有公开，信息公开意见箱和信息公开专栏的设置率低。

2）信息公开方式

在信息公开方式方面，除个别大学之外，各高校均设立了信息公开指南及信息公开目录。但是这些制度规范在内容上没有达到《办法》的相关要求，高校信息公开仍集中在基本制度规范的建设层面，更深层次的具体制度，如信息公开的保密审查机制和高校内部组织机构的信息公开制度尚未进入建设轨道。

《办法》规定，对公民的信息公开申请，属于公开范围的，高校应当告知申请人获取该信息的方式和途径。西安交通大学提供了传真，邮件，通信等多种申请方式，但信息公开申请表却无法打开，其他所选高校在法定时限内对提出的“信息公开申请”回复率为0。根据规定，高校应该在15个工作日内对信息公开申请给予答复。但在实际调查中，没有一所高校在法定时限内予以回复。

3）信息组织

信息组织是高校网站信息公开的支撑条件，所选高校除个别大学外均设置了网站地图。在相关链接方面，平行单位、下级单位和媒体网络的链接都直观明了。个别高校网站的检索功能存在搜索障碍问题，各高校普遍缺乏同时支持标题检索、全文检索等多样化的检索功能。

4）信息表达

在高校网站信息表达方面，所选高校网站信息表达质量均达到良好。所选高校网站均提供英文界面，但大多只是对该校的简单介绍，内容不够丰富，没有突出本校特色。所选几所高校信息公开网页所设栏目大同小异，缺乏个性化服务。

5）信息互动交流反馈

在高校网站信息互动交流反馈方面，所选高校网站都提供了领导信箱、留言板和交流论坛。只有南京师范大学在其信息公开网提供在线服务，打开链接仅提供了党委书记信箱和校长信箱。

6）信息安全

高校网站信息安全是整体得分最高的一项，得分均在90以上，这表明各高校网站在信息安全建设方面的建设质量已基本满足现阶段高校网站的信息安全要求。其中南京师范大学在网站首页提供在线安装系统修复及病毒专杀工具。

7）信息公开监督保障

各高校网站在监督保障方面存在很大的差距。有三所大学的“高校信息公开考核制度”和“高校信息公开年度报告”栏目一片空白，得分为0。这些高校的监察部门未能履行对信息公开工作进行监督的职能，也未对公民信息公开监督需求进行指引。有的大学设置了信息公开监督办公室，却未提供具体的途径；有的大学只有信息公开监督机构，但是没有提供该机构的联系方式、地址等有用信息，这使得监督保障制度形同虚设。

7.4.4 我国高校网站信息公开发展对策

信息公开是信息时代发展的必然趋势，高校信息公开的重要之处在于推进高校管理透明化，减少贪污腐败现象，提升中国高校的办学水平，推动高等教育的健康发展。高校网站作为高校信息公开的主渠道，其信息公开能力亟待提高。我们在调查分析的基础上，提出如下建议，以期对我国高校网站信息公开政策的执行工作提供一定的借鉴。

（1）树立信息公开典型，提升整体公开能力

在所选各高校中，南京师范大学因各项指标得分均较高，最终在综合得分上排名第一，表明了整体发展对高校网站提升信息公开能力的重要性。提升整体公开能力需要实现高校信息资源管理一体化，将不同部门或单位形成的信息资源集中到专门的信息管理部门进行管理。有效途径是建立信息中心，负责日常信息的收集整理公开，同时校办公室、信息中心、公会等部门要加强联动，配合其工作。

（2）优化信息公开内容，深化财务信息公开

各高校应在网站主页上主动设立信息公开专栏，将《办法》要求主动公开的信息全面、及时地在专栏上公布。财务信息是高校网站信息公开的重要组成部分，其公开有助于行政机关和社会对高等教育资金使用情况进行监督，对于治理高校腐败具有重要意义[58]。高校网站要明确高校网站财务信息公开的内容，拓宽高校网站财务信息公开的渠道，保证财务信息公开的时效性，落实高校网站财务信息公开的监督和保障，保障财务信息公开在高校的顺利推行。

（3）完善信息公开方式，保障用户应有权利

国内高校网站在信息公开目录方面不够完善，存在缺乏引导、公开范围不明确、缺乏收费明细等不足之处。因此有必要借鉴英国等国家的经验，尽快推出信息公开指南模版作为引导，明确并不断拓展信息公开范围，完善收费标准。还应提高依申请公开回复效率，在法定时限内对信息公开申请给予答复。

（4）加强网站互动功能，提升公众参与质量

互动交流是高校网站信息公开的高级形式。总体上看，目前各高校网站互动交流方式单一，以领导信箱为主，其回复水平以及在线咨询等其他交流方式的质量不高，需要进一步加强，以提升高校师生及社会民众对高校事务的参与程度。有必要开设专门的信息公开信箱、留言板、BBS、博客、微博和微信等交流反馈系统。

（5）改善网站搜索功能，提高信息公开效率

网站的搜索引擎是用户获取信息的重要工具，能够帮助用户更快速、更完整地找到信息。搜索功能不仅仅是网站建设的重要评价指标之一，同时也保证了高校网站的信息公开效率。各高校应建设同时支持标题检索、全文检索等多样化的检索功能，还应逐步建立统一的学校公共信息数据库系统和信息门户，面向高校师生和社会民众提供便捷的一站式综合信息检索服务。在支持多语言方面，大部分高校网站只支持英文版本。有些网站虽然表明有英语或其他语言版本，实际上只有简单的英文介绍。对于网站外文版本要考虑丰富内容，开设二级网页，突出本校特色。

（6）细化信息公开监查，建立激励制度

没有监督的信息公开难免流于形式，无法持续。只有加强监查，高校网站的信息公开工作才能深入开展，持之以恒。因此，必须进一步建立和完善监督机制、加大监督力度，细化规定，探索出符合高校网站特点的监督方式，从而使得监察部门的监督拥有程序和法律保障。教育部门可以考虑将高校网站信息公开工作的成绩作为一项重要的指标，纳入日后对该高校经费投入的预算之中，以此激发高校做好信息公开的主动性[59]。

（7）转变自身观念，树立信息公开意识

随着政府信息公开的推进，人们的信息公开观念逐步形成，但在“官本位”思想的影响下，这种观念还比较薄弱[60]。从高校角度来讲，首先高校自身的信息公开意识不强，形式化严重，其次师生员工及社会公众对信息公开的认识也很淡薄，并不了解自身的权力及高校公开信息的义务。目前有法可依的问题基本解决，法律问题不是最重要的，关键在于贯彻和落实。其中首要问题是高校对信息公开的观念需要转变。高校目前没有信息公开的动力，其原因在于高校长期依附于行政机关，作为独立法律主体和责任主体的意识不强。高校体会不到通过信息公开树立良好社会声誉和形象对自己的重要性[61]。这就需要我们树立信息公开法治观念，各高校领导应主动学习有关知识及政策法规，不断提高依法治校的主动性和自觉性。同时师生及社会公众法治观念的增强，对于维护自身权益，推动高校信息公开，也有着重要意义。

7.5 高校信息公开政策执行中的公开与保密博弈

2010 年，国家先后颁布实施了《中华人民共和国保守国家秘密法》（以下简称《保密法》）和《办法》，这两部法律规章是高校在新形势下开展保密工作和信息公开的基本依据和根本准绳。正确处理好高校信息公开与保密的关系，是高校当前的一个十分紧迫而重要的两难问题[62]。高校信息公开作为政府信息公开的一个组成部分和一种表现形式，其中的权利冲突及其平衡具有相通性，因而我们先从分析政府信息公开中的权利冲突现象及其平衡机制入手，其中的核心是信息公开与保密博弈。

7.5.1 政府信息公开中的权利冲突与平衡

《条例》为公民利用法律手段保障自身知情权、信息获取权、监督权与参政权提供了法律依据，是我国行政公开法制建设的一个里程碑与起点。但由于《条例》中没有明确规定个人信息、商业秘密与国家秘密的范畴，导致信息公开工作人员审查、公开信息过程中，隐私权与知情权的杠杆失去平衡，商业秘密、国家秘密与信息获取权的天秤倾斜。《条例》颁布的目的是促进政府更好地服务于民，却也给公民的隐私权、国家安全、企业秘密带来威胁，怎样平衡这些权利利益之间的冲突是当前关注的焦点，也是我们探讨的重点。权利冲突可能发生在多个权利主体之间，例如公民对公民、公民对企业、国家工作人员对公民、公民对国家等，这里以公民为核心权利主体来阐述权利冲突及平衡对策。

（1）政府信息公开中的公民权利

《条例》在第一条中规定其颁布的目的是“为了保障公民、法人和其他组织依法获取政府信息，提高政府工作的透明度，促进依法行政，充分发挥政府信息对人民群众生产、生活和经济社会活动的服务作用”，即是为了保障公民的信息获取权、知情权、监督权、参与权，建立阳光政府。知情权、信息获取权是政府信息公开的法理基础，公民只有知悉政务信息及政府占有的社会信息才能更好地参与社会管理与维护自身权利。

1）知情权

毋庸置疑，政府持有权力，但权力是人民赋予的。人民委托政府代替管理国家社会事务，便形成了一种委托代理关系，公民是授权人、委托人或权利人，政府是受托人、代理人或义务人。面对代理自身利益和事务的政府，公民有权知道其代理者做了什么。而事实上，倘若政府不主动公开政务，加之有意隐匿，“政府正在干什么、干了什么?”对于公民毫无所知，便为腐败提供了滋生的温床，人民利益继而不断受到侵害。《条例》的颁布保障了公民的知情权，在一定程度上规范和制约了政府权力，为保障公民权益奠定了基础。

知情权（the right to know）又称“知的权利”、“知悉权”或“了解权”。知情权分为广义说与狭义说。广义说认为知情权是自然人、法人及其他组织依法所享有的知悉、获取一定信息的权利，它既包括官方的信息，也包括非官方的信息。狭义说认为知情权是公众知悉、获取官方信息的自由与权利[63]。我们采用狭义知情权，又称知政权，指在不危害国家安全、暴露国家秘密与个人隐私的前提下，公民、法人及其他组织依法享有知悉政务及社会信息的权利。权利主体是否应知道某些信息不以该信息是否对权利主体的利益产生影响为限。

2）信息获取权

倘若公民仅有知情权，公民只能被动地等待政府将信息公布，致使信息公开可能流于形式。政府是社会信息占有量最多的主体，但其公布信息的范围有限。即使政府积极地公布信息，亦不能彻底满足每个公民对信息的需求，且公民知情权处于被动地位，对政府信息公开的不作为无可奈何，公民获得政府公布之外的信息非常困难。而信息获取权（The right to access）是一种主动权利。公民依据信息获取权，可申请获取与自身利益相关的或感兴趣的政府占有的一切信息，此时，政府处于被动状态，政府应公民的请求而为公民服务，即使政府信息公开出现不作为情况，亦不会影响公民对社会信息的了解。信息获取权是指权利主体依法申请查看政府占有的信息以保障相关权利的实现。信息获取权的主旨是尽可能让公民知道一切，因此，公民可以申请查看法律规定的一切政府信息。

（2）政府信息公开中的权利冲突

应该说，《条例》对建设阳光政府、保障公民知情权、信息获取权具有重要意义，但每种权利都蕴含着“双刃功能”。一方面，可以使权利人自由地获取国家机关所拥有的信息，满足权利人对信息的需求，更好地保障其他各项权利与自由。另一方面，这些权利会侵害隐私权、商业秘密与国家秘密，不经意间就会打破隐私权、商业秘密、国家秘密的底线。

1）公民知情权与隐私权冲突

公开不是无限度的。政府信息公开仅限于“行政机关在履行职责过程中制作或者获取的，以一定形式记录、保存的信息”。而政府搜集、贮藏和传播、记录的信息不可避免涉有公民个人信息，如公民基本信息、生平、健康状况、财产以及社交信息等。隐私权是指自然人对个人合法隐私进行独立支配并排除非法干涉的具体人格权[64]。

《条例》第十四条规定，行政机关不得公开涉及个人隐私的政府信息，但认为不公开可能对公共利益造成重大影响的，予以公开；第二十三条规定涉及第三方利益的个人隐私信息，第三方不同意公开，不得公开，但行政机关认为不公开可能对公共利益造成重大影响的，应予以公开，并将公开内容与理由书面通知第三方。可以看出，《条例》承认公民具有隐私权，但对隐私信息的确认方式、范围以及确认依据没有给予明确规定，隐私权范围很模糊，相对而言，知情权范围便很宽泛。“人们在充分行使一种权利时，其充分自由活动的空间与另一个权利所允许的自由活动空间之间无法找到一个互不侵犯的明确界限”[65]，是两种权利发生冲突的主要原因。知情权具有无限延展性，而“对于私人领域，法治提倡并保障个人自治，个人对自主行为负责，排斥其他个人或组织的非法干预，所以个人在享有隐私权的同时，得以正当地排斥他人的知情权，也就是说，私人领域，是个人隐私权受到绝对保护的领域，乃是知情权不能介入之地”[66]。虽然，行政人员依据《条例》第二十二条对信息是否公开可以进行自由裁量，但保障任何一个权利都将使另一个权利减损，造成公民隐私被泄露或公民欲获得信息不能获得。

2）公民信息获取权与国家秘密、商业秘密冲突

政府信息公开中，基于国家利益的考量，国家秘密属于公开豁免情形。根据《保密法》规定，国家秘密是关系国家安全和利益，依照法定程序确定，在一定时间内只限一定范围的人员知悉的事项。一切国家机关、武装力量、政党、社会团体、企业事业单位和公民都有保守国家秘密的义务。由于《条例》中没有给定国家秘密信息的范围，工作人员对申请公开信息进行审查，只能依据《保密法》，而《保密法》对国家秘密信息范围的界定又过于宽泛，致使公民的信息获取权在夹缝中生存。这与信息获取权的主旨背道而驰，公民信息获取权难以得到有效保障，信息获取权与国家秘密两者间常处于紧张状态。

根据《反不正当竞争法》和《关于禁止侵犯商业秘密行为的若干规定》：

“不为公众所知悉、能为权利人带来经济利益、具有实用性并经权利人采取保密措施的技术信息和经营信息”属商业秘密。在市场经济中，商业秘密极有可能使其所有者具备有利的竞争地位，进而带来巨大的经济利益，因此，其是众多竞争者觊觎的目标。商业秘密权是对不正当行为的禁止权，是维持市场正常秩序需要产生的权利[67]，不允许其他权利涉入。而公民获取商业秘密有利于技术发展与公共利益扩展，公民既想利用商业秘密权保障自身合法利益，又想通过信息获取权获得对自己有利的他人商业秘密信息实现利益扩大化。然而，《条例》没有给定商业秘密具体范畴，信息是否属于商业秘密的判断便增加了更多的不确定性，信息获取权与商业秘密权发生冲突亦在所难免，其结果是商业秘密不再是秘密或非商业秘密成为秘密致使公民不可获得。

（3）政府信息公开中权利冲突的平衡机制

权利冲突是两个或者两个以上同样具有法律上之依据的权利，因法律未对它们之间的关系作出明确地界定所导致的权利边界的不确定性、模糊性，从而引起的它们之间的不和谐状态、矛盾状态[78]。因此，解决权利利益冲突的最佳途径便是界定权利边界，可通过立法手段制定或修改法律重新界定权利边界；或通过司法手段，由法官对发生冲突的权利边界进行重新划定。主要通过法律解释重新厘定相关概念，或出台新的法律；其次，须建立法律问责机制与严格的保密信息审查机制。

1）厘定个人信息、国家秘密、商业秘密界限

知情权、信息获取权与隐私权、国家秘密、商业秘密权冲突的原因在于政府信息公开环境下，对隐私信息、国家秘密、商业秘密未给予明确的法律界定，导致权利边界不明。若法律对三者已明确界定，知情权与信息获取权的边界也随之明晰，信息公开工作顺畅。但隐私信息、商业秘密与国家秘密的概念不宜过于抽象或不确定，否则会在很大程度上制约公众获取政府信息的权利。

我们认为，隐私信息（privacy）是一种与公共利益、群体利益无关的，当事人不愿他人知道或他人不便知道的能够识别个人的信息，包括私人信息（心理、身体信息与个人事实）、私人活动信息（私人生活信息等）、私人空间信息（如个人基本信息、医疗健康信息、喜好与特长、活动安排、住所信息等）。

不予公开的商业秘密（the trade secrets）是指公开可能导致商业秘密被泄露的政府信息，是持有人努力保密的、具有正当经济利益的、不能被从其披露或使用中取得经济价值的其他人用适当的方法获得的、尚未公开的技术信息和经营信息，并且公开能够给持有者带来经济损害。如工艺流程、设计图纸、配方、制造

技术、管理经营方法、产销策略与途径、货源与客户情报等。

政府信息公开环境下的国家秘密（the state secrets）是指公开后对国家安全、社会稳定造成威胁及损害国家利益的，在一定时间内只限一定范围内人员知悉的政府信息，包括国防、外交、军事、情报、科学技术、经济、犯罪（如刑事司法信息等）与特定调查（如法院案件调查等）、保密措施、特殊业务中的秘密信息与秘密事项、特殊业务中的秘密信息等。

2）建立法律问责机制

政府行政人员对信息公开负有义务，对违反《条例》并给权利主体利益带来损害的行为，行政人员应负有法律责任。虽然《条例》在第三十四条、三十五条对此做了规定，但处罚较轻，追究法律责任的法律依据并不明朗，无法制止钻法律空隙的行政人员知法犯法与职权滥用。对应公开的政府信息冠以国家秘密、商业秘密、隐私信息之名不予公开或故意隐瞒、封锁甚至销毁，对不应公开的国家秘密、商业秘密、隐私信息却将其公之于众或告知第三方的不法行为不能有效遏制，而这些违法行为正是导致权利利益失衡的主要原因之一。因此，应建立严格的法律问责制，对违反《条例》行为给予严厉惩罚，体现法制、制度的权威性。使执法人员意识到责任重如泰山，对公开信息的自由裁量更加谨慎、合理，对信息公开工作更加重视。另外，还应规定在审查过程中接触国家秘密、商业秘密、隐私信息的行政人员对保守秘密负有法律责任，若泄露了秘密信息必须承担相应的法律后果。只有这样，才能减少因行政人员行为不当造成权利利益失衡情况的发生。

3）建立严格、合理的保密审查机制

行政机关负有“对拟公开的政府信息进行保密审查”的义务。“设定保密审查程序，本来无可厚非，但在目前政府信息公开的实践中，保密审查程序及决定存在两个突出问题：保密审查所依据的标准极为宽泛，而且缺乏明确性。保密审查标准的不确定性，主要表现为审查部门不仅可依据审查信息本身内容是否具有保密要求，而且还可以从信息公开后果角度审查判断是否可以公开”[69]。因此，保密审查机关被赋予很大的主观判定权，只要认为公开后“危及国家安全、公共安全、经济安全和社会稳定”的信息均可保密。应公开的信息得不到公开，知情权与信息获取权何以保障？因而，须建立严格、合理的保密审查机制，明确保密审查程序与审查标准。这样既不损害公民知情权、信息获取权，又使隐私信息、国家秘密、商业秘密不被他人触及，国家利益、公民利益既得到保障，公民权利亦得以实现。

4）修订《保密法》

我国《保密法》确立的原则是“凡不宣布公开的事项皆推定为保密”，与《条例》中确立的“以公开为原则、以不公开为例外”的逻辑理念不符，这不仅拷问着我国行政机关立法施政理念、在贯彻法治原则和精神方面的态度，也与当今世界范围内民主法治潮流不吻合[70]。另外，由于现行保密立法对保密事项确定的客观标准的缺失，以及保密事项及密级确定的程序限制的缺失（由事项产生的机关自行确定），属于国家秘密的政府信息实际上是很难确定一个比较明确的范围[71]。秘密信息判断缺失合理性的制度约束，行政人员自由裁量权过大，知情权、信息获取权的保障与国家秘密的保守之间应怎样取舍法律指导不足，在特定情况下，缺失判断两者孰重孰轻的法律依据。因此，需对现行《保密法》进行修订，重新规划保密事项的内容、范围、判断秘密事项的依据，重新制定合理的密级确立程序的客观标准。修订过程中，应遵循最低限度国家秘密原则，缩小国家秘密的范围，以最大限度地支撑起知情权、信息获取权的生存空间。

5）出台《个人信息保护法》与《商业秘密法》

政府进行行政活动时，在很多情况下是对个人作出一定的决定，其搜集、贮藏和传播的信息，可能会侵犯其他公民的隐私权。信息公开的法律基础是公民的了解权或知情权，没有公民的了解权，公民不能监督政府，民主失去基础；反之没有公民的隐私权，个人失去自由，民主也就不复存在[72]。政府信息公开与隐私权的保护既相互制约又相辅相成。但在我国，目前隐私权是以侵害名誉权形式进行保护，而名誉权不能完全涵盖隐私权的全部内容；并且在侵权的构成、抗辩、归责原则以及举证责任上采用民法规定的一般原理，难以全面有效保障隐私权[73]。因此，《个人信息保护法》的出台迫在眉睫，其中不但要对隐私信息给予明确的规定，还要规范公开环境下的豁免信息及权利救济事项。

行政人员对拟公开的政府信息是否属于商业秘密需“报有关主管部门或者同级保密工作部门确定”，审查的法律依据以《合同法》、《侵权法》、《反不正当竞争法》为主；因不同法律规范的制定者在立法时，通常首先满足该规范需要调整的社会领域需要，对其他领域的考虑放在次要位置，规范间难免缺乏配合与协调，并伴有法律保护上的空白地带出现。“法无禁止即自由”为不法者钻法律空子创造了机会。因此，我国立法部门应出台一部《商业秘密法》，规范商业秘密的概念、范围、侵权行为种类、侵权行为的严厉惩罚、事后救济、界定商业秘密权的合理使用范围等。这样，保护商业秘密持有人的合法权益的同时，保障公民的知情权与信息获取权。

由于高校与政府之间的紧密关系，政府信息和高校信息之间具有相当强的关联性。高校的经费主要由政府提供，学校财政资金的信息同时也是政府财政信息。另外，很多政府的决策是依据学术信息作出的，而这些学术信息绝大多数是高校提供的。高校信息作为公共信息的一部分，在公共信息公开的世界潮流下，高校亦不能置身事外，政府信息公开的发展必然推动高校信息的公开[74]。但是，高校信息公开活动仍需十分谨慎地重视保密审查。

7.5.2 高校信息公开保密审查的政策法律规范

《保密法》、《条例》、《办法》等法律法规规章，都分别制定了信息公开与保密的相关条款，涉及政府及高校信息公开过程中进行保密审查的政策法律规范，则主要体现在以下两个方面。

（1）国务院办公厅《关于进一步做好政府信息公开保密审查工作的通知》

2010 年 11 月 20 日，国务院办公厅发布了《关于进一步做好政府信息公开保密审查工作的通知》（国办发［2010］57 号），就政府信息公开中的保密审查工作作出如下规范。

1）高度重视政府信息公开保密审查工作

加强政府信息公开保密审查工作，是确保国家秘密安全，维护国家安全和利益的必然要求，也是政府信息公开工作顺利推进的重要保障。要求明确审查机构，落实审查职责，做到审查工作有领导分管、有部门负责、有专人实施。

2）进一步规范政府信息公开保密审查程序

要将政府信息公开保密审查程序与公文运转程序、信息发布程序结合起来，防止保密审查与政府信息公开工作脱节。坚持“先审查、后公开”和“一事一审”原则，未经审查和批准，不得对外公开发布政府信息。在保密审查过程中，对是否属于国家秘密不明确的事项，应报有确定权限的保密行政管理部门确定。要建立政府信息发布登记制度，在政府网站上发布政府信息，承办单位应向网站管理部门提供保密审查机构的审查意见和机关、单位负责同志的审批意见。

3）加强对政府信息公开保密审查工作的督促检查

要求加强对政府网站和其他信息公开平台发布政府信息的监管，要立即对本地区、本部门政府信息公开保密审查工作进行专项检查，各级保密行政管理部门应当指导、督促行政机关建立健全政府信息公开保密审查制度。

（2）教育部办公厅《关于进一步做好信息公开保密审查工作的通知》

2011 年 1 月 5 日，教育部办公厅发布了《关于进一步做好信息公开保密审查工作的通知》，就教育管理机构及高等学校进一步加强信息公开保密审查的有关工作作出了如下规范。

1）严格落实信息公开保密审查责任制

要求加强对信息公开工作的领导，切实承担起指导、管理、监督信息公开保密审查工作的责任，及时研究并妥善处理工作中存在的问题。要明确审查机构，落实审查职责，做到审查工作有领导分管、有机构管理、有专人负责。地方各级教育部门在其职权范围内，要加强对所属单位和学校信息公开保密审查工作的管理和指导。

2）认真执行信息公开保密审查的各项规定

开展信息公开保密审查工作，要贯彻执行《保密法》和《条例》，科学把握保密审查的范围、内容和基本原则。既要防止不当扩大保密范围损害公民知情权，又要防止失泄密事件的发生。

3）建立和完善信息公开保密审查的工作程序

制作信息时或获取信息后要及时明确该信息是否应当公开。确定公开的，应当明确公开的受众、是否需要删减后公开等。确定不予公开的，应当说明理由；拟定为国家秘密的，还应当列出定密依据，明确密级、知悉范围和保密期限，报本单位定密责任人审批。难以确定是否公开的，要及时报请有关主管部门或者保密行政管理部门审定。所获取的信息已由上级部门确定为国家秘密或不予公开的，不得以任何形式对外公开。对拟公开信息的保密审查由各单位信息公开工作机构协调组织。保密审查坚持“先审查、后公开”和“一事一审”的原则，由信息制作机构提出初步意见，经所在单位保密审查机构审查后，报单位有关负责同志（定密责任人）审批，获准公开的信息交由信息发布机构公开。未经审查和批准，不得对外公开发布信息。要建立信息公开工作机构、信息制作机构、保密审查机构、信息发布机构的联动机制，将保密审查程序与公文运转程序、信息发布程序结合起来，努力形成协调、规范、高效、有序的信息公开工作机制。

4）着力加强涉密载体和公开平台的规范管理

对密码电报、标密文件等属于国家秘密且尚未解密的信息，一律不得公开。密码电报确需公开的，经发电单位批准和保密审查后只公开电报内容，不可公开报头等电报格式。要按照“谁主管、谁负责”、“谁公开、谁负责”的原则，加强对本单位网站及所属其他网站的管理。要建立和落实信息发布登记制度，在本单位网站及所属其他网站发布重要信息时，承办机构应向网站管理机构提供本单位保密审查机构的审查意见和有关负责同志的审批意见。网站管理机构要保存相关记录备查。

5）积极开展信息公开保密审查工作的督促检查

要求立即组织开展信息公开保密审查工作专项检查，重要检查本单位信息公开保密审查制度是否健全，保密审查职责是否落实；保密审查机构是否建立，保密审查工作人员是否配备，保密审查程序是否严密，保密审查措施是否到位；各单位网站（信息公开专栏）或其他平台的信息是否涉密或含有不应当公开的内容，网站日常管理是否严格，安全防护技术是否完善等。未建立信息公开保密审查机制的，要暂停信息发布，抓紧建立。

7.5.3 高校信息公开与保密的协调设计

高校作为高等教育机构，在一定领域行使国家教育的职责，是法律、法规授权行使公权力的机构。高校信息可以分为三类：第一类是公共信息，例如涉及学校招生的，是高等教育资源配置的公共权力，国家财政资金的使用是公共财政事项，这些都是需要向社会公开的信息；第二类是半公开信息，不是国家公共权力的运用，属于校内管理事项，可以只对学校内部成员公开；三类是不公开信息，比如涉及国家秘密、个人隐私、商业机密等[75]。对于起步阶段的我国高校信息公开工作而言，如何面对社会及公众需求，借鉴世界发达国家高校信息公开的经验，构建科学合理有效的信息公开制度，明确政策设计与引导，无疑是有益的。在有关高校信息公开活动中，公开与保密的协调是我们必须关注并研究的一个重要问题，其中关键在于探索高校信息公开与保密的平衡机理，即依据《条例》确定的“公开为原则，保密为例外”的精神，探讨高校信息公开与保密在大学治理中的相互关系及平衡协调机制，推进我国高校信息公开实践的进程。

（1）高校信息公开与保密的利益均衡

1）高校信息公开与保密的逻辑关系

制度设计的背后是深层次的利益关系。高校信息公开与保密的协调实际上是平衡政府利益、高校效率、个人隐私权与公众知情权之间的关系。在高校信息公开与保密这对矛盾中，知情权起着主导作用，它是一项宪法权利，是一种不可限制的绝对权利。首先，政府利益、高校效率是有一定条件的，不是绝对的，高校要以侵犯政府利益或者影响高校效率为由拒绝信息公开，就必须证明该信息切实影响着政府利益、公众利益及高校利益；其次，知情权作为一种绝对价值同样优于相对的隐私。因此，就信息公开与保密而言，公开是原则，而保密只能是例外。何时及何标准进行例外，就需要考虑公众利益的最大化进行个案利益分析、衡量与协调。高校在拒绝公开相关信息时必须充分衡量公开与保密的利益，并证明该信息与保密之间有逻辑关系。当然的确难以进行这种利益平衡时，需要借鉴其他国家的做法，利用多种平衡手段，例如，在相关信息被公开前，告知所有信息被公开的主体，其可以要求法院通过起诉来拒绝高校的信息公开，法院考虑高校公开信息的行为是否符合法律法规的规定。另外，为平衡信息公开，还应明确高校信息保密的范围，适当考虑对个别信息的公开收取一定费用的相关法律法规等。

因此，信息是公开还是保密，主要取决于该信息的空间性、时间性和价值性。如果某种信息公开后它的价值在特定时间空间范围内明显降低，那么对该信息就应加以保密，反之就应对公众公开。在当前形势下，我们一方面不能持自由的观点看公开，另一方面又不能持保守的观点看保密，即公开与保密是相互贯通、相互依存、不可分割的统一整体，二者都是构建高校信息公开制度所必须考虑的。

不同国家和地区高校主动公开的信息主要包括：学校状况、教学和科研信息、财务信息、决策信息、校园服务和安全信息。虽然不同国家大学公开信息的范围不尽相同，但是一个共同的趋势是公开更多信息，并且在信息公开中强调消费者导向，为服务学生提供更充分的信息。各高校对凡是涉及公共利益和学生利益的信息都应该予以公开。从这个意义上而言，从反面理解高校信息公开的范围更为合理。也就是说，高校信息公开应当设定一个不公开范围。不公开的范围包括可能影响保护个人隐私、国家安全、商业秘密、职业秘密、知识产权、学校考试、犯罪的调查、法律的执行、第三人利益、意见的客观表达，以及其他法律法规禁止公开的信息[76]。

2）高校信息公开与保密的新形势

当前，随着高校信息公开工作的发展，高校信息种类繁多，涉及保密的信息也逐渐增多，如何正确处理高校信息公开与保密的关系，给高校工作带来了新的挑战。

其一，《保密法》对高校信息公开提出了新要求。高校在进行信息公开时，要严格按《办法》规定的公开原则、方式、程序和范围进行公开，同时又要遵守《保密法》及相关政策法规对保密工作的相关要求。《保密法》对信息公开作出了明确规定："保守国家秘密的工作，实行积极防范、突出重点、依法管理的方针，既确保国家秘密安全，又便利信息资源合理利用。法律、行政法规规定公开的事项，应当依法公开。"因此，就信息公开而言，首先要建立健全信息发布的审查制度，确保涉密信息的安全。

其二，繁多的信息给高校信息保密增加了难度。随着网络信息技术的快速发展，高校对外办学进一步开放，高校保密工作的复杂性进一步增加。作为人才培养、科学研究和社会服务的重要基地，高校保密信息逐日增多，如何规范和管理保密信息，给高校的信息保密管理工作增大了难度[77]。具体表现为：一是不确定的信息源。由于信息产生的随意性，使得一些信息被泄露后无法找到信息源，从而采取相关的补救措施，造成不必要的损失；二是不规范的信息分类。高校往往是根据信息的属性分类各种信息，没有将保密等级纳入，从而造成信息泄露；三是多样的信息发布平台。目前高校信息发布渠道十分广泛，一旦发生泄密事件，其影响程度比过去要大很多。

（2）高校信息公开与保密的协调设计原则

公开与保密是一个问题的两个方面，不能简单地认为公开影响了保密，或是保密影响了公开，关键在于正确协调二者的关系，做到依法合理，控制适度[78]。需要说明，在以国家为核心的政治体系下，信息公开与保密平衡点的确定仍然受国家安全和政治方针的影响，即使是在民主政治高度发达的美国，信息公开也面临着许多困境[79]。因此，有必要立足于我国实际，同时借鉴国外高校信息公开相关法律法规，依据“公开为原则，保密为例外”的指导思想，引导高校构建系统完整的信息公开体制，规定信息公开与保密的范围，协调高校信息公开与保密的关系，真正做到通过信息公开促进高校更好地为社会服务。

传统保密工作坚持“以保密为原则，以公开为例外”，倾向保密所有信息，但从《办法》所规定的公开和限制的范围看：公开的条款数量明显高于限制的数量。这说明对于大多数信息还是主张“以公开为原则，不公开为例外”。同时，更为重要的是所规定公开信息的范围并不与保密的范围相抵触。从执法实践看，《保密法》也并不是实施信息公开法、实现公民知情权的障碍[80]。

（3）高校信息公开与保密范围的界定

我国各级各类高校应根据各自的实际情况，进一步细化《办法》，制定本学校信息公开的具体实施细则，尤其是在公开与保密的平衡问题上，确立主要负责人，将各部门信息公开内容制度化，明确可公开及保密事项，使得信息公开的范围最大化、信息保密的范围最小化。具体而言，高校信息公开制度可以采取概括加列举的方式：既对公众拥有信息获取权进行原则性规定，又列举公开与保密信息的具体内容。这样既可以避免概括的不明确，也可以回避单纯列举的过度僵化与弹性缺乏[81]。

1）高校公开信息范围的设计

《办法》规定："高等学校在开展办学活动和提供社会公共服务过程中产生、制作、获取的以一定形式记录、保存的信息，应当按照有关法律法规和本办法的规定公开。"《办法》规定高等学校应当主动公开学校基本情况、发展规划、规章制度、财务资产与管理制度、学科与专业设置、对外交流及合作办学情况等十二类信息。

教育部为配合《办法》的实施，制订《高等学校信息公开内容基本要求》，对学校概况、重大改革与决策、教学管理、资产管理、财务管理、科研管理、人事工作、学生工作、基建管理、物资管理、国际合作与交流、监督工作、后勤保障、校园安全等十五类公开信息类别、内容及对象等作了详细规定。

结合上述内容并借鉴国外高校信息公开范围的划定，我们认为，我国高校公开信息范围，主要可以涉及以下几方面：

——高校运行过程中产生的某些管理、行政、政策制定、财务及业务相关信息，包括机构运行的一般状况、财政收支情况、毕业率和结业率情况、年度安全报告、学生活动的参与率及学校办公会的会议纪要等，这些信息一般不涉及个人隐私，原则上高校应当主动向在校学生、将来学生及其父母公开。

——学生信息，包括学生姓名、地址、电话号码、出生日期及地点、年级、专业、入学日期、登记状况、所学专业、对学生的学术评价、学生成绩单、考试成绩及其他学术记录、纪律处分记录、接受资助情况记录等，学生如无特殊要求，高校无须征求其同意即可以公布该类信息。

——教师信息，包括教师姓名、办公地址、办公联系方式、研究方向、出版物及学术相关信息等。

2）高校保密信息范围的设计

各国信息公开法律制度基本都坚持"信息公开为原则，保密为例外"，然而对于信息公开需要有"度"，所以依法限制一些信息也是非常必要的。各国信息公开方面的立法皆通过排除条款对保密信息加以规定，同时指出所有没被规定为保密的信息应一律公开。为做好高校信息公开工作，不仅需要规定高校信息公开与保密的审查负责人，明确规定指导、协调、推进高校信息公开与保密的机构，还需要对是否属于《条例》、《办法》规定的不予公开情形的信息加以审核认定，包括：公文形成时的同步保密审查、主动公开信息前的保密审查等，高校所有信息均需通过信息公开保密审查后方可公开。

因此，研究高校信息公开与保密的范围，关键是确定信息保密的范围[82]。

我们认为，高校保密信息的范围，主要可以涉及以下几个方面：

——依据一般标准判断的保密信息：涉及国家机密、商业机密等。

——《办法》规定的不予公开的信息：《办法》规定“高等学校公开信息，不得危及国家安全、公共安全、经济安全、社会稳定和学校安全稳定。”“高等学校对涉及国家秘密、涉及商业秘密、涉及个人隐私、法律法规和规章，以及学校规定的不予公开的其他信息不予公开。”

——个人隐私方面的信息：高校保密信息尤其要注意保护教师及学生的个人隐私，包括年龄、婚姻状况、家庭住址、电话，以及所有医疗及健康信息等。因为，以损害他人的隐私权去满足另外一些人的知情权，显然不具有法律正当性。任何权利主体皆有权禁止他人利用其隐私谋取利益。因而有关个人隐私的信息公开理应受到严格限制。综观世界上已有信息公开相关立法的国家，无不将个人隐私列为保密信息的范围。我们应当在满足公众知情权的基础上更好地维护个人隐私，切实解决两者之间的矛盾[83]。

总之，高校信息公开，是为了保障公民法人和其他组织依法获取高校信息，从而促进高校依法治校；高校信息保密，是为了维护国家安全和公共利益。只有兼顾公开与保密，协调二者的关系，才能把握好高校信息公开与保密的内在联系。完善高校信息公开与保密的法律法规，首先是要完善高校信息公开的保密审查制度。《办法》规定了高校应建立健全信息公开保密审查机制，即在高校公开信息前，应当依照法律法规及有关规定，对拟公开的信息进行保密审查，对依照国家有关规定或实际情况需要审批的信息，高校应当按照规定程序履行审批手续，未经批准不得公开；其次是建立健全信息保密工作责任考核制度，明确责任人在信息公开中的保密职责和要求，将其作为业绩考核的重要依据；再次是建立高校保密工作问责制度，对高校信息泄露产生不良后果的相关人员，要严格追究责任，依法处理。

7.5.4 高校风险信息公开与保密的策略选择

在处理高校信息公开与保密的关系这一两难问题中，尤以高校风险信息的公开与保密博弈最为引人关注。

（1）风险信息及其公开与保密概述

风险信息是指可能威胁到生命或经济活动的信息。高校风险信息则是指除《办法》规定不予公开的信息（涉及国家安全、商业秘密、个人隐私、“三安全一稳定”以及法律、法规和规章以及学校规定的不予公开的其他信息）外，可能对高校及相关利益主体的经济与社会活动、相关利益主体的人身安全带来威胁的信息。如高校应对校内外发生突发事件的应急信息、人事任命与更迭信息、高校财务信息、基建信息、招生信息、就业信息，学术信息、与相关企业的合作信息，以及管理风险信息、法律风险信息等[84]。按照《办法》的公开指导原则，理论上，如上诸多处于公开与保密间“真空地带”的高校风险信息都应予以公开，但对该类信息公开应有范围与程度方面的限制。

信息公开与保密问题根源于委托代理关系存在的前提——信息不对称性。信息不对称广泛存在于消费者与生产者、政府与公众、股东与管理者等各类主体之间。针对信息不对称可能导致的逆向选择行为，Grossan 与 Milgrom 指出，只要存在可忽略成本且可证实的公开机制，信息拥有方为区别于低质量竞争者，有主动公开信息的强烈动机。相反，只有低质量公司会选择不披露信息。信息用户会正确地推断不能披露的信息拥有者应与低质量相关，进而得出强制信息公开的规定是多余的[85]。但在现实中，G-M 的结论无法解释如消费者有强制披露信息的意愿与要求等现象。为破解 G-M 的现实悖论，学者们对信息公开与保密议题进行了广泛探讨，内容涵盖到产品质量、金融政策、政务、环保、上市公司等各个领域[86][87][88][89]。

当前高校在信息公开与保密工作关系处理中，存在着风险信息与敏感信息公开的判定缺失、保密过度、公开的社会福利效果不明晰等问题。对于高校风险信息与非风险信息的公开与保密问题，面对可能带来损失可能性的信息（尤其是风险信息），高校方面常选择信息保密策略，以期通过保密来规避对由于风险信息引起的潜在损害。我们针对高校风险信息这一介于可公开与可保密的“真空地带”，以满意理论与累积前景理论为基础，通过构造高校风险信息公开博弈模型，探讨风险信息公开与保密策略选择，并对影响风险信息公开的条件及可能出现的悖论问题进行了分析。提出在信息公开制度设计中，可以引入强制披露机制、监督机制、信息披露第三方等，实现对高校风险信息的有效公开，并建议可以在延伸信息公开维度以及信息公开对社会福利具有何种影响的视角下进一步考察公开与保密的策略选择。

（2）高校风险信息公开博弈模型的构建

1）博弈要素

博弈模型要素包括：局中人、策略、局中人信息搜寻的“阈值”、局中人的共同知识、支付。具体含义如下：

①局中人：由高校、高校相关利益者（含媒体、学生、家长、社会公众等）

构成。其中高校是信息公开者（发送者），相关利益者是信息的接收者。

②战略：高校的战略空间为｛公开，保密｝；相关利益者战略空间为｛搜寻，不搜寻｝。决策依据为高校拥有的信息与相关利益者想拥有的信息之间存在的信息差异。

③信息搜寻的"阈值"：假设高校获取信息后必须决定是否公开信息。如果公开信息，则相关利益者会获取该信息。如果高校不公开信息，则相关利益者将比较其所拥有的信息水平与其希望拥有的信息水平间的差异程度。在此，将相关利益者希望拥有的信息水平定义为"阈值"（threshold value）概念。如果信息拥有的水平低于该阈值，则相关利益者会采取搜寻策略，否则，采取不搜寻策略。

④共同知识：所有利益相关者关注的信息最初都由高校收集并拥有，相关利益者拥有的信息仅仅是高校信息收集信息的子集。两类局中人彼此知道这一点，且基于这一点，形成关于该共同知识的高阶信念。

⑤支付：高校与相关利益者依不同策略组合形成支付矩阵见表7-4。

2）相关利益者的支付

假设相关利益者的支付只有两类：事前搜寻成本（Cs）与事后后悔成本（Cr）。

对高校公开的信息，相关利益者对其充分程度存在满意与不满意两种状态。Hebert Simon 指出，由于人们决策过程中存在有限理性，决策者策略选择的依据为满意理论。按照这一理论，假定相关利益者对信息充分程度不满意，则会选择搜寻信息策略。此时，会存在由于搜寻信息而产生的成本 Cs 。

当高校没有公开信息，则相关利益者不会搜寻信息。但此时，与事前为预防损害发生的搜寻成本 Cs 相比，相关利益者存在一个事后后悔成本 Cr ，以及存在一个由于没有信息搜寻而产生利益损害的概率 P 。因此，期望事后后悔成本为 $P \times Cr$ 。当 $Cr > Cs/P$ 时，相关利益者会选择｛搜寻｝策略；当 $Cr < Cs/P$ 时，则｛不搜寻｝为最佳策略。由于 Cr 足够小，或当 $Cr < Cs/P$ 时，相关利益者不论高校选择公开还是保密信息，都会不搜寻信息，所以，在此只考虑 $Cr > Cs/P$ 的情况。

3）高校的支付

在此假设，高校只有两个策略选择，即｛公开，保密｝，且当高校做出公开还是保密决策时，知道所有潜在的危害结果。

高校知道如公开信息，将会产生危害结果 Gd 。如果不公开信息，则会以概率 P 产生危害结果 Gn ，以 $1-P$ 的概率没有产生危害结果。由于人们的行为并不符合期望效用最大化，且目前我国高校的风险偏好表现出明显的风险爱好型特征，为客观反映高校这一决策主体对待收益与风险的不同偏好，便于把握其决策行为，并对其引起的支付变化进行比较，我们依据 Kahneman 与 Tversky 的累积前景理论（Cumulative Prospect Theory，CPT）构造支付（累积前景理论可以解释比较极端的事件，以及人们在一定概率下对待收益与风险的偏好或规避态度。累计前景理论下应用概率权重函数替代传统期望效用理论下的概率权重，以计算决策人的价值函数。概率与权重函数之间的关系见图 7-2。

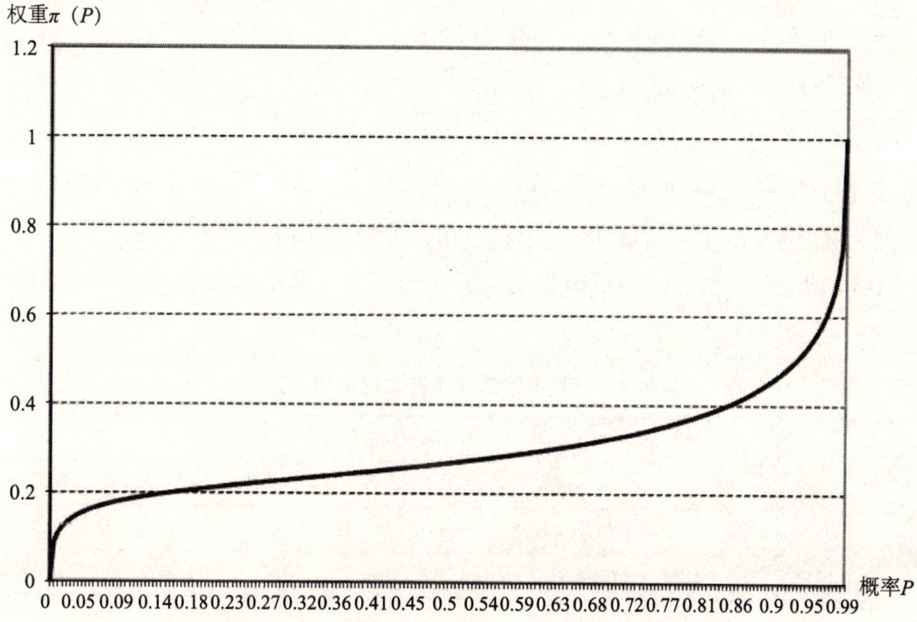

图 7-2 累积前景理论下以一定概率发生损失的权重函数 π(P)

当相关利益者不搜寻信息时，高校的支付为：

高校公开的支付 V（公开：不搜寻）$= \pi(100\%) \times (-G_d) = -G_d$

高校保密的支付 V（保密：不搜寻）$= \pi(P) \times (-G_n) + \pi(1-P) \times 0 = -\pi(P) \times G_n$

$\pi(P)$ 代表累积决策权重函数，Kahneman 与 Tversky 通过实验得出

$$\pi(P) = P^{\delta} / (P^{\delta} + (1-P)^{\delta})^{\frac{1}{\delta}} (\delta \cong 0.69)$$

当 $P > \pi(P)$ 时会以较高的概率追求风险（即风险偏好）；当 $P < \pi(P)$ 时，则会以较低的概率规避风险。

此外，当相关利益者选择搜寻高校信息时，高校会产生附加成本 Cg（如由于

更为谨慎地收集、加工与发布信息，或为保证提供更加准确的信息、或依申请人申请公开高校信息等原因产生的额外附加成本）。因此当相关利益人搜寻高校信息时，高校公开信息的支付为：

高校公开的支付 V（公开：搜寻）$= \pi(100\%) \times (-G_d - C_g) = -(G_d + C_g)$

高校保密的支付 V（保密：搜寻）$= \pi(P) \times (-G_n - C_g) + \pi(1-P) \times (-C_g) = -\pi(P) \times (G_n + C_g) - \pi(1-P) C_g$。

(3) 高校风险信息公开博弈中均衡策略的求解

为保证该博弈存在如下文所述的纳什均衡，令 $X = V$（保密：不搜寻）$- V$（保密：不搜寻）$= -G_d + \pi(P) \times G_n$），令 $Y = V$（公开：搜寻）$- V$（保密：搜寻）$= -(G_d + C_g) + \pi(P) \times (G_n + C_g) + \pi(1-P) C_g = X - C_g((1 - \pi(P) - \pi(1-P))$，依据累积前景理论，$\pi(P) = P^\delta / (P^\delta + (1-P)^\delta)^{\frac{1}{\delta}}$，其中 $0 < \delta < 1$，因为 $0 < P < 1$，因而 $\pi(P) + \pi(1-P)$ 为介于 0 与 1 间的正数，因而 $1 - \pi(P) - \pi(1-P)$ 也是介于 0 与 1 间的正数[90]。高校风险信息公开与保密博弈的标准表达式可表示如下表 7-4：

表 7-4　高校风险信息公开与保密博弈矩阵

		相关利益者	
		搜寻	不搜寻
高校	公开	$-(G_d + C_g)$，$-Cs$	$-G_d$，0
	保密	$-\pi(P) \times (G_n + C_g) - \pi(1-P) C_g$，0	$-\pi(P) \times G_n$，$-P \times Cr$

我们按照纳什均衡的求解思路，讨论该博弈模型可能形成的四种纯策略纳什均衡的条件：

情况 1：主动公开

当 $X > 0$，且 $Y > 0$ 时，即 $-G_d > -\pi(P) \times G_n$，且 $-(G_d + C_g) > -\pi(P) \times (G_n + C_g) - \pi(1-P) C_g$ 时对高校而言，高校公开信息为其占优战略。另外，对相关利益者而言，在高校具有占优战略时，由于 $0 > -Cs$，相关利益者会选择不搜寻战略。因而在如上条件下，纳什均衡与帕累托最优均衡均为｛公开，不搜寻｝。

情况 2：可公开可不公开

当 $X > 0$，且 $Y < 0$ 时，即当 $-G_d > -\pi(P) \times G_n$，且 $-(G_d + C_g) < -$

$\pi(P)\times(G_n+C_g)-\pi(1-P)C_g$ 时，对高校而言，不存在占优战略。所以此时，当相关利益者选择搜寻策略时，则纳什均衡为｛不公开，搜寻｝；当相关利益者选择不搜寻时，则纳什均衡为｛公开，不搜寻｝。而帕累托最优均衡为｛公开，不搜寻｝。

情况 3：信息搜寻

当 $X<0$，且 $Y<0$ 时，即 $-G_d<-\pi(P)\times G_n$，且 $-(G_d+C_g)<-\pi(P)\times(G_n+C_g)-\pi(1-P)C_g$，同时存在 $-G_d>-\pi(P)\times(G_n+C_g)-\pi(1-P)C_g$ 时，对高校而言，高校保密信息为其占优战略。对相关利益者，$0>-P\times Cr$，此时该博弈的纳什均衡为｛保密，搜寻｝，而帕累托最优均衡为｛公开，不搜寻｝

情况 4：不公开

当 $X<0$，且 $Y<0$ 时，即 $-G_d<-\pi(P)\times G_n$，且 $-(G_d+C_g)<-\pi(P)\times(G_n+C_g)-\pi(1-P)C_g$，同时存在 $-G_d<-\pi(P)\times(G_n+C_g)-\pi(1-P)C_g$ 时，对高校而言，高校保密信息为其占优战略。由于对相关利益者，$0>-P\times Cr$，此时该博弈的纳什均衡为｛不公开，搜寻｝，帕累托最优均衡不存在。

（4）高校在风险信息公开与保密策略选择中需考虑的几个问题

由于高校在信息公开博弈问题中是具有行动顺序优势的一方，因此，从高校局中人进行信息公开与保密策略选择角度，高校在情况 1 时将采取主动公开策略，在情况 2 时将采取可公开可不公开策略，而情况 3 时意味着很可能采取不公开策略，而在情况 4 时为采取不公开策略。从这四个结果来看，由于情况 2 与 3 的纳什均衡策略组合与帕累托最优策略之间存在差异，而这种差异存在着向帕累托最优均衡契合的可能，但在探讨纳什均衡能否向实现帕累托最优均衡转变的分析中，需要考虑以下几个问题。

1）是否有强制披露机制或有信息披露、信息监督第三方的引入

高校信息公开的核心是公开，关键在真实，难点在监督[91]。信息公开的主导方向可以为机构设计与政策设计带来重大变化。由以上求解过程可知，高校风险信息公开与保密决策需依据一定的条件约束。对于情况 2 与 3 来说，由于得到的纳什均衡并非为帕累托最优，因而需要施以约束条件（如强制性披露机制、外部监管等）使之向帕累托最优均衡转化。此外，只要相关利益者搜寻信息，就存在由于信息不充分超过阈值而导致的不满，也即存在高校信息不公开或不充分公开等可能（如情况 2、3、4）。据此，高校应针对具体情况，判断是否有强制公开机制（如《办法》，以及更加具有约束力的高校信息公开法律等），或有引入的信息中介机构、监理机构、监督机构等第三方，以便决定是否进行风险信息

公开。

2）延伸信息公开的思考维度

信息公开问题，涉及公开还是不公开（即公开还是保密），何时公开（即时公开还是延迟公开）、公开全部信息还是部分信息（即精确公开还是不精确公开），是面向社会公开还是局部公开（透明公开还是不透明公开）、公开渠道（网站、媒体、校内告示等），用户对公开信息的可理解性程度（清晰还是混沌）等诸多问题。

我们是从完美信息静态博弈视角，考虑到相关利益者具有优良可理解程度的条件下，高校将全部风险信息。这向全社会，通过各种信息发布渠道进行即时公开，是一个完美条件约束的信息公开情景，没有考虑公开时间、公开程度、公开范围差异等条件约束。但这一完美条件下分析的结果会存在相应的高校支付值被大大低估的现象（即损失被大大高估），进而影响均衡策略组合。

此外，我们没有考虑由于信息披露或信息保密所导致的如高校声誉、开放度、社会认同度等支付增加或支付减少对策略选择的影响。而这也将会对策略选择产生不可忽视的影响。

3）信息公开中可能存在悖论

从高校信息（含风险信息公开与非风险信息公开）公开的对象来看，高校信息公开的主要形式是全面公开，但也有部分信息公开的对象或资格受到限制，即限制性公开。无论是全面公开还是限制性公开，校内公开还是校外公开，高校信息公开会降低信息发送与接受者间的信息偏差，为高校灵活处理一般信息公开与风险信息公开提供了更大的灵活性，能更容易建立高校的声誉、改善民主问责制，也能使腐败行为更具风险性。但即使在如上严格定义的完美条件约束的信息公开博弈模型中，信息公开（尤其是风险信息公开）是否能带来社会福利的增加依然不明确。高校信息公开在高校利益相关者拥有私人信息，或在信息串联（Information Cascade）、信息极化（Information Polarization）等条件下，可能会产生社会福利的净损失[92]。

从利益方博弈的角度看，高校信息公开必须平衡各种利益冲突，如信息申请人权利与国家保密权的冲突、与第三人商业秘密权的冲突、与第三人隐私权的冲突等，高校信息免除公开的制度设计亦是多元价值整合与利益平衡的结果[93]。

参考文献

[1] 陈振明．公共政策学一政策分析的理论、方法和技术［M］．北京：中国人民大学出版社，2004：245.
[2] 陈庆云．公共政策分析［M］．北京：中国经济出版社，2000：223.
[3] 王世忠．关于教育政策执行的涵义、特征及其功能的探讨［J］．湖北教育学院学报，2001（1）：64-68.
[4] 胡春梅．教育政策执行概念的分析［J］．辽宁教育研究，2005（1）：45-46.
[5] 吕学新．共政策执行的影响因素分析［J］．理论界，2007（12）：44-45.
[6] 甘英．关于信息收集及信息收集学的探讨［J］．情报理论与实践，1998（6）：325-333.
[7] 向立文．突发事件档案信息处理机制研究［J］．档案学研究，2007（6）：55-58.
[8] 西蒙．管理行为［M］．北京：机械工业出版社，2007：17.
[9] 蒋珩．区域突发公共事件应急联动体系研究［D］．武汉理工大学硕士学位论文，2006.
[10] 王少辉．迈向阳光政府——我国政府信息公开制度研究［M］．武汉：武汉大学出版社，2010：17.
[11] Jane V. Wellman, Statewide Higher Education Accountability: Issue, Options And Stragegies For Success［EB/OL］．［2013-10-09］．http://www.nga.org/cda/files/041503HIGHERED.pdf.
[12] 李德华．我国政府危机管理中信息公开存在问题与对策［J］．图书情报工作，2009（4）：129-132.
[13] 常婷婷．公共危机管理信息公开制度的分析［D］．武汉科技大学硕士学位论文，2010.
[14] Transparency International, Global Corruption Report 2003［M］．London: Profile Books, 2003.
[15] 朱科蓉．教育信息公开研究［M］．重庆：重庆大学出版社，2008：29.
[16] 马向平，黄德林．浅谈行政信息公开制度对公共权力腐败的遏制机理［J］．行政与法．2004（3）：15-16.
[17] 杨霞．政府信息公开实现条件研究［J］．档案学通讯，2005（5）：19-22.

[18] 颜海．政府信息公开理论与实践［M］．武汉：武汉大学出版社，2008：71.

[19] 杨静．突发事件治理中政府信息公开现状与问题研究［D］．华东师范大学硕士学位论文，2010.

[20] 杨德才．高校生活园区突发事件应急管理研究［D］．华东师范大学硕士论文，2009.

[21] 王彤．高等学校信息公开制度研究［D］．中国政法大学硕士学位论文，2010.

[22] 李三红，童保庆．高等院校校务公开的现状、问题及对策研究［J］．教育理论与实践，2009（2）：48-51.

[23] 杨庆，黄锁明．当前高校信息公开工作的特点、问题与对策［J］．药学教育，2010（1）：9-11.

[24] George Haddow, Jane Bullock. The Future of Emergency Management［EB/OL］．［2013-09-02］．http：//training. fema. gov/EMIWeb/edu/docs/emfuture/Future% 20of% 20EM% 20 -% 20The% 20Future% 20of% 20EM% 20 -% 20Haddow% 20and% 20Bullock. doc.

[25] 秦浩．高校突发事件应急管理机制研究［D］．苏州大学硕士学位论文，2010.

[26] 周汉华．《政府信息公开条例》实施的问题与对策探讨［J］．中国行政管理，2009（7）：11-14.

[27] 尹晓敏．让高校办学沐浴在“阳光”下——教育部新颁《高等学校信息公开办法》的立法评析［J］．高教探索，2011（2）：41-45.

[28] 法约尔．工业管理和一般管理［M］．北京：中国社会科学出版社，1987：24.

[29] 闫健．行政首长问责制推行的实践探索［J］．中共四川省委党校学报，2008（1）：61-65.

[30] 肖翠婷．政府信息公开的环境因素分析［D］．延边大学硕士学位论文，2007.

[31] Saul Greenberg and Michael Rounding. The Notification Collage：Posting Information to Public and Personal Displays［EB/OL］．［2013-102-28］．http：//dl. acm. org/citation. cfm？ id=365339.

[32] 姜飞燕，卜睿，徐晓静．高校突发事件信息公开机制研究［J］．商品与质

量，2010（6）：126-127.
[33] 王宏伟．应急管理理论与实践［M］．北京：社会科学文献出版社，2010：143.
[34] 王俊莲，赵慧．政府突发危机事件应对与公共信息公开［J］．甘肃行政学院学报，2005（4）：50-51.
[35] 彭晖．突发公共事件的信息公开问题研究［D］．江西师范大学硕士学位论文，2009.
[36] 施文慰，朱庆华．信息构建在政府信息公开中的应用［J］．图书情报工作，2009（1）：121-125.
[37] 熊玉文．危机管理中的新闻发言人制度［J］．南京邮电大学学报，2006（3）：11-15.
[38] 周燕．美国高校危机管理研究［D］．华东师范大学硕士学位论文，2010.
[39] 刘向信．高校突发事件应急机制研究［M］．北京：社会科学文献出版社，2009：211.
[40] 宋涛．社会规律属性与行政问责实践检验［M］．北京：社会科学文献出版社，2010：92.
[41] 熊欢欢．高校信息公开与高校档案提供利用的差异化与整和性研究［D］．档案管理，2011（3）：21-23.
[42] 徐敏．高校信息公开与现代大学制度建设［J］．江苏高教，2011（1）：43-45.
[43] 钟玲，倪志刚，张俊华．高校信息公开与信息化建设研究［J］．北华航天工业学院学报，2011（12）：56-59.
[44] 王翔．高校信息公开与学生隐私权的保护——以公开学生违纪处分为视角［J］．行政事业资产与财务，2011（6）：56-59.
[45] 韩志明．行政责任困境的制度分析［D］．吉林大学博士学位论文，2006：28-30.
[46] 刘雪明，吕学新．公共政策执行偏差的原因与对策［J］．长安大学学报（社会科学版），2008（4）：52-59.
[47] 曹宏亮．管理的原则性与灵活性的协调统一［J］．湖南城市学院学报，2011，32（6）：60-63.
[48] 毛劲歌，周莹．信息失真对公共政策执行的影响及其对策分析［J］．中国行政管理，2011（6）：68-71.
[49] 李亚荣．我国公共政策执行偏差及治理研究［D］．西北大学硕士学位论

文，2007.
[50] 郑海涛，吴涛．政策执行者主观行为偏差的模型分析 [J]．哈尔滨工业大学学报（社会科学版），2006（1）：59-63.
[51] 丁煌．政策制定的科学性与政策执行的有效性 [J]．南京社会科学，2002（2）：38-44.
[52] Cole，D. C.；Eyles，J. & Gibson，B. L. Indicators of human health in ecosystems：what do wemeasure? [J]. The Science of the Total Environment，1998，224（1-3）：201-213.
[53] Fox GA，edited. Bioindicators as a Measure of Success for Virtual Elimination of Persistent Toxic Substances. A report based on a workshop held April 28，29，1992，Ann Arbour，Michigan [R]. Windsor：International Joint Commission，1994：37.
[54] 马海群，吕红．网络信息资源评价指标体系及其动态模糊评价模型构建研究 [J]．情报科学，2011（2）：166-171.
[55] 胡杨，张毅．基于 Yaahp 软件实现 AHP 模型下 BOT 项目资本结构风险分析 [J]．项目管理技术，2011（8）：27-31.
[56] 范虹，滕清安．关于中国宏观区域格局划分的思考 [J]．科技情报开发与经济，2006（2）：83-84.
[57] 王芳，王向女，周平平．地方政府网站信息公开能力评价指标体系的构建与应用 [J]．情报科学，2011（3）：406-411.
[58] 李杨．试论高校财务信息公开 [J]．佳木斯教育学院学报，2011（2）：419-422.
[59] 杨庆，黄锁明．当前高校信息公开工作的特点、问题与对策 [J]．药学教育，2010（26）：9-11.
[60] 曾兵．加强高校信息公开制度建设的若干构想 [J]．淮南师范学院学报，2006（6）：138-141.
[61] 王敬波．高校信息为何十年难公开？[N]．新京报，2011 年 12 月 10 日第 B05 版.
[62] 佘万斌，杨锐．高校信息公开与保密工作的创新思考 [J]．信息安全与技术，2012（3）：11-12（17）.
[63] 刘校滨．论知情权 [D]．吉林大学硕士学位论文，2004.
[64] 可欣．论隐私权 [D]．吉林大学硕士学位论文，2007.

[65] 王岩．论隐私权与知情权、新闻自由的冲突与协调 [D]．吉林大学硕士学位论文，2004.
[66] 刘校滨．论知情权 [D]．吉林大学硕士学位论文，2004.
[67] 朱彤．商业秘密的法律保护研究 [D]．吉林大学硕士学位论文，2007.
[68] 王克金．权利冲突论——一个法律实证主义的分析 [J]．法制与社会发展，2004 (2)：45.
[69] 王锡锌．政府信息公开语境中的“国家秘密”探讨 [J]．政治与法律，2009 (3)：8-9.
[70] 汪春秀．政府信息公开的例外研究 [D]．清华大学硕士学位论文，2007.
[71] 任琦青．政府信息公开法律制度实施若干问题研究——以《上海市政府信息公开规定》实施为例 [D]．复旦大学硕士学位论文，2005.
[72] 丁先存．论美国的政府信息公开制度 [J]．情报资料工作，2001 (1)：74-76.
[73] 王波．自由的限制——从新闻自由与隐私权的冲突说起 [D]．郑州大学硕士学位论文，2006.
[74] 王敬波．让阳光照进象牙塔：高校信息公开的法理分析 [N]．中国社会科学报，2013 年 5 月 15 日第 A07 版.
[75] 王敬波．高校信息为何十年难公开？[N]．新京报，2011 年 12 月 10 日第 B05 版.
[76] 王敬波．让阳光照进象牙塔：高校信息公开的法理分析 [N]．中国社会科学报，2013 年 5 月 15 日第 A07 版.
[77] 佘万斌，杨锐．高校信息公开与保密工作的创新思考 [J]．信息安全与技术，2012 (3)：11-12.
[78] 夏帆．《政府信息公开条例》与《保密法》的博弈 [J]．兰台论坛，2011 (8)：8.
[79] 聂辰席．公开与保密的平衡：美国政务公开立法及其对我国的启示 [J]．北京行政学院学报，2005 (3)：68-71.
[80] 夏帆．《政府信息公开条例》与《保密法》的博弈 [J]．兰台论坛，2011 (8)：9.
[81] 聂辰席．公开与保密的平衡：美国政务公开立法及其对我国的启示 [J]．北京行政学院学报，2005 (3)：68-71.
[82] 宋超．公开与保密：政府信息公开立法的焦点 [J]．安徽大学学报（哲学社会科学版），2005 (1)：64-66.

[83] 宋超．公开与保密：政府信息公开立法的焦点［J］．安徽大学学报（哲学社会科学版），2005（1）：67-69.

[84] 孙孝文．高校风险偏好表征及其控制策略［J］．高教发展与评估，2007（4）：86-91.

[85] Hotz V Joseph，Xiao Mo. Strategic information disclosure：the case of multi－attribute product with heterogeneous consumers［J］．California Center for Population Research，On-line working paper series，2005. 8.

[86] Stephen Morris，Hyun Song Shin. Social value of public information［J］．The American Economic Review，2002（12）：1521-1534.

[87] Archon Fung，Mary Graham，David Weil，The Political economy of transparency－what makes disclosure policies sustainable?［J］．John F. Kennedy School of Government Harward University，Faulty Research Working Papers Series，2003. 10.

[88] Angeletos，G. M，A Paven. Efficient use of information and social value of information［J］．Econometrica，2007（4）：1103-1142.

[89] Boris Ginxburg. Audience preferences and information disclosure. Electronic copy［EB/OL］．［2013-08-22］．http：//ssrn. com/abstract=2127877.

[90] Eiichi Umehara，Toshizumi Ohta. Using game theory to investigate risk information disclosure by government agencies and satisfying the public the role of the guardian agent［J］．Systems，Man and Cybernetics，2009（2）：321-329.

[91] 马怀德主编．公立高校信息公开研究［M］．北京：中国法制出版社，2012：164.

[92] Ivar Kolstad，Arne Wiig. Is Transparency the Key to Reducing Corruption in Resource－Rich Countries?［J］．World Development，Vol. 37，No. 3，2009（3）：521-532.

[93] 尹晓敏．高校信息公开若干疑难问题解析［J］．高等教育研究，2011，32（7）：47-50，55.

8 高校信息公开政策评价理论与方法研究

高校信息公开政策评价是高校信息公开工作的重要组成部分，开展高校信息公开政策评价研究对于整个高校信息公开制度建设具有重要的理论价值与现实意义。本章试图分析并构建高校信息公开政策评价的理论体系，并以此为基础，探索高校信息公开政策方案评价及政策实施效果评价的方法与模型。

8.1 高校信息公开政策评价理论体系的构建

在高校信息公开政策评价概念及内涵界定的基础上，我们将从高校信息公开政策评价主体与客体、高校信息公开政策评价标准与方法、高校信息公开政策评价实施过程分析、高校信息公开政策评价系统要素构建四个方面来构建高校信息公开政策评价理论体系。

8.1.1 政策评价与高校信息公开政策评价的概念界定

(1) 政策评价的概念界定

一般情况下，政策评价与政策评估是同义的，都是使用某种价值观念来分析政策运行结果，并提供政策运行结果所带来的价值方面的信息，政策评价是政策分析的一个过程[1]。从政策科学原理来看，高校信息公开政策评价是高校信息公开政策研究的一个重要环节。我们认为，为完善高校信息公开政策体制，改进高校信息公开政策质量，进而提升高校信息公开政策绩效，无论是高校信息公开政策出台之前，还是实施之后，都需要对其进行相应的评价。一方面，在高校信息公开政策出台之前，需要开展高校信息公开政策方案的评价，还需要对众多可行的高校信息政策方案进行优选，通过发现方案设计中的缺陷，力图减小政策失误的可能，进一步保证政策质量，从而科学合理地指导高校信息公开政策的实施；另一方面，在高校信息政策施行后，还需要开展针对高校信息公开政策实施效果的评价，并根据评价结果决定相应高校信息公开政策是否应该继续实施、修订完善甚至终结。陈振明归纳出国内外政策评价概念主要有四种观点[2]：第一、政策评价是对政策效果的评价；第二、是对政策方案的评价；第三、是对政策全过程的评价，既包括政策方案的评价，强调对政策执行以及政策结果的评价；第四、是发现误差，修正误差的过程。高校信息公开政策的影响和评价主要包括对高校信息公开政策方案的评价研究和对高校信息公开政策实施效果的影响与评价的研究。我们认为，政策执行的结果是政策执行过程在效果上的反应，对政策执行过程的评价可以归为对政策执行后效果的评价，也就是说，政策评价是指对政策方案及其政策效果的评价。

（2）高校信息公开政策评价的内涵界定

根据上述政策评价的概念定位，我们对高校信息公开政策评价内涵的界定如下：高校信息公开政策评价是评价主体按照相应的评价程序，依据相应的评价标准，运用相应的科学评价方法，将高校信息公开政策方案与高校信息公开政策效果作为评价客体分别进行相应的价值分析判断，并试图以评价结果作为制定新的高校信息公开政策和改进旧的高校信息公开政策提供决策依据的一项研究过程[3]。

8.1.2 高校信息公开政策评价主体与客体体系

高校信息公开政策评价主体是指在直接或间接地主持、组织或参与高校信息公开政策评价过程的官方教育组织机构、第三方科研评价机构、学生等社会利益公众、高校信息公开办公人员、新闻媒体与中介机构。高校信息公开政策评价客体是指高校信息公开政策评价的主要内容及特定对象。对高校信息公开政策评价过程来说，高校信息公开政策评价客体之一是高校信息公开政策实施之前的高校信息公开政策方案及为进行政策方案优选而进行的方案效果预测分析；高校信息公开政策评价客体之二是高校信息公开政策实施之后高校信息公开政策执行及实施效果。

（1）高校信息公开政策评价主体体系

公共政策评价主体在整个评价活动中具有重要的作用，为保证公共政策评价活动的有效性、合理性，在评价主体的选择要本着利益相关、多元化、独立性、专业化、公开公平、代表性等公共政策评价主体性原则[4]。高校信息公开政策评价主体是指在直接或间接地主持、组织或参与高校信息公开政策评价过程的机构或人员，结合公共政策评价主体选择的原则，选取官方教育组织机构、第三方的科研评价机构、学生等社会利益公众、高校信息公开办公人员、新闻媒体与中介机构五部分构成高校信息公开政策评价主体体系。开展高校信息公开工作时间不长，高校信息公开政策研究也刚起步，目前还没有专门进行高校信息公开政策评价的组织机构，仅限于高校学者以及学术研究团队。高校信息公开政策评价作为一项高专业性和高技术性的复杂工作，应加强各个评价主体的合作与沟通。根据目前我国国情，我们认为，应构建官方教育组织机构授权第三方的科研评价机构以科研立项的方式，第三方的科研评价机构作为评价主体的中心，同时第三方的科研评价机构广泛邀请学校等社会利益公众、高校信息公开办公人员、新闻媒体与中介机构多方参与的高校信息公开政策评价主体结构，见图 8-1。

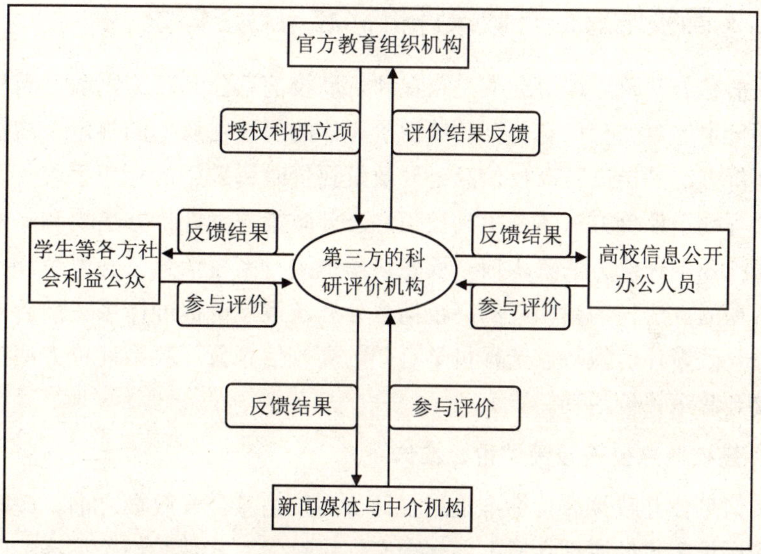

图 8-1　高校信息公开政策评价主体结构体系

（2）高校信息公开政策评价客体体系

高校信息公开政策评价客体是评价的主要内容及特定对象。依据高校信息公开政策实施前后的时间顺序来确定其评价的主要内容和对象，表现出在高校信息公开政策实施前后两个阶段，其政策评价的客体有所不同。高校信息公开政策实施之前的评价客体是高校信息公开政策实施之前的高校信息公开政策方案及为进行政策方案优选而进行的方案效果预测分析，高校信息公开政策实施之后的评价客体是高校信息公开政策实施之后高校信息公开政策执行及实施效果，见图8-2。

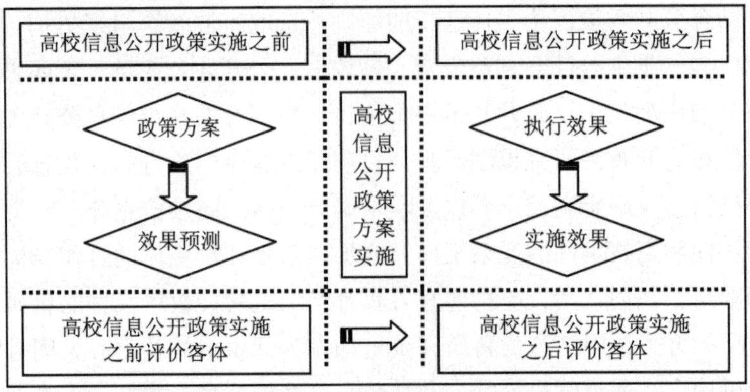

图 8-2　高校信息公开政策评价客体结构体系

8.1.3 高校信息公开政策评价标准与方法体系

高校信息公开政策评价标准是指在评价高校信息公开政策之前，高校信息公开政策评价主体对高校信息公开政策评价客体的属性在质上的规定。高校信息公开政策评价方法是指进行高校信息公开政策评价时所采用的相应手段、工具。高校信息公开政策评价方法体系由高校信息公开政策方案评价方法集和高校信息公开政策实施效果评价方法集构成。要想科学地进行高校信息公开政策评价必须按照科学合理的方法先构建相应的高校信息公开政策评价标准体系，然后再根据高校信息公开政策评价的特点选择科学有效的高校信息公开政策评价方法来开展高校信息公开政策评价活动。

（1）高校信息公开政策评价标准体系

高校信息公开政策评价标准是指在评价高校信息公开政策之前，政策评价主体对政策评价客体的属性在质上的规定。提供科学、客观的评价标准，既有利于评价过程的实施开展，又有利于对高校信息公开政策制定及实施的规范与导向。制定公共政策评价标准应遵循如下原则：服从和服务于评价对象的原则、价值性与事实性统一的原则、突出重点和具体可操作原则[5]。从政策方案评价来看，有学者依据信息政策方案评价指标体系构建原则，指出信息政策方案评价具有通用性的基本指标有目标明确性、时效性、创新性、科学性、规范性、完整性、权威性、可认知程度、利益调控程度及信息政策方案可执行程度[6]。从政策效果评价来看，有学者从系统论的角度出发指出政策效果评价的一般标准有效能标准、效率标准、充分标准、公正标准、适当标准[7]。结合制定公共政策评价标准的相关原则以及信息政策方案评价、政策效果评价的相关指标，并结合整个高校信息公开政策评价过程，将高校信息公开政策评价标准体系相应地也分为高校信息公开政策方案评价标准体系和高校信息公开政策实施效果评价指标体系两部分，并且每一部分又分别包括通用性基础评价指标和高校信息公开特殊性评价指标两类指标，见表8-1。

表8-1 高校信息公开政策评价标准体系

分类 项目	高校信息公开政策方案评价标准	高校信息公开政策实施效果评价标准
通用性基础评价指标	目标明确性、时效性、创新性、科学性、规范性、完整性、权威性、可认知程度、利益调控程度、可执行程度	效能标准、效率标准、充分标准、公正标准、适当标准
高校信息公开特殊性评价指标	根据高校信息公开政策方案的特点而制订的评价标准，如：公众参与度、监督与救济情况、公众获取公开信息便利度、方案与信息公开相关法律法规协调性等	根据高校信息公开政策实施效果的特点而制订的评价标准，如：组织配套建设情况、依申请公开实施情况、高校信息公开网站平台建设情况等

（2）高校信息公开政策评价方法体系

除常用的调查问卷分析方法外，如对象评定法、自评法等，国内外部分学者还针对不同评价客体设计了不同的评价方法。卡尔·帕顿和大卫·沙维奇针对政策事前政策方案评价和事后政策效果评价分别设计评价方法，一方面针对政策方案的评价方法有基本的预测方法（推断技术、理论预测技术：模型化、直觉预测技术）和政策方案被预测后的政策评价基本方法（折扣、衡量效率、敏感性分析、分配公式、快速决策分析、政治分析）；一方面针对政策效果评价的初步方法有政策前后比较法、实验（控制）模型法、有无政策比较法、准实验模型法、实际与规划比较法、成本法[8]。刘家顺等人针对单项政策方案评价的方法有依靠专家的经验进行打分的专家评价法（德尔菲法、K·J法）和运用数学工具进行计算和推导的定量评价法（平均预测法、指数平滑法、趋势外推法、回归分析法、），针对多项政策方案进行优选的评价方法有依靠民主评议、专家主观打分的方法和运用数理化处理手段的直接比较法、综合比较法、价值分析法、多重标准决策法[9]。刘进才借助现代数学中的模糊分析方法，建立科学、合理的指标体系和评价模型，对公共政策的实施效果进行定量评价分析[10]。各种政策评价方法各有特点，互有所长，有的方法仅适合政策方案评价，有的方法仅适合政策实施效果评价，有的方法既适合政策方案评价又适合政策实施效果评价，高校信息公开政策评价主体应根据高校信息公开政策具体情况，结合政策方案与实施效果的特点选择一种或多种方法进行相应政策评价客体的评价。另外，政策评价方法的选择还要取决于信息是否完全、政策对象的数量、政策预期效果的大小以及时间资源的限制等因素[11]。根据国内外学者针对不同评价客体设计的不同评价方法，我们构建了高校信息公开政策评价方法体系，这一体系由高校信息公开政策方案评价方法集和高校信息公开政策实施效果评价方法集构成，两类评价方法集的相交部分为高校信息公开政策方案及实施效果评价共用方法集，见图 8-3。

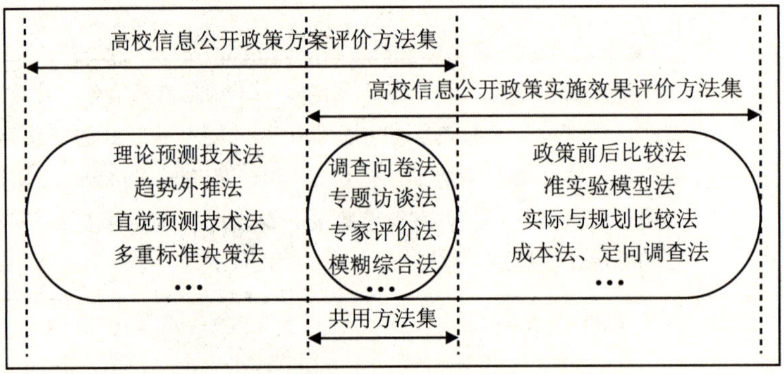

图 8-3　高校信息公开政策评价方法体系

8.1.4 高校信息公开政策评价实施过程分析

评价程序是否恰当与评价实施过程是否规范对获得理想的评价结果至关重要，按照评价工作的进程，整个评价流程分为三个阶段：评价的总体设计和规划阶段、评价实施阶段、评价结果利用[12]。公共政策评估过程就是政策评估主体有计划、有步骤地对评估客体进行评价的一系列实施活动，它包括政策评估规划设计、政策评估规划实施和政策评估终结三个阶段[13]。高校信息公开政策评价以官方教育组织机构授权第三方的科研评价机构以科研立项的方式进行，因此在评价实施阶段，具体由位于评价主体中心地位的第三方的科研评价机构进行实施评价，官方教育组织机构对整个评价过程进行管理、监控。实施评价的具体流程大体上也可分为三个阶段：评价准备阶段（确定评价对象、明确评价目标、资料信息的搜集与分析、组织评价专家组）；评价进行阶段（确定评价指标体系、选择或设计评价方法、单项评价、综合评价、协调关系）；评价结束阶段（评价结果分析、撰写评价报告）[14]。高校信息公开政策评价实施过程也可以称作高校信息公开政策评价的程序，以官方教育组织机构作为委托方管理、监控整个评价流程，包括评价准备期、评价实施期、评价结果分析期三个阶段，其评价实施期由科研立项的第三方的科研机构进行高校信息公开政策实际评价工作，也包括三个阶段，分别是评价前期、评价中期、评价后期，见图 8-4。

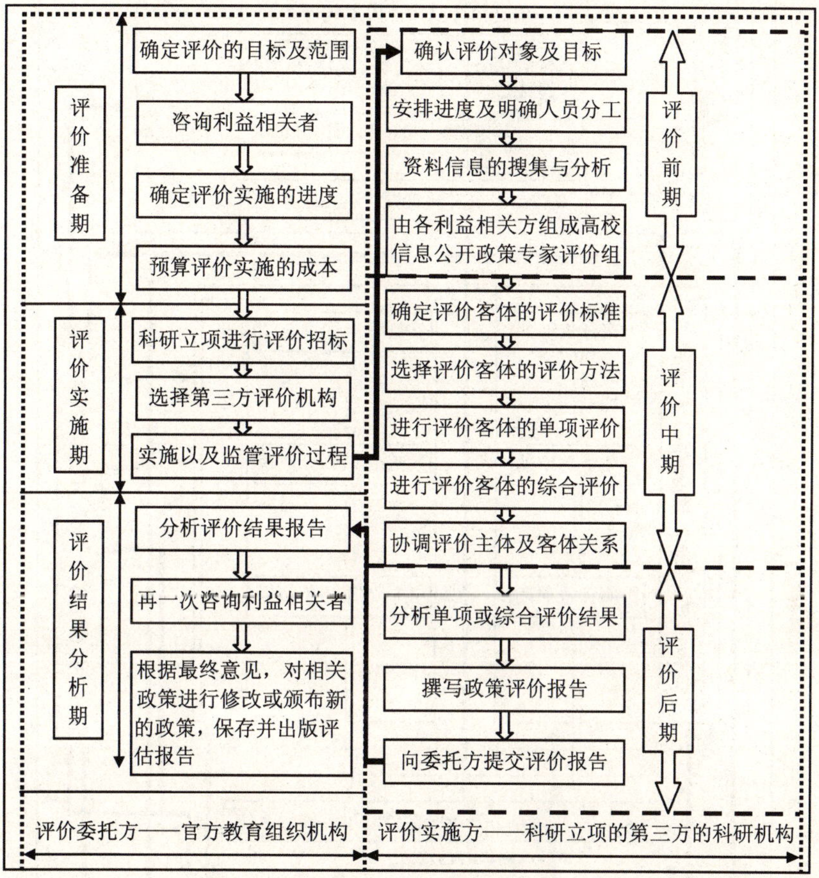

图 8-4 高校信息公开政策评价实施过程

8.1.5 高校信息公开政策评价系统要素构建

科学评价活动过程是一个完整的体系，由一系列分体系或子系统构成，分体系或子系统之间相互作用，相互影响，相辅相成，共同构成了一个完整有机的科学评价活动系统[15]。评价的结构是由基本要素（评价者、评价对象、评价手段）和非基本要素（评价目的、评价结果等）两部分构成的，这些要素的相互作用形成了特殊的评价结构[16]。评价作为把握客观存在的价值关系的一种观念性活动，是有组织、有计划、有目的的人类活动形式之一，它的运作需要明确最基本的构成要素：评价目的、评价主体、评价标准、评价对象，其中实体要素是评价主体、评价标准、评价对象[17]。从评价本质以及评价活动系统特征来看，评价

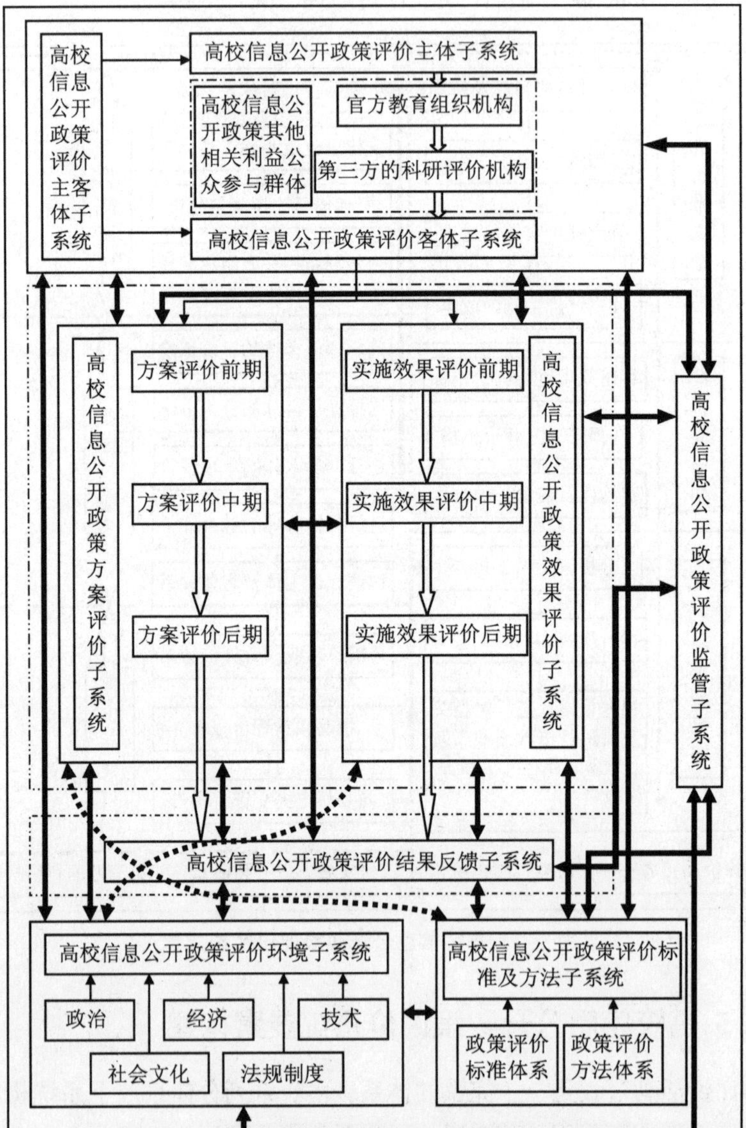

图 8-5　高校信息公开政策评价系统要素构建

运作最基本的呈现系统特征的构成要素包括主体系统、客体系统、评价目标系统以及评价参照系统构成[18]。政策评估是政策分析的重要方面，是一种具有特定标准、方法和程序的专门研究活动，评估过程实际上是对整个有机政策系统中的评估主体、评估客体、评估环境、评估标准、评估方法、评估实施程序等构成要素进行的检验[19]。从系统论及科学评价活动过程的角度出发，我们将高校信息公开政策评价系统划分为高校信息公开政策评价主客体子系统、高校信息公开政策方案评价子系统、高校信息公开政策实施效果评价子系统、高校信息公开政策评价结果反馈子系统、高校信息公开政策评价监管子系统、高校信息公开政策评价标准及方法子系统、高校信息公开政策评价环境子系统七个部分，见图8-5。

从高校信息公开的机制创设来看，十分有必要创设高校信息公开的绩效评价机制，并健全高校信息公开绩效评价结果运用机制，结果反馈与运用既是绩效评价的延续，又是其目的之所在[20]。我们认为，高校信息公开政策评价是高校信息公开工作的重要组成部分，要更好地推进我国高校信息公开制度建设与实施，一方面，需要在构建高校信息公开评估体系的基础上制定我国高校信息公开政策评价制度规范；另一方面，需要尽快开发适合我国高校信息公开政策特点的高校信息公开政策评价系统，以便于更好地指导我国高校信息公开政策评价工作。

8.2　高校信息公开政策方案评价体系构建

高校信息公开工作所涉及的信息主要是高校在开展办学活动和提供社会公共服务过程中产生、制作、获取的以一定形式记录、保存的信息，保障公民、法人和其他组织依法获取这些信息，既是促进高等学校实现依法治校的需要，也是高等教育法和《条例》等法律法规的客观要求。高校信息公开政策方案评价与优选作为高校信息公开政策实施之前所开展的一项重要评价活动，能在一定程度上保证高校信息公开政策的有效实施，既是高校信息公开政策制定科学化的基本要求，也是高校信息公开政策定量化研究的重要课题。高校信息公开政策方案评价也称作高校信息公开政策预先评价，是高校信息公开政策实施的重要基础。高校信息公开政策方案评价是高校信息公开政策评价的重要组成部分，开展高校信息公开政策方案评价研究对于高校信息公开政策研究与制度建设具有重要的理论价值和现实意义。

8.2.1 高校信息公开政策方案评价内涵

政策的方案评估是一项政策方案的可行性分析过程[21]。政策方案评价也称预评价，是指在政策制定过程中，对即将定夺的政策方案所作的价值分析、可行性分析和后果预测分析[22]。政策方案评估是对每一项政策方案的科学性、可行性及其实施可能收到的效果的综合评定，从政策研究角度而言，政策方案评估发生在政策出台之前，是科学研究中的预评价过程[23]。评价活动是主观见之于客观的活动，是主观性和客观性的高度统一。从哲学层次来看，价值乃是事物通过内部或外部相互作用所实现的多重效应，人的价值评价可从不同层次展开，并呈现出诸多的评价类型：事实评价、质量评价、道德与伦理评价、艺术与美学评价、感受性评价和其他类型的评价[24]。大学信息公开政策的影响和评价主要包括对大学信息公开政策方案的评价研究和对大学信息公开政策实施效果的影响与评价的研究。我们在借鉴政策科学等相关评价内涵基础上，结合高校信息公开政策的特点对高校信息公开政策方案评价内涵进行界定：高校信息公开政策方案评价作为高校信息公开政策评价的一部分，是评价主体按照相应评价程序，依据合理评价指标体系和框架，运用相应科学评价方法，以高校信息公开政策方案作为评价客体进行相应的价值及其价值实现过程的综合分析判断和预测优选活动，并试图以评价结果作为选择或修改相应高校信息公开政策方案决策依据，以便更好地保证高校信息公开政策有效实施的研究过程。

8.2.2 高校信息公开政策方案评价指标体系构建

（1）高校信息公开政策方案评价指标分析

政策方案的评估与择优是政策过程中最为重要的政策制定阶段中的第二大环节，其前一环节是确定政策目标，而确定政策目标必须建立各子目标的测量标准和指标，因为缺乏测量标准和指标，不仅很难断定创制的各政策方案之优缺点，而且难以判定政策实施后是否达到政策目标[25]。确定评价指标体系是进行综合评价的基础，同样高校信息公开政策方案评价指标体系的构建也是高校信息公开政策方案评价的基础，只有科学合理的方案评价指标体系，才有可能得出科学公正的综合评价结论。指标体系建立的方法有两类：专家主观评定和比较判定法及数据统计分析法，前一类方法适用于资料有限、主要依据专家经验知识来确定指标的被评价对象；后一类方法适用于具有定量评价指标的被评价对象[26]。

张金马指出可将政策有效性、政策效率、政策公平性、政策可行性四项标准作为政策评价的标准[27]。宋健峰等人认为政策制定的评价标准有制定的必要性、目标的合理性、方案的科学性和决策程序的完整科学性[28]。韩志明认为政策方案的基本评价标准包括政策方案是否具有解决问题的有效性和操作上的可行性两方面，有效性和可行性不仅是评价政策方案的基本尺度，也是决定政策方案命运的关键指标[29]。闫文仙等人指出公共政策评估标准的设定是否科学，直接决定了政策评估结果正确与否及其功能作用的发挥，评估标准的选择与确立是政策评估的起点[30]。胡昌平认为开展信息政策评估活动的通用评估标准有科学标准、完备标准、政策投入、政策效果，同时应按照评估的组织准备、实施评估、撰写评估报告及总结三步来开展信息政策评估工作[31]。马费成等人认为信息政策评价的标准有技术可行性、经济与财务可行性、政治可行性、行政可行性四类，并从信息政策效益率的角度对信息政策的效益进行了评价理论分析[32]。孙铭蔚等人指出信息政策方案评价的通用性指标包括目标明确性、时效性、创新性、科学性、规范性、完整性、权威性、可认知程度、利益调控程度及信息政策方案可执行程度、政策环境[33][34]。需要注意的是，确定指标体系应遵循如下原则：指标宜少不宜多、指标宜简不宜繁、指标应具有独立性、指标应具有代表性和差异性、指标应具可操作性[35][36]。此外，高校信息公开政策方案评价指标体系中的指标还应具有导向性和可比性，导向性是指通过评价能够找出高校信息公开政策方案在哪些方面存在不足，从而为相关部门对方案的调整与修正提供参考；可比性是指使用同一套的评价标准，通过科学的评价方法使各项评价方案在同一指标上具有可比性。按照多属性综合评价的经典逻辑框架，指标体系的建立过程是指在明确评价对象及评价目的的基础上所展开的四个步骤，依次是初步确定指标体系和具体指标、指标体系筛选、指标体系结构优化、指标预处理[37]。

国内外学者大都是从公共政策角度对政策方案评价指标进行研究，并主要从政策方案的规范标准、目标标准或内容标准之一来进行相应的政策方案评价分析，我们按照以上确定的指标体系原则，并在综合设置规范标准、目标标准和内容标准指标体系的基础上，结合《办法》中有关监督和保障的内容设置了监督标准，最终构建了包含 4 个一级指标、20 个二级指标的高校信息公开政策方案评价指标体系，详见表 8-2。

表 8-2 高校信息公开政策方案评价指标体系

目标层	一级指标（准则层）	二级指标（指标层）	评价指标内涵的简要说明
高校信息公开政策方案评价 A	规范标准 *B*1	科学性 *C*1	政策方案本身是否认真研究和严格遵循高校信息公开工作自身的规律，政策方案的制定是否采用了科学的制定程序和方法
		必要性 *C*2	政策问题客观上的严重性以及政策实施的迫切性
		合法性 *C*3	政策方案决策程序是否合法以及方案本身的合法性，政策方案在法律框架下被接受和赞同的程度
		充分性 *C*4	政策方案拟制过程中调研是否充分，方案论证是否充分
		可行性 *C*5	政策方案在政治、经济、社会心理、人员数量和质量、文化、信息、技术、设施和时机等方面是否可行
		权威性 *C*6	拟制政策方案主体的权威性以及方案本身的权威性
		前瞻性 *C*7	政策方案能否对未来可能出现的问题进行处理，方案预见性的体现
	目标标准 *B*2	明确性 *C*8	政策方案是否有明确具体的目标
		度量性 *C*9	是否可对政策方案的目标进行量化测度
		合理性 *C*10	政策方案的目标的合理性程度，预期目标实现的程度，所制定目标在国内和国际上的理论与实践依据
	内容标准 *B*3	确定性 *C*11	政策方案是否规定了明确的政策执行主体、客体和内容三个基本要素，用词是否准确、严密
		简易度 *C*12	政策方案内容对公众来说是否处于简单并且容易理解的程度
		正当性 *C*13	政策方案内容在公平、正义上的体现程度，是否有真正的价值存在以及“以人为本”精神的体现程度
		一致性 *C*14	政策方案与政策领域内外的其他政策法规的协调一致性程度，是否体现了政策的连续性
		完备性 *C*15	政策方案内容是否完整，是否具备政策法规文档所必须的组成内容
		调控性 *C*16	政策方案内容对相关利益公众间的资源和利益分配是否起到了较好的调控作用

续表

目标层	一级指标（准则层）	二级指标（指标层）	评价指标内涵的简要说明
高校信息公开政策方案评价A	监督标准 $B4$	公众参与度 $C17$	相关利益公众的参与程度以及其意见是否在方案拟制中得到体现，相关利益公众是否参与政策评价与监督的长效机制，相关利益公众在信息公开活动中参与度的高低，反映了对政策方案监督的力度
		监督救济机制 $C18$	是否建立了与政策方案相匹配的监督救济机制
		监督反馈机制 $C19$	是否建立了与政策方案相匹配的监督反馈机制
		年度报告机制 $C20$	是否建立了与政策方案相匹配的年度报告机制

（2）高校信息公开政策方案评价指标权重分析

层次分析法（The Analytic Hierarchy Process，AHP）体现了决策思维中分析、判断、综合的基本过程和特征，是一种定性与定量相结合的层次化、结构化决策分析方法[38][39]。借鉴文献[40]对 AHP 主要标度的对比分析，我们采用$e^{0/5}-e^{8/5}$指数标度，见表 8-3。

表 8-3 指数标度（$e^{0/5}-e^{8/5}$）及其含义参考说明表

标度	标度基本含义的说明
$e^{0/5}$	两项评价指标相比，前项评价指标和后项评价指标同样重要
$e^{2/5}$	两项评价指标相比，前项评价指标比后项评价指标稍微重要
$e^{4/5}$	两项评价指标相比，前项评价指标比后项评价指标比较重要
$e^{6/5}$	两项评价指标相比，前项评价指标比后项评价指标十分重要
$e^{8/5}$	两项评价指标相比，前项评价指标比后项评价指标绝对重要
$e^{k/5}$（k = 1，3，5，7）	以上相邻标度中间值，专家需要进行折中判断时采用
$\frac{1}{e^{2/5}}$	两项评价指标相比，前项评价指标比后项评价指标稍微不重要
$\frac{1}{e^{4/5}}$	两项评价指标相比，前项评价指标比后项评价指标比较不重要
$\frac{1}{e^{6/5}}$	两项评价指标相比，前项评价指标比后项评价指标十分不重要

续表

标度	标度基本含义的说明
$\frac{1}{e^{8/5}}$	两项评价指标相比，前项评价指标比后项评价指标绝对不重要
$\frac{1}{e^{k/5}}$(k = 1，3，5，7)	以上相邻标度中间值，专家需要进行折中判断时采用

注：若设前项评价指标与后项评价指标比较判断得标度值为 a，则后者与前者相比较得 1/a。例如：前者比后者表现出稍微不重要，则比例标度取 $\frac{1}{e^{2/5}}$，而后者比前者的比例标度则取 $e^{2/5}$，相当于后者比前者表现出稍微重要。

判断矩阵的检查内容应包括次序一致性和基本一致性两方面，为保证通过 AHP 导出的权重数作为评价依据的可靠性，对各专家给出的判断矩阵，首先应检查其是否具有次序一致性，然后再检查其是否满足基本一致性。利用文献[41]中基于改进 AHP 确定权重的方法进行判断矩阵、层次单排序及其一致性检验，并采用群决策的方法来确定高校信息公开政策方案评价指标的权重。专家集结后的判断矩阵及权重数输出结果见表 8-4 至表 8-8。

表 8-4　准则层各一级评价指标 B 相对于目标层 A 集结后构造的判断矩阵（A - B）及相对权重值

集结后的判断矩阵（A - B）的一致性比率=0.0110<0.10；对总目标的权重系数值=1.0000					
高校信息公开政策方案评价 A	规范标准 B1	目标标准 B2	内容标准 B3	监督标准 B4	权重值
规范标准 B1	1.0000	2.0544	0.9608	1.1735	0.3021
目标标准 B2	0.4868	1.0000	0.6703	0.7558	0.1726
内容标准 B3	1.0408	1.4918	1.0000	0.8187	0.2600
监督标准 B4	0.8521	1.3231	1.2214	1.0000	0.2653

表 8-5　指标层中规范标准的子指标相对于准则层 B1 集结后构造的判断矩阵（B1 - C）及相对权重

集结后的判断矩阵（B1 - C）的一致性比率=0.0072<0.10；对总目标的权重系数值=0.3021								
规范标准 B1	科学性 C1	必要性 C2	合法性 C3	充分性 C4	可行性 C5	权威性 C6	前瞻性 C7	权重值
科学性 C1	1.0000	1.4333	0.9608	1.4918	0.8869	1.6820	2.2255	0.1796
必要性 C2	0.6977	1.0000	0.6188	0.8187	0.5945	0.6977	1.2712	0.1074
合法性 C3	1.0408	1.6161	1.0000	1.6161	1.0833	1.9739	1.9739	0.1935
充分性 C4	0.6703	1.2214	0.6188	1.0000	0.7558	1.1735	1.5527	0.1297
可行性 C5	1.1275	1.6820	0.9231	1.3231	1.0000	2.1383	2.1383	0.1913
权威性 C6	0.5945	1.4333	0.5066	0.8521	0.4677	1.0000	1.9739	0.1170
前瞻性 C7	0.4493	0.7866	0.5066	0.6440	0.4677	0.5066	1.0000	0.0816

表 8-6 指标层中目标标准的子指标相对于准则层 B2 集结后构造的判断矩阵（B2 - C）及相对权重

集结后的判断矩阵（B2 - C）的一致性比率=0.0007<0.10；对总目标的权重系数值=0.1726

目标标准 B2	明确性 C8	度量性 C9	合理性 C10	权重值
明确性 C8	1.0000	1.5527	1.4333	0.4267
度量性 C9	0.6440	1.0000	0.8521	0.2676
合理性 C10	0.6977	1.1735	1.0000	0.3057

表 8-7 指标层中内容标准的子指标相对于准则层 B3 集结后构造的判断矩阵（B3 - C）及相对权重

集结后的判断矩阵（B3 - C）的一致性比率=0.0054<0.10；对总目标的权重系数值=0.2600

内容标准 B3	确定性 C11	简易度 C12	正当性 C13	一致性 C14	完备性 C15	调控性 C16	权重值
确定性 C11	1.0000	2.3164	1.0833	1.0000	1.3771	1.2712	0.2074
简易度 C12	0.4317	1.0000	0.5712	0.5712	0.7558	0.9231	0.1101
正当性 C13	0.9231	1.7507	1.0000	1.3771	1.6161	1.5527	0.2159
一致性 C14	1.0000	1.7507	0.7261	1.0000	1.4333	1.1735	0.1839
完备性 C15	0.7261	1.3231	0.6188	0.6977	1.0000	1.1275	0.1428
调控性 C16	0.7866	1.0833	0.6440	0.8521	0.8869	1.0000	0.1399

表 8-8 指标层中监督标准的子指标相对于准则层 B4 集结后构造的判断矩阵（B4 - C）及相对权重

集结后的判断矩阵（B4 - C）的一致性比率=0.0067<0.10；对总目标的权重系数值=0.2653

监督标准 B4	公众参与度 C17	监督救济机制 C18	监督反馈机制 C19	年度报告机制 C20	权重值
公众参与度 C17	1.0000	0.6977	0.9608	0.9231	0.2162
监督救济机制 C18	1.4333	1.0000	1.4918	2.0544	0.3530
监督反馈机制 C19	1.0408	0.6703	1.0000	1.0408	0.2251
年度报告机制 C20	1.0833	0.4868	0.9608	1.0000	0.2057

8.2.3 高校信息公开政策方案评价模型构建及模拟实验

由于主观指标仅反映人们主观认识的差异和变化，属定性指标，故其差异和变化的内涵及外延具有模糊性，可利用模糊数学的方法，对一般的主观指标评价问题建立模糊综合评价模型，将模糊因素数量化[42]。模糊综合评价法是一种解决复杂化、主观化信息的评价方法，其最大的特点就是它可处理人类思维的主动性和模糊性，使得处理的结果具有相对的科学性和客观性，从而提高决策的科学性和正确性[43]。鉴于高校信息公开政策方案评价指标的模糊性，不宜用精确的数学语言描述，我们选择模糊综合评价法来构建高校信息公开政策方案的综合评价模型。模糊综合评价法作为模糊数学方法的一种具体应用，其基本原理是：首先确定被评价对象的评价指标集合和评判等级集合，然后分别建立各评价指标的权重及它们的隶属度向量，在构造单指标模糊评价矩阵基础上构造模糊评价矩阵，最后通过选择模糊算子把模糊评价矩阵与指标的权向量进行模糊运算并进行归一化，得到模糊综合评价结果[44]。

（1）高校信息公开政策方案评价模型构建

1）确定评价指标集合和评判等级集合

这里的评价指标集合即为表 8-2 高校信息公开政策方案评价指标体系中的评价指标。设高校信息公开政策方案的一级评价指标层集合为 $U_A = \{B1, B2, B3, B4\}$，一级评价指标集中各指标分别代表高校信息公开政策方案评价的 4 个一级指标，即规范标准 $B1$、目标标准 $B2$、内容标准 $B3$、监督标准 $B4$。规范标准指标集 $U_{B1} = \{C1, C2, C3, C4, C5, C6, C7\}$，目标标准指标集 $U_{B2} = \{C8, C9, C10\}$、内容标准指标集 $U_{B3} = \{C11, C12, C13, C14, C15, C16\}$、监督标准指标集 $U_{B4} = \{C17, C18, C19, C20\}$。评判等级集合简称评判集，是为刻画每一项评价指标所处状态的 n 种评判，其一般表示为 $V = \{V_1, V_2, \cdots, Vn\}$，n 为评判的等级个数，取 n=5，其中 V_1 = 很好，V_2 = 较好，V_3 = 一般，V_4 = 较差，V_5 = 很差。

2）建立评价指标权重集

权重是表征评价指标相对重要性大小的度量衡，确定指标权重的方法很多，我们在采用文献[45]改进 AHP 方法的基础上，采用群组 AHP 专家权重系数确定的方法来建立高校信息公开政策方案评价模型中各评价指标的权重[46][47]。通过对整个高校信息公开政策方案评价指标体系中各项评价指标权重的计算，可建立各层次评价指标权重集。根据表 8-4，可得准则层相对于目标层的指标权重集 W_A =（0.3021，0.1726，0.2600，0.2653）；根据表8-5 至表8-8，可得指标层相对于准则层的指标权重集：规范标准 B_1 权重集合 W_{B1} =（0.1796，0.1074，0.1935，0.1297，0.1913，0.1170，0.0816）、目标标准 B_2 权重集合 W_{B2} =（0.4267，0.2676，0.3057）、内容标准 B_3 权重集合 W_{B3} =（0.2074，0.1101，0.2159，0.1839，0.1428，0.1399）、监督标准 B_4 权重集合 W_{B4} =（0.2162，0.3530，0.2251，0.2057）。

3）构造单指标模糊评价矩阵

先对评价指标集合中每项评价指标进行单指标评判，确定准则层中各指标层的评价指标对于评判集 V 中各种评判的隶属度 r_{ij}，可得出第 i 项指标的单指标评价集 r_i =（r_{i1}，r_{i2}，…，r_{in}），$i = 20$，其中 $r_{ij} = \frac{T_{ij}}{T}$，$T_{ij}$ 为第 i 项指标被评价人员做出隶属于评判等级集中第 j 种评判 V_j 的有效评价人数，T 为参与评价调查的有效总评价人员数量。由此可得到总模糊评价矩阵 R，即每一个被评价对象确定了从评价指标集合 U 到评价等级集合 V 的模糊关系 $R = (r_{ij})m \times n \begin{bmatrix} r_{11} & r_{12} & \cdots & r_{1n} \\ r_{21} & r_{22} & \cdots & r_{2n} \\ \vdots & \vdots & \cdots & \vdots \\ r_{m1} & r_{m2} & \cdots & r_{mn} \end{bmatrix}$，其中 $m = 20$，$n = 5$。设准则层的单指标评价矩阵分别为 R_1、R_2、R_3、R_4，其中

$$R_1 = \begin{bmatrix} r_{11} & r_{12} & r_{13} & r_{14} & r_{15} \\ \vdots & \vdots & \vdots & \vdots & \vdots \\ r_{71} & r_{72} & r_{73} & r_{74} & r_{75} \end{bmatrix}, R_2 = \begin{bmatrix} r_{81} & r_{82} & r_{83} & r_{84} & r_{85} \\ r_{91} & r_{92} & r_{93} & r_{94} & r_{95} \\ r_{101} & r_{102} & r_{103} & r_{104} & r_{105} \end{bmatrix},$$

$$R_3 = \begin{bmatrix} r_{111} & r_{112} & r_{113} & r_{114} & r_{115} \\ \vdots & \vdots & \vdots & \vdots & \vdots \\ r_{161} & r_{162} & r_{163} & r_{164} & r_{165} \end{bmatrix}, R_4 = \begin{bmatrix} r_{171} & r_{172} & r_{173} & r_{174} & r_{175} \\ \vdots & \vdots & \vdots & \vdots & \vdots \\ r_{201} & r_{202} & r_{203} & r_{204} & r_{205} \end{bmatrix}。$$

4）进行模糊合成并计算综合评价结果

先对各指标层子指标评价集进行一级模糊综合评价，得到一级评价向量 Bg，其中 $g = 1$，…，4。R_g 中的不同行反映了被评价对象从不同的单指标来看对各评判等级集合的隶属度。用权重向量 W_{Bg} 对 R_g 不同的行进行综合运算，就可得到该评价对象对各等级模糊集的隶属程度，即模糊综合评价结果向量 $Bg = W_{Bg} \circ R_g$ =（$bg1$，$bg2$，$bg3$，$bg4$，$bg5$），其中 $bg1 + bg2 + bg3 + bg4 + bg5 = 1$。在一级评价

向量的基础上，由 $B1$、$B2$、$B3$、$B4$ 构成目标层 A 的单指标评价矩阵 $R_A = \begin{bmatrix} B1 \\ B2 \\ B3 \\ B4 \end{bmatrix} =$

$\begin{bmatrix} b11 & b12 & b13 & b14 & b15 \\ b21 & b22 & b23 & b24 & b25 \\ b31 & b32 & b33 & b34 & b35 \\ b41 & b42 & b43 & b44 & b45 \end{bmatrix}$，运用同样的方法对准则层进行二级模糊综合评价，用权重向量 W_A 对 R_A 不同的行进行综合运算，就可得到二级评价向量 $B = W_A \circ R_A$，即目标层 A 的模糊综合评价结果向量 $B =(b1, b2, b3, b4, b5)$，其中满足 $b1 + b2 + b3 + b4 + b5 = 1$。$b$n 表示被评价对象具有评判 Vn 的程度（$n = 5$），因此可利用最大隶属度的原则选择最大的 bn 所对应的评判等级 Vn 作为综合决策的评价结果，判断某项高校信息公开政策方案是否可执行。$Bg = W_{Bg} \circ R_g$ 和 $B = W_A \circ R_A$ 称为模糊变换，“∘”是模糊算子，常用的合成算子有三种，分别是 $M(\wedge, \vee)$、$M(\cdot, \vee)$、$M(\cdot, \oplus)$，三种算子分别具有各自的特点，可根据实际情况进行选择[48][49][50]。在模糊算子的选择上，为了提供评价结果的客观准确性，应利用高校信息公开政策方案评价指标的全部评价信息，我们建议采用 $M(\cdot, \oplus)$ 这种加权平均综合决定模型。此外，为便于对不同高校信息公开政策方案进行相互之间的评价和优选，还需要引入与评判集相对于的分值向量集 $C = (95, 85, 75, 65, 55)$，并将 C 与 B 进行模糊合成运算，将综合评价结果向量 $B = (b1, b2, b3, b4, b5)$ 转化为高校信息公开政策方案的最终得分 Q，$Q = B \circ C^T$。通过得分大小进行不同高校信息公开政策方案进行相互之间的评价和优选。

（2）高校信息公开政策方案评价模拟实验

下面假设要对某项高校信息公开政策方案进行评价分析。先选高校学生、教职工以及家长等社会利益公众代表、高校信息公开办公人员代表、新闻媒体代表和有关专家代表共计 20 人组成评价小组参与调查问卷；然后设计相应的调查问卷并发放给参与评价的小组成员，调查问卷按照高校信息公开政策方案评价指标体系进行设计，让小组成员结合评价指标体系中各项指标的具体含义进行单项指标评价，问卷中每项指标所处状态有 5 种等级；最后通过对调查表进行数据处理，得到单因素评价结果统计表，见表 8-9。

表 8-9 某项高校信息公开政策方案单因素评价结果统计表

一级指标（准则层）	二级指标（指标层）	评判等级				
		很好 V_1	比较好 V_2	一般 V_3	比较差 V_4	很差 V_5
规范标准 *B*1	科学性 *C*1	3	5	8	4	0
	必要性 *C*2	4	12	2	1	1
	合法性 *C*3	6	8	3	2	1
	充分性 *C*4	4	7	7	1	1
	可行性 *C*5	6	6	4	2	2
	权威性 *C*6	3	11	5	1	0
	前瞻性 *C*7	2	8	7	3	0
目标标准 *B*2	明确性 *C*8	0	6	10	3	1
	度量性 *C*9	1	4	8	5	2
	合理性 *C*10	3	6	6	3	2
内容标准 *B*3	确定性 *C*11	3	8	6	0	3
	简易度 *C*12	3	1	7	4	5
	正当性 *C*13	7	5	6	2	0
	一致性 *C*14	3	8	7	1	1
	完备性 *C*15	9	2	2	6	1
	调控性 *C*16	2	4	7	3	4
监督标准 *B*4	公众参与度 *C*17	3	6	8	2	1
	监督救济机制 *C*18	8	5	3	3	1
	监督反馈机制 *C*19	5	9	4	1	1
	年度报告机制 *C*20	6	8	5	1	0

以第一项二级评价指标科学性 *C*1 为例来说明如何构造模糊评价矩阵，评价小组 20 位成员对该项高校信息公开政策方案在科学性上的表现情况进行评价，即评判该政策方案本身是否认真研究和严格遵循高校信息公开工作自身的规律以及政策方案的制定是否采用了科学的制定程序和方法。评价结果：评价小组中的 3 位成员认为该方案在科学性上表现为 V_1 等级，即该方案在科学性上表现很好；评价小组中的 8 位成员认为该方案在科学性上表现为 V_2 等级，即该方案在科学性上表现比较好；评价小组中的 5 位成员认为该方案在科学性上表现为 V_3 等级，即该方案在科学性上表现一般；评价小组中的 4 位成员认为该方案在科学性上表

现为 V_4 等级，即该方案在科学性上表现比较差；评价小组中无人认定该方案在科学性上表现为 V_5 等级。因此，记该项高校信息公开政策方案的评价指标集中第一项评价指标的评价向量集为 $r_1=(0.15, 0.25, 0.4, 0.2, 0)$。根据表8以及评价模型中构造单模糊评价矩阵的方法，可得到准则层的第一项评价指标规范标准B1的单指标评价矩阵为

$$R_1=\begin{bmatrix}0.15 & 0.25 & 0.4 & 0.2 & 0\\ 0.2 & 0.6 & 0.1 & 0.05 & 0.05\\ 0.3 & 0.4 & 0.15 & 0.1 & 0.05\\ 0.2 & 0.35 & 0.35 & 0.05 & 0.05\\ 0.3 & 0.3 & 0.2 & 0.1 & 0.1\\ 0.15 & 0.55 & 0.25 & 0.05 & 0\\ 0.1 & 0.4 & 0.35 & 0.15 & 0\end{bmatrix},$$

准则层的第二项评价指标目标标准B2的单指标评价矩阵为

$$R_2=\begin{bmatrix}0 & 0.3 & 0.5 & 0.15 & 0.05\\ 0.05 & 0.2 & 0.4 & 0.25 & 0.1\\ 0.15 & 0.3 & 0.3 & 0.15 & 0.1\end{bmatrix},$$

准则层的第三项评价指标内容标准B3的单指标评价矩阵为

$$R_3=\begin{bmatrix}0.15 & 0.4 & 0.3 & 0 & 0.15\\ 0.15 & 0.05 & 0.35 & 0.2 & 0.25\\ 0.35 & 0.25 & 0.3 & 0.1 & 0\\ 0.15 & 0.4 & 0.35 & 0.05 & 0.05\\ 0.45 & 0.1 & 0.1 & 0.3 & 0.05\\ 0.1 & 0.2 & 0.35 & 0.15 & 0.2\end{bmatrix},$$

准则层的第四项评价指标监督标准B4的单指标评价矩阵为

$$R_4=\begin{bmatrix}0.15 & 0.3 & 0.4 & 0.1 & 0.05\\ 0.4 & 0.25 & 0.15 & 0.15 & 0.05\\ 0.25 & 0.45 & 0.2 & 0.05 & 0.05\\ 0.3 & 0.4 & 0.25 & 0.05 & 0\end{bmatrix}。$$

那么，准则层的第一项评价指标规范标准 $B1$ 的模糊综合评价结果向量 $B1=W_{B1}\circ R_1$，同理，目标标准 $B2$、内容标准 $B3$ 以及监督标准 $B4$ 的模糊综合评价结

果向量分别为 $B2 = W_{B2} \circ R_2$、$B3 = W_{B3} \circ R_3$、$B4 = W_{B4} \circ R_4$。据权重计算结果 $B1$ 权重 W_{B1} = (0.1796，0.1074，0.1935，0.1297，0.1913，0.1170，0.0816)、$B2$ 权重 W_{B2} = (0.4267，0.2676，0.3057)、$B3$ 权重 W_{B3} = (0.2074，0.1101，0.2159，0.1839，0.1428，0.1399)、$B4$ 权重 W_{B4} = (0.2162，0.3530，0.2251，0.2057)，可求出模糊综合评价结果向量 $B1$ = (0.216，0.387，0.253，0.104，0.041)、$B2$ = (0.059，0.273，0.412，0.177，0.079)、$B3$ = (0.229，0.258，0.293，0.117，0.103)、$B4$ = (0.292，0.337，0.236，0.096，0.040)。在此基础上，由 $B1$、$B2$、$B3$、$B4$ 构成目标层 A 的单指标评价矩阵

$$R_A = \begin{bmatrix} B1 \\ B2 \\ B3 \\ B4 \end{bmatrix} = \begin{bmatrix} 0.216 & 0.387 & 0.253 & 0.104 & 0.041 \\ 0.059 & 0.273 & 0.412 & 0.177 & 0.079 \\ 0.229 & 0.258 & 0.293 & 0.117 & 0.103 \\ 0.292 & 0.337 & 0.236 & 0.096 & 0.040 \end{bmatrix},$$

而权重 W_A = (0.3021，0.1726，0.2600，0.2653)，运用同样的计算方法对准则层进行二级模糊综合评价，即目标层 A 的模糊综合评价结果向量 $B = W_A \circ R_A$ = (0.212，0.321，0.286，0.118，0.063)，此结果表明如下信息：有 21.2% 的评价成员认为该方案很好，32.1% 的评价成员认为该方案比较好，28.6% 的评价成员认为该方案一般，11.8% 的评价成员认为该方案比较差，6.3% 的评价成员认为该方案很差。根据最大隶属度原则，可认为对该项高校信息公开政策方案是一项比较好的方案，可实施。如果需要从众多比较好的高校信息公开政策方案中进行优选，即选择相对最好的高校信息公开政策方案，那么还需要对目标层 A 的模糊综合评价结果向量进行单值化操作，将其转化为高校信息公开政策方案的最终得分 $Q = B \circ C^T$，最后根据各项高校信息公开政策方案的最后得分 Q 值大小选择相对最优的高校信息公开政策方案，其中 C = (95，85，75，65，55)。根据此计算公式，上述模拟实验中的高校信息公开政策方案评价最终得分为 B = (0.212，0.321，0.286，0.118，0.063) ∘ (95，85，75，65，55)^T = 80.01。

2011 年教育部政府信息公开工作年度报告指出：加强对直属单位和学校信息公开工作的分类指导和督促检查，将教育信息公开工作不断引向深入需要启动高校信息公开考核评估指标体系研究工作[51]。高校信息公开评价反馈制度是高校信息公开制度体系的基本制度，是在信息公开制度基本原则基础上建立起来的制度[52]。而高校信息公开政策方案评价是高校信息公开评价工作不可或缺的一环，因此高校信息公开政策方案评价应该成为高校信息公开评价反馈制度的基本工作，同时也应成为高校信息公开制度体系建设的一个重要组成部分。

8.3 高校信息公开政策实施效果评价体系构建

完整的公共政策过程不仅包括科学合理地制定政策，有效地执行政策，同时还包括对政策效果及其影响的分析评估，以便确定某项公共政策的实际价值和影响[53]。可见，为了提高高校信息公开的整体绩效水平，努力推进高校信息公开工作的实施，完善高校信息公开制度建设，我们必须开展高校信息公开政策实施效果的评价研究。大学信息公开政策的影响与评价是大学信息公开政策制定与评价研究的主要内容之一，其主要包括对大学信息公开政策方案的评价研究及其政策实施效果的影响与评价的研究。高校信息公开政策经过一段时间的实施之后，我们还将面对这样的问题：相应政策实施的影响和效果到底如何？也就是说，为了高校信息公开政策发挥其最大的绩效，我们还要针对高校信息公开政策实施效果进行评价，并根据评价结果决定相应高校信息公开政策是否应该继续实施或进行修订、完善，甚至终结。

8.3.1 高校信息公开政策实施效果评价内涵与测度

高校信息公开政策实施效果评价是高校信息公开政策的执行、监督和评价运行机制中的重要环节和功能，它是以高校信息公开政策实施效果作为评价客体的高校信息公开政策评价过程。高校信息公开政策实施效果具有模糊性和动态变化性等特性，对其进行测度是一项难度较大但具有十分重要意义的工作。

（1）高校信息公开政策实施效果评价内涵

政策评价就是在政策执行后，依据一定的标准对政策的效果、效益和效应所做的分析和判断[54]。政策实施后的效果评价从时间跨度上看，是政策动议同步的预测性评价和政策实施过程的跟踪评价的后续环节，也是政策评价的最后一个环节[55]。我们认为，高校信息公开政策实施效果评价是高校信息公开政策的执行、监督和评价运行机制中的重要环节和功能，它是以政策实施效果作为评价客体的高校信息公开政策评价过程。高校信息公开政策实施效果评价内涵，至少包括以下五方面的含义：第一、高校信息公开政策实施效果评价的本质，即高校信息公开政策实施效果与影响的绩效评价和测度；第二、高校信息公开政策实施效果评价的对象，即高校信息公开政策执行后，对社会、经济、公众和高校及其信息公开环境产生的积极影响和负面影响的综合评价；第三、高校信息公开政策实施效果评价的指标体系，即对高校信息公开政策实施效果和影响进行评价和测度的尺度标准；第四、即对高校信息公开政策实施效果与影响进行评价的测度方法；第五、高校信息公开政策实施效果评价的目的，即在分析评价结果的基础上，作为制定新的高校信息公开政策、改进旧的高校信息公开政策以及对相应高校信息公开政策执行进行纠偏的决策依据。

（2）高校信息公开政策实施效果评价测度

政策评估也称作政策评价，公共政策评估的主要困难包括六个方面：政策目标的不确定性、政策影响的广泛性、政策资源的混合和政策行为的重叠、有关人员的抵制、评估资料和经费的缺乏、评估结论不被重视[56]。另外，还有学者从公共政策本身、政策评估主体、国家对公共政策评估重视不够三方面对目前公共政策评估工作面临的困难进行了归纳[57]。Robert Hazell 尝试对信息自由法（Freedom of Information，FOI）所产生的影响进行测量评价，他提出了五种测度 FOI 影响的方法：回顾官方和学术文献、调查政府信息公开请求者、与政府官员和其他知识渊博的信息公开法研究专家开展采访、研究信息公开指南模版和信息公开网站、分析报刊中有关政府信息公开的文章[58]。Nicole White 在 2005—2006 年间对新西兰政府信息法颁布 25 年来的有关文献进行了概况分析，并同从事与该法相关工作的人们进行了近 50 多次访谈，从而总结了政府信息法的相关成果与教训，并对未来的发展提出建议[59]。王敬波依据教育部的《办法》，研发了包括组织机构、制度规范、主动公开、依申请公开、监督和保障等六个方面的测评指标，对全国“211 工程”112 所高校信息公开的情况进行全面观察，并发布《2010-2011 高校信息公开观察报告》[60]。同样，开展针对高校信息公开政策实施效果的评价研究也可借鉴上述 Hazell 等人对政策法规实施影响的测度方法。

我们认为，高校信息公开政策实施效果与影响的测度至少有以下七种方法：1）研究教育部以及高等学校等发布的有关信息公开的官方资料；2）调查高校信息公开利益公众，特别是教师、学生、家长。3）开展与教育部官员、高校领导以及信息公开法、政策科学、信息政策、评价学研究专家的访谈；4）研究高校信息公开指南模版和高校信息公开网站平台；5）对有关高校信息公开的文献进行文献计量学分析；6）依据高校信息公开政策内容本身对高校信息公开工作的要求，开展高校信息公开情况的测评；7）通过建立高校信息公开政策实施效果评价指标体系，构建相应评价模型并对其进行量化研究。

8.3.2 构建高校信息公开政策实施效果评价指标体系

评价指标体系是对被评价对象全部或部分特征的真实反映，其准确反映事物的真实程度是科学评价结论准确、可靠的基本保障，评价指标体系的形成还应严格遵循指标体系构建原则和评价指标筛选或优化原则[61]。综合评价工作是主客观因素的结合，这就导致了评价指标体系的建立过程也必然是主观和客观的有机结合，通常按照如下步骤来构建评价指标体系[62]：明确评价目的、采用调查研究、系统分析以及 Delphi 法相结合的方法获得评价指标集合、明确指标间的相互制约关系和结构、在专家咨询和论证的基础上建立评价指标体系。《办法》作为《条例》施行以来第一部对教育公共企事业单位信息公开工作进行规范的部门规章，可见高校信息公开与政府信息公开之间具有紧密的联系。高校信息公开作为政府信息公开的重要组成部分，高校信息公开一方面即可利用政府信息公开的理论、方法与实践经验来指导高校信息公开工作的研究和工作，反过来，高校信息公开的研究和实践工作也为推动政府信息公开和其他企事业领域的信息公开的研究和实践提供了重要内容和借鉴经验。以参照相关文献中有关公共政策实施效果评价标准的研究成果为基础[63][64]，并遵循评价指标体系构建原则和方法[65]，结合高校信息公开政策评价的特点以及《条例》、《办法》的相关要求，构建了高校信息公开政策实施效果评价指标体系，详见表 8-10。

8.3.3 确定高校信息公开政策实施效果评价指标权重

考虑到目前有关高校信息公开政策实施效果数据的匮乏以及评价指标体系中的大量指标属于定性评价指标，我们采用层次分析法这种主观权重系数法[66]。AHP 法是把复杂问题中的各因素划分成相关联的有序层次结构模型，使之条理化的多目标、多准则的决策方法，是一种定量分析与定性分析相结合的有效方法。虽然 AHP 法具有一些不足之处，但是 AHP 法对各指标之间相对重要程度的分析具有细致的逻辑数学处理过程，只要对 AHP 法进行相应的改进，同时在选择适当专家的基础上，通过该方法计算的权重能保重一定的科学性和可信度。考虑到 AHP 法的某些不足，在确定高校信息公开政策实施效果评价指标权重时，主要从指数标度和一致性检验两方面对 AHP 法进行改进[67]。利用高校信息公开政策实施效果评价指标体系指标相对重要性调查问卷分别让专家独立进行作答，要求每位专家对同一级的相关评价指标相对于上一级指标而言所表现出的重要性程度等级进行评判，评价指标相对重要性衡量尺度分别是绝对不重要、介于十分不重要和绝对不重要之间、十分不重要、介于比较不重要和十分不重要之间、比较不重要、介于稍微不重要和比较不重要之间、稍微不重要、介于同等重要与稍微不重要之间、同等重要、介于同等重要与稍微重要之间、稍微重要、介于稍微重要和比较重要之间、比较重要、介于比较重要和十分重要之间、十分重要、介于十分重要和绝对重要之间、绝对重要，分别依次对应指数比例标度 $\frac{1}{e^{k/5}}$(k = 8, 7, 6, 5, 4, 3, 2, 1)，$e^{0/5}$，$e^{k/5}$(k = 1, 2, 3, 4, 5, 6, 7, 8) 的

表 8-10 高校信息公开政策实施效果评价指标体系

目标层	一级指标（准则层）	二级指标（指标层）	评价指标内涵的简要说明
高校信息公开政策实施效果评价 A	事实标准 $B1$	生产力标准 $C1$	政策实施后有无或在多大程度上解放了生产力，促进了生产力的发展
		效益标准 $C2$	以实现政策目标的程度作为衡量政策效果的尺度，政策的实际效果是否与预定目标相符合，在什么程度上完成了预定目标，还存在那些距离和偏差
		效率标准 $C3$	即政策效益与政策投入的比率，一方面关注单位成本所能产生的最大价值，另一方面关注既定目标所需要的最小成本
		力度标准 $C4$	政策传达、落实的力度，政策执行是否始终如一，力度标准是政策执行力在执行效果上的反映
	价值标准 $B2$	利益标准 $C5$	政策实施后是否满足了大多数人的利益
		稳定标准 $C6$	政策实施后是否有利于政治、经济、社会、高校的稳定
		公平标准 $C7$	政策执行后，与该政策有关的社会资源、利益及成本在社会不同群体间公平分配的程度
	公开标准 $B3$	依申请公开 $C8$	高校依申请公开的实际开展及处理情况如何
		信息公开指南、目录及年度报告 $C9$	是否发布了与政策执行相配套的高校信息公开指南、目录以及相应的年度报告
		信息公开救济 $C10$	高校信息公开救济的实施及处理情况
	平台标准 $B4$	机构健全度 $C11$	高校信息公开领导小组、高校信息公开办公室、高校信息公开监督救济办公室、高校信息依申请公开办公室等组织机构的健全程度
		公开网站平台 $C12$	相应的高校信息公开网站平台建设情况如何
		其他公开场所 $C13$	是否开辟了专门的高校信息公开场所，如图书馆是否开辟了单独的高校信息公开场所
	公众标准 $B5$	政策回应度 $C14$	政策实施后对特定团体需求的高校信息公开满足程度，公众获取信息的便利程度
		公众认知度 $C15$	政策实施后，公众对政策本身认知程度的提升情况以及公众高校信息公开意识认知能力的提升程度
		社会影响力 $C16$	政策实施所产生的社会影响如何，高校信息公开政策环境是否得到相应改善以及改善程度

数值。要求各位专家根据其自身的工作经验与知识分别对各层次的评价指标进行相互重要性程度比较，并在此基础上分别构造出每位专家的评判矩阵。采用群决策的原理和方法，即首先运用系统聚类分析法，对群决策中的专家进行分类，并为每位专家赋予不同的权重，然后在专家自身权重的作用下，根据各个判断矩阵之间的一致性，算出每个判断矩阵的可信度权值，再对经过一致性调整的多专家的判断矩阵进行加权平均运算，得出多专家对各判定方案的判定结果[68]。集结后的专家判断矩阵包括一级指标层中各指标对应于目标层的判断矩阵以及二级指标层中各指标对应于一级指标层的判断矩阵，详见表 8-11 至表8-16。

表 8-11　准则层各一级评价指标 *B* 相对于目标层 *A* 集结后构造的判断矩阵（*A* - *B*）及相对权重值

集结后的判断矩阵（A-B）的一致性比例=0.0063<0.10；对总目标的权重系数值=1.0000						
高校信息公开政策实施效果评价 *A*	事实标准 *B*1	价值标准 *B*2	公开标准 *B*3	平台标准 *B*4	公众标准 *B*5	权重值
事实标准 *B*1	1.0000	1.5527	0.6440	0.6440	1.2214	0.1833
价值标准 *B*2	0.6440	1.0000	0.5273	0.5712	1.1735	0.1430
公开标准 *B*3	1.5527	1.8965	1.0000	1.3771	1.9739	0.2915
平台标准 *B*4	1.5527	1.7507	0.7261	1.0000	1.4333	0.2368
公众标准 *B*5	0.8187	0.8521	0.5066	0.6977	1.0000	0.1453

表 8-12　指标层中事实标准的子指标相对于准则层 *B*1 集结后构造的判断矩阵（*B*1 - *C*）及相对权重

集结后的判断矩阵（*B*1 - *C*）的一致性比率=0.0011<0.10；对总目标的权重：0.1833					
事实标准 *B*1	生产力标准 *C*1	效益标准 *C*2	效率标准 *C*3	力度标准 *C*4	权重值
生产力标准 *C*1	1.0000	0.8521	0.9231	1.0408	0.2375
效益标准 *C*2	1.1735	1.0000	1.0408	1.1275	0.2705
效率标准 *C*3	1.0833	0.9608	1.0000	0.9608	0.2497
力度标准 *C*4	0.9608	0.8869	1.0408	1.0000	0.2423

表 8-13 指标层中价值标准的子指标相对于准则层 B2 集结后构造的判断矩阵（B2 - C）及相对权重

集结后的判断矩阵（B2 - C）的一致性比率=0.0043<0.10；对总目标的权重：0.1430				
价值标准 B2	利益标准 C5	稳定标准 C6	公平标准 C7	权重值
利益标准 C5	1.0000	0.6703	1.2214	0.3057
稳定标准 C6	1.4918	1.0000	1.4918	0.4267
公平标准 C7	0.8187	0.6703	1.0000	0.2676

表 8-14 指标层中公开标准的子指标相对于准则层 B3 集结后构造的判断矩阵（B3 - C）及相对权重

集结后的判断矩阵（B3 - C）的一致性比率=0.0000<0.10；对总目标的权重：0.2915				
公开标准 B3	依申请公开 C8	信息公开指南、目录及年度报告 C9	信息公开救济 C10	权重值
依申请公开 C8	1.0000	0.7261	1.0408	0.2996
信息公开指南、目录及年度报告 C9	1.3771	1.0000	1.4333	0.4126
信息公开救济 C10	0.9608	0.6977	1.0000	0.2878

表 8-15 指标层中平台标准的子指标相对于准则层 B4 集结后构造的判断矩阵（B4 - C）及相对权重

集结后的判断矩阵（B4 - C）的一致性比率=0.0062<0.10；对总目标的权重：0.2368				
平台标准 B4	机构健全度 C11	公开网站平台 C12	其他公开场所 C13	权重值
机构健全度 C11	1.0000	0.7558	1.1735	0.3106
公开网站平台 C12	1.3231	1.0000	1.9739	0.4451
其他公开场所 C13	0.8521	0.5066	1.0000	0.2443

表 8-16 指标层中公众标准的子指标相对于准则层 B5 集结后构造的判断矩阵（B5 - C）及相对权重

集结后的判断矩阵（B5 - C）的一致性比率=0.0000<0.10；对总目标的权重：0.1453				
公众标准 B5	政策回应度 C14	公众认知度 C15	社会影响力 C16	权重值
政策回应度 C14	1.0000	1.0000	1.1735	0.3506
公众认知度 C15	1.0000	1.0000	1.1735	0.3506
社会影响力 C16	0.8521	0.8521	1.0000	0.2988

8.3.4 高校信息公开政策实施效果动态模糊综合评价模型构建

模糊集或模糊变量是模糊现象的数学描述，但其仅是一次性描述，在许多实际问题中，有的现象不仅具有模糊性而且还具有一定的持续时间，现象的本质特征在持续时间内不断地发生变化，这种现象被称作动态模糊现象[69]。高校信息公开政策实施效果不但具有模糊性，比如高校信息公开网站平台建设的好坏；而且还具有明显的动态变化性，比如高校信息公开网站平台建设越来越好。鉴于高校信息公开政策实施效果动态模糊性的特点，一般的模糊综合评价方法将不能很好地解决高校信息公开政策实施效果的动态模糊现象，故我们构建的高校信息公开政策实施效果评价模型利用模糊数学中动态模糊集合理论的基本思想，运用动态模糊综合评价方法对高校信息公开政策实施效果的优劣程度以及执行效果的发展趋势进行动态模糊评判的综合评价过程。模糊集合（Fuzzy Sets，FS）是表示模糊概念的方法，它是普通集合理论的推广；在普通集合中，元素 u 对集合 A 的隶属度只有 0 和 1 这两个值，模糊集合则把元素 u 对集合 A 的隶属度从 0 或 1 扩充为 [0，1][70]。动态模糊集（Dynamic Fuzzy Sets，DFS），是一种表示动态模糊数据的方法，它是普通集合理论和 FS 理论的推广，即在普通集合的概念中考虑数据模糊性的基础上，同时考虑数据的动态性[71]。通过 DFS 理论，不仅可把数据模糊程度表示出来，而且可把模糊数据状态发展变化趋势直观地反映出来，当两个 DFS 间进行运算时，可理解为对隶属函数作相应的运算，DFS 的交、并、补运算可按论域分为有限和无限两种，即当论域为有限集和当论域为无限集两种情况下，DFS 的交、并、补运算[72]。DFS 及其运算的原理是动态模糊综合评价方法的基础。动态模糊综合评价方法是一种基于动态模糊集合及其测度理论建立起来的综合评价方法，其实质就是将常用的模糊综合评价方法进行改进，是模糊综合方法与动态模糊数学相结合的应用和推广[73]。运用动态模糊综合评价方法进行高校信息公开政策实施效果评价，需建立相应的动态模糊综合评价模型。一般来说，建立动态模糊综合评价模型包括确定评价指标集、确定指标权重集、确定动态评价选择集及分值向量集、构建单因素评价矩阵、数据运算合成评价结果五方面的内容[74][75]。

（1）构建评价指标集

按照表 8-10 来构建评价指标集：$U_A=\{B1，B2，B3，B4，B5\}$，$U_{B1}=\{C1，C2，C3，C4\}$，$U_{B2}=\{C5，C6，C7\}$，$U_{B3}=\{C8，C9，C10\}$，$U_{B4}=\{C11，$

$C12$，$C13\}$，$U_{B5}=\{C14, C15, C16\}$。

（2）确定评价指标权重集

先根据表8-11 确定 B 相对于 A 评价指标权重集 $W_A=(0.1833, 0.1430, 0.2915, 0.2368, 0.1453)$，再据表8-12—表8-16 确定 C 相对于 B 的权重：$W_{B1}=(0.2375, 0.2705, 0.2497, 0.2423)$，$W_{B2}=(0.3057, 0.4267, 0.2676)$，$W_{B3}=(0.2996, 0.4126, 0.2878)$，$W_{B4}=(0.3106, 0.4451, 0.2443)$，$W_{B5}=(0.3506, 0.3506, 0.2988)$。

（3）设计动态评价选择集及分值向量集

为便于评判各个指标的等级归属，需要设计相应的动态评价选择集，我们将其分为 5 个等级。设动态评价选择集 $V=\{(\overleftarrow{V_1}, \overrightarrow{V_1}), (\overleftarrow{V_2}, \overrightarrow{V_2}), (\overleftarrow{V_3}, \overrightarrow{V_3}), (\overleftarrow{V_4}, \overrightarrow{V_4}), (\overleftarrow{V_5}, \overrightarrow{V_5})\}$，其中 V_1 = 非常好，V_2 = 比较好，V_3 = 一般，V_4 = 比较差，V_5 = 非常差。由于评价选择存在动态方向性，以数轴圆点为中心，规定"←"表示"负变化"，即相应评价指标有越来越差的趋势；"→"表示"正变化"，即相应评价指标有越来越好的趋势。高校信息公开政策实施效果的综合评价结果是用动态模糊集合表示的，直观性不强，有时候需要对其进行单值化处理来合成最终的评价结果分数。为满足对后期评价结果进行单值化处理的要求，需要为各个评价选择等级的隶属度赋予相应的分数，即非常好=95 分，比较好=85 分，一般=75 分，比较差=65 分，非常差=55 分，设计的分值向量集 $C=(95, 85, 75, 65, 55)$。

（4）构建动态模糊评价矩阵

评审小组成员分别对评价指标体系指标层中各项评价指标进行单项指标评判，建立单项指标评价向量 $Ri=\{(\overleftarrow{ri1}, \overrightarrow{ri1}), \cdots, (\overleftarrow{rij}, \overrightarrow{rij}), \cdots, (\overleftarrow{rim}, \overrightarrow{rim})\}$，其中 i 表示指标层中的第 i 个指标，m 表示评价选择集的等级数，$(\overleftarrow{rij}, \overrightarrow{rij})$ 表示评价指标集中的第 i 项指标具有动态评价选择集中 $(\overleftarrow{V_j}, \overrightarrow{V_j})$ 的程度，即隶属 $(\overleftarrow{V_j}, \overrightarrow{V_j})$ 的隶属度。通过对高校信息公开政策实施效果评价指标体系中 16 项评价指标进行评价，则构成单项指标动态模糊评价矩阵 $R=\begin{bmatrix} R_{B1} \\ R_{B2} \\ R_{B3} \\ R_{B4} \\ R_{B5} \end{bmatrix}$，其中 $R_{B1}=$

$$\begin{bmatrix}R_1\\R_2\\R_3\\R_4\end{bmatrix},R_{B2}=\begin{bmatrix}R_5\\R_6\\R_7\end{bmatrix},R_{B3}=\begin{bmatrix}R_8\\R_9\\R_{10}\end{bmatrix},R_{B4}=\begin{bmatrix}R_{11}\\R_{12}\\R_{13}\end{bmatrix},R_{B5}=\begin{bmatrix}R_{14}\\R_{15}\\R_{16}\end{bmatrix},R_{B1},R_{B2},R_{B3},$$

R_{B4}，R_{B5} 分别代表准则层中事实标准 $B1$、价值标准 $B2$、公开标准 $B3$、平台标准 $B4$ 及公众标准 $B5$ 的单项指标评价矩阵。

（5）合成综合评价结果

通过动态模糊评价矩阵 R 将指标权重集转换成等级动态模糊向量 $B = W_A \circ R_A$。常用的合成算子有三种，分别是 $M(\wedge,\ \vee)$、$M(\cdot,\ \vee)$、$M(\cdot,\ \oplus)$，三种算子分别具有各自的特点，可根据实际情况进行选择[76]。在模糊算子的选择上，为了提供评价结果的客观准确性，应利用高校信息公开政策方案评价指标的全部评价信息，我们采用 $M(\cdot,\ \oplus)$ 加权平均综合决定模型。高校信息公开政策实施效果评价的动态模糊综合评价结果是一个动态模糊向量，如要进行多项高校信息公开政策实施效果的对比分析，还需要利用向量单值化法将 B 转化为普通的动态模糊数值。向量单值化法在考虑了所有因子的作用下，将最终的评价结果转化为单值，该方法既具有综合全面客观性，也保证评价结果体现动态模糊性[77]。

8.3.5 高校信息公开政策实施效果评价模拟实验

进行模拟实验对评价指标体系及其模型进行验证，假设要对某项高校信息公开政策实施效果进行评价分析。先选高校教师、高校学生、社会利益公众、高校信息公开办公人员、评价专家各 20 人分别组成相应的 5 类参评小组，然后将各组相应的调查问卷发放给参评小组成员。调查问卷按照高校信息公开政策实施效果评价指标体系进行设计，让小组成员结合评价指标体系中各项指标的具体含义进行单项指标评价，问卷中每项指标所处状态有 5 种等级。在进行调查问卷的过程中，需要向参与问卷调查的各类代表人员提供足够多的相关背景信息，如高校信息公开指南建设及发布情况、高校信息公开网站平台建设情况、各类公众的高校信息公开意识提升情况等。最后将调查问卷表的数据进行汇总为政策实施效果单项评价结果数据表，见表 8-17。

表 8-17 某项高校信息公开政策实施效果单项评价结果数据表

一级指标	二级指标	评判等级及其变化趋势（“←”表示“负变化”；“→”表示“正变化”）									
		非常好	非常好	比较好	比较好	一般	一般	比较差	比较差	非常差	非常差
（准则层）	（指标层）	←	→	←	→	←	→	←	→	←	→
事实标准 B1	生产力标准 C1	12	8	14	18	20	7	11	10	0	0
	效益标准 C2	10	15	28	22	6	8	6	4	1	0
	效率标准 C3	15	14	16	24	9	10	5	7	0	0
	力度标准 C4	18	12	21	19	12	9	5	2	1	1
价值标准 B2	利益标准 C5	8	10	19	23	8	10	10	11	1	0
	稳定标准 C6	10	9	12	14	19	20	9	7	0	0
	公平标准 C7	17	14	13	14	10	16	7	6	2	1
公开标准 B3	依申请公开 C8	13	11	10	13	9	16	15	12	1	0
	公开指南、目录、年度报告 C9	16	19	14	23	11	9	4	3	1	0
	信息公开救济 C10	10	16	13	19	15	11	10	4	1	1
平台标准 B4	机构健全度 C11	15	15	18	19	13	6	7	4	2	1
	公开网站平台 C12	19	17	20	18	11	8	3	2	1	1
	其他公开场所 C13	16	13	14	17	17	15	3	4	1	0
公众标准 B5	政策回应度 C14	14	13	20	14	15	18	3	3	0	0
	公众认知度 C15	21	19	12	16	15	13	1	2	1	0
	社会影响力 C16	14	13	20	14	15	18	3	3	0	0

以第 5 项二级评价指标利益标准 C5 为例来说明如何构造单项模糊评价矩阵，评价小组共 100 位成员对该项高校信息公开政策实施效果在利益标准 C5 方面的表现情况进行评价，即评判该政策实施后产生的效果是否满足了大多数人的利益。调查问卷结果显示：评价小组中 18 位成员认为该实施效果在利益标准方面表现为 V_1 等级，即该实施效果在利益标准上表现非常好，其中 8 位成员认为该实施效果在利益标准方面有越来越差的趋势，10 位成员认为该实施效果在利益标准方面有越来越好的趋势；评价小组中 42 位成员认为该实施效果在利益标准方面表现为 V_2 等级，即该实施效果在利益标准上表现比较好，其中 19 位成员认

为该实施效果在利益标准方面有越来越差的趋势，23 位成员认为该实施效果在利益标准方面有越来越好的趋势；评价小组中 18 位成员认为该实施效果在利益标准方面表现为 V_3 等级，即该实施效果在利益标准上表现一般，其中 8 位成员认为该实施效果在利益标准方面有越来越差的趋势，10 位成员认为该实施效果在利益标准方面有越来越好的趋势；评价小组中 21 位成员认为该实施效果在利益标准方面表现为 V_4 等级，即该实施效果在利益标准上表现比较差，其中 10 位成员认为该实施效果在利益标准方面有越来越差的趋势，11 位成员认为该实施效果在利益标准方面有越来越好的趋势；评价小组中 1 位成员认为该实施效果在利益标准方面表现为 V_5 等级，即该实施效果在利益标准上表现非常差，仅 1 位成员认为该实施效果在利益标准方面有越来越差的趋势，0 位成员认为该实施效果在利益标准方面有越来越好的趋势。因此，通过数据比例转换得到该项高校信息公开政策实施效果的评价指标集中第 5 项评价指标的评价向量集为 $R_5 = \{(\overleftarrow{0.08}, \overrightarrow{0.10}), (\overleftarrow{0.19}, \overrightarrow{0.23}), (\overleftarrow{0.08}, \overrightarrow{0.10}), (\overleftarrow{0.10}, \overrightarrow{0.11}), (\overleftarrow{0.01}, \overrightarrow{0.00})\}$，其他 15 项评价指标的各自评价向量计算方法类似，最后得到 R_1，R_2，…，R_{16}。记 $R_{B1} = \begin{bmatrix} R_1 \\ R_2 \\ R_3 \\ R_4 \end{bmatrix}$，$R_{B2} = \begin{bmatrix} R_5 \\ R_6 \\ R_7 \end{bmatrix}$，$R_{B3} = \begin{bmatrix} R_8 \\ R_9 \\ R_{10} \end{bmatrix}$，$R_{B4} = \begin{bmatrix} R_{11} \\ R_{12} \\ R_{13} \end{bmatrix}$，$R_{B5} = \begin{bmatrix} R_{14} \\ R_{15} \\ R_{16} \end{bmatrix}$，$R_{B1}$，$R_{B2}$，$R_{B3}$，$R_{B4}$，$R_{B5}$ 分别代表准则层中事实标准、价值标准、公开标准、平台标准及公众标准的单项指标评价矩阵。结合上面的对高校信息公开政策实施效果评价指标权重集的计算可知，$W_{B1} = (0.2375, 0.2705, 0.2497, 0.2423)$，$W_{B2} = (0.3057, 0.4267, 0.2676)$，$W_{B3} = (0.2996, 0.4126, 0.2878)$，$W_{B4} = (0.3106, 0.4451, 0.2443)$，$W_{B5} = (0.3506, 0.3506, 0.2988)$，分别得到准则层的各项评价指标事实标准 $B1$ 的动态模糊综合评价结果向量 $B_{B1} = W_{B1} \circ R_{B1}$，价值标准 $B2$ 的动态模糊综合评价结果向量 $B_{B2} = W_{B2} \circ R_{B2}$，公开标准 $B3$ 的动态模糊综合评价结果向量 $B_{B3} = W_{B3} \circ R_{B3}$，平台标准 $B4$ 的动态模糊综合评价结果向量 $B_{B4} = W_{B4} \circ R_{B4}$，公众标准 $B5$ 的动态模糊综合评价结果向量 $B_{B5} = W_{B5} \circ R_{B5}$。通过动态模糊运算，可求出准则层的各项动态模糊综合评价结果向量集合 $B1$ 事实标准 $B_{B1} = \{(\overleftarrow{0.1366}, \overrightarrow{0.1236}), (\overleftarrow{0.1998}, \overrightarrow{0.2082}), (\overleftarrow{0.1153}, \overrightarrow{0.0850}), (\overleftarrow{0.0670}, \overrightarrow{0.0569}), (\overleftarrow{0.0051}, \overrightarrow{0.0024})\}$、$B2$ 价值标准 $B_{B2} = \{(\overleftarrow{0.1126}, \overrightarrow{0.1064}), (\overleftarrow{0.1441}, \overrightarrow{0.1675}), (\overleftarrow{0.1323}, \overrightarrow{0.1587}), (\overleftarrow{0.0877}, \overrightarrow{0.0796}), (\overleftarrow{0.0084},$

$\overrightarrow{0.0027})\}$、$B3$ 公开标准 $B_{B3}=\{(\overleftarrow{0.1337},\ \overrightarrow{0.1574}),(\overleftarrow{0.1251},\ \overrightarrow{0.1885}),(\overleftarrow{0.1155},\ \overrightarrow{0.1167}),\ (\overleftarrow{0.0902},\ \overrightarrow{0.0598}),\ (\overleftarrow{0.0100},\ \overrightarrow{0.0029})\}$、$B4$ 平台标准 $B_{B4}=\{(\overleftarrow{0.1702},\ \overrightarrow{0.1540}),(\overleftarrow{0.1791},\ \overrightarrow{0.1807}),(\overleftarrow{0.1309},\ \overrightarrow{0.0909}),(\overleftarrow{0.0424},\ \overrightarrow{0.0311}),(\overleftarrow{0.00131},\ \overrightarrow{0.0076})\}$、$B5$ 公众标准 $B_{B5}=\{(\overleftarrow{0.1645},\ \overrightarrow{0.1510}),(\overleftarrow{0.1720},\ \overrightarrow{0.1470}),(\overleftarrow{0.1500},\ \overrightarrow{0.1625}),(\overleftarrow{0.0230},\ \overrightarrow{0.0265}),(\overleftarrow{0.0035},\ \overrightarrow{0.0000})$ 。

令 $R_{BN}=B_{BN}(N=1,\ 2,\ 3,\ 4,\ 5)$，$B_{BN}(N=1,\ 2,\ 3,\ 4,\ 5)$ 对应目标层的单项指标评价矩阵 R_A 的第 N 行，得到

$$R_A=\begin{bmatrix} 0.1366 & 0.1236 & 0.1998 & 0.2082 & 0.1153 & 0.0850 & 0.0670 & 0.0569 & 0.0051 & 0.0024 \\ 0.1126 & 0.1064 & 0.1441 & 0.1675 & 0.1323 & 0.1587 & 0.0877 & 0.0796 & 0.0084 & 0.0027 \\ 0.1337 & 0.1574 & 0.1251 & 0.1885 & 0.1155 & 0.1167 & 0.0902 & 0.0598 & 0.0100 & 0.0029 \\ 0.1702 & 0.1540 & 0.1791 & 0.1807 & 0.1309 & 0.0909 & 0.0424 & 0.0311 & 0.0131 & 0.0076 \\ 0.1645 & 0.1510 & 0.1720 & 0.1470 & 0.1500 & 0.1625 & 0.0230 & 0.0265 & 0.0035 & 0.0000 \end{bmatrix}$$

结合 B 相对于 A 评价指标权重集 $W_A=(0.1833,\ 0.1430,\ 0.2915,\ 0.2368,\ 0.1453)$，计算得到该项高校信息公开政策实施效果评价结果 $B=\{(\overleftarrow{0.1443},\ \overrightarrow{0.1422}),\ (\overleftarrow{0.1611},\ \overrightarrow{0.1812}),\ (\overleftarrow{0.1265},\ \overrightarrow{0.1174}),\ (\overleftarrow{0.0645},\ \overrightarrow{0.0505}),\ (\overleftarrow{0.0087},\ \overrightarrow{0.0035})\}$。假如对评价结果 B 按照最大隶属度进行分析处理，则该项高校信息公开政策实施效果最终评价结果 $B=\{(\overleftarrow{0.1611},\ \overrightarrow{0.1812})\}=\overrightarrow{0.3423}$，对应于比较好的评价等级，并表现出有越来越好的变化趋势。

将高校信息公开实施效果作为评价客体的高校信息公开政策实施效果评价既是高校信息公开政策评价的一部分，也是高校信息公开政策研究领域的重要理论和实践问题。高校信息公开制度建设的目的不是建立一些条条框框或仅反映在纸面上的规则规范，而是要落实在大学的治理与发展中，其中一个途径即是对高校信息公开进行绩效评估，并将信息公开的绩效评估结果作为大学评价评估的新型指标。针对高校信息公开政策实施效果进行动态模糊评价，应密切关注高校信息公开政策执行的发展变化方向，以便及时地对相应政策进行干预和纠偏工作，从而更好地提高高校信息公开政策执行绩效并使其发挥最优的政策效应。

参考文献

[1] [美] 威廉·N. 邓恩，著；谢明，等译. 公共政策分析导论 [M]. 第二版. 北京：中国人民大学出版社，2002：435-450.

[2] 陈振明. 政策科学——公共政策分析导论 [M]. 第二版. 北京：中国人民大学出版社，2003：308-309.

[3] 马海群. 现代大学治理中的高校信息公开制度之正当性 [J]. 图书情报工作，2012，56 (6)：5-6，19.

[4] 高洁. 公共政策评估主体性原则思考 [J]. 理论探索，2007，(3)：127-128，160.

[5] 杨红良. 制定公共政策评估标准的原则 [J]. 党政论坛，2009，(5)：30-31.

[6] 孙铭蔚，马海群. 面向信息政策方案的综合评价模型构建及模拟实验 [J]. 情报理论与实践，2010，33 (4)：90-93.

[7] 何颖. 论政策评估标准的设定 [J]. 中国行政管理，1996 (5)：25-26.

[8] [美] 卡尔·帕顿，大卫·沙维奇，著；孙兰芝，等译. 宁骚，校. 公共政策分析和规划的初步方法 [M]. 第二版. 北京：华夏出版社，2002，7：203-238，283.

[9] 刘家顺，王永青，万志芳，等. 政策科学研究第二卷：政策研究方法 [M]. 北京：人民出版社，2000：200-230.

[10] 刘进才. 公共政策评估的模糊数学方法 [J]. 中共中央党校学报，2001，5 (1)：103-106.

[11] 顾建光，王树文. 公共政策分析概论 [M]. 上海：上海人民出版社，2007：204-206.

[12] 刘作仪，陈晓田. 科学研究评价的性质、作用、方法及程序 [J]. 科研管理，2002，23 (2)：33-40.

[13] 高兴武. 公共政策评估：体系与过程 [J]. 中国行政管理，2008 (2)：58-62.

[14] 邱均平，文庭孝. 评价学：理论·方法·实践 [M]. 北京：科学出版社，2010：134-135.

[15] 文庭孝. 科学评价理论体系的构建研究 [J]. 重庆大学学报 (社会科学版)，2008，14 (3)：63-69.

[16] 秦越存．价值评价的本质［J］．学术交流，2002（2）：1-6.
[17] 连燕华，马晓光．试论科学研究评价的标准［J］．研究与发展管理，2002，14（1）：63-68.
[18] 连燕华，马晓光．评价要素系统结构分析及模型的建立［J］．研究与发展管理，2000，12（4）：17-20，44.
[19] 张蓉．中国普通高校学费政策评估研究［D］．西北大学硕士学位论文，2009：59-84.
[20] 尹晓敏．高校信息公开：从学术、立法到机制的逻辑［J］．现代教育科学，2010（4）：23-27.
[21] 白常凯．公共政策评估程式的研究［D］．上海：复旦大学，2004：6-8.
[22] 肖远军．司法式政策方案评价模式述评［J］．理论探讨，1996（1）：63-64.
[23] 刘家顺，王永青，万志芳，等．策科学研究第二卷：政策研究方法［M］．北京：人民出版社，2000：192-194.
[24] 邬焜．信息哲学：理论、体系、方法［M］．北京：商务印书馆，2005：346-364.
[25] 杨成虎．分析性政策方案创制的逻辑与程序［J］．领导科学，2010（11）：17-20.
[26] 邵立周，白春杰．系统综合评价指标体系构建方法研究［J］．海军工程大学学报，2008，20（3）：48-52.
[27] 张金马．公共政策分析：概念·过程·方法［M］．北京：人民出版社，2004：460-462.
[28] 宋健峰，袁汝华．政策评估指标体系的构建［J］．统计与决策，2006（22）：63-64.
[29] 韩志明．公共政策方案的结构与逻辑分析［J］．天津行政学院学报，2008，10（3）：52-56.
[30] 闫文仙，罗云丽．公共政策评估研究综述［J］．社会科学论坛（学术研究卷），2008（6）：75-78.
[31] 胡昌平．现代信息管理机制研究［M］．武汉：武汉大学出版社，2004：593-595.
[32] 马费成，胡翠华，陈亮．信息管理学基础［M］．武汉：武汉大学出版社，2002：334-337.
[33] 孙铭蔚，马海群．面向信息政策方案的综合评价模型构建及模拟实验

[J]. 情报理论与实践, 2010, 33 (4): 90-93.

[34] 孙铭蔚, 马海群. 基于加权灰靶决策理论的信息政策方案选优 [J]. 情报理论与实践, 2010, 33 (7): 101-103.

[35] 杜栋, 庞庆华. 现代综合评价方法与案例精选 [M]. 北京: 清华大学出版社, 2005: 3-8.

[36] 邵强, 李友俊, 田庆旺. 综合评价指标体系构建方法 [J]. 大庆石油学院学报, 2004, 28 (3): 74-76, 105.

[37] 李远远, 云俊. 多属性综合评价指标体系理论综述 [J]. 武汉理工大学学报 (信息与管理工程版), 2009, 31 (2): 305-309.

[38] 张波. AHP 基本原理简介 [J]. 西北大学学报 (自然科学版), 1998, 28 (2): 109-113.

[39] 赵玮, 岳德权. AHP 的算法及其比较分析 [J]. 数学的实践与认识, 1995 (1): 25-46, 58.

[40] 骆正清, 杨善林. 层次分析法中几种标度的比较 [J]. 系统工程理论与实践, 2004 (9): 51-60.

[41] 马海群, 吕红. 网络信息资源评价指标体系及其动态模糊评价模型构建研究 [J]. 情报科学, 2011, 29 (2): 166-171.

[42] 张灵莹. 主观指标评价的模糊综合评价方法及应用 [J]. 深圳大学学报 (理工版), 1998, 15 (1): 92-94.

[43] 张梅. 公共图书馆社会价值评估模型构建——基于模糊综合评价法的评估模型研究 [J]. 情报科学, 2011, 29 (2): 261-265.

[44] 张晓平. 模糊综合评判理论与应用研究进展 [J]. 山东建筑工程学院学报, 2003, 18 (4): 90-94.

[45] 马海群, 吕红. 网络信息资源评价指标体系及其动态模糊评价模型构建研究 [J]. 情报科学, 2011, 29 (2): 166-171.

[46] 郭文明, 相景丽, 肖凯生. 群组 AHP 权重系数的确定 [J]. 华北工学院学报, 2000, 21 (2): 110-113.

[47] 刘万里, 刘三阳. AHP 中群决策判断矩阵的构造 [J]. 系统工程与电子技术, 2005, 27 (11): 1907-1908, 1913.

[48] 田钦谟. 模糊综合评价中的若干问题 [J]. 模糊系统与数学, 1996, 10 (2): 62-69.

[49] 田钦谟. 模糊综合评价中的权向量与合成算子 [J]. 大连水产学院学报,

2000，15（1）：55-59.

[50] 李玉琳，高志刚，韩延玲．模糊综合评价中权值确定和合成算子选择［J］．计算机工程与应用，2006（23）：38-42，197.

[51] 教育部政务公开办公室．2011年教育部政府信息公开工作年度报告［EB/OL］．［2013-10-16］．http：//www.moe.gov.cn/publicfiles/business/htmlfiles/moe/year_ more/201203/133313.html.

[52] 马海群．现代大学治理中的高校信息公开制度之正当性［J］．图书情报工作，2012，56（6）：5-6，19.

[53] 顾建光，王树文．公共政策分析概论［M］．上海：上海人民出版社，2007：194-196.

[54] 王春福．试论政策评价及其标准［J］．学术交流，1993（3）：1-4.

[55] 任景明．建立政策评价制度确保科学发展［J］．中国软科学，2005（6）：25-30.

[56] 詹国彬．我国公共政策评估存在的困难及其对策［J］．福建行政学院福建经济管理干部学院学报，2002（2）：37-40.

[57] 王波．公共政策评估：意义、困难和对策［J］．山西经济管理干部学院学报，2003（3）：33-35.

[58] Robert Hazell. Measures of Success for Freedom of Information［EB/OL］．［2013-10-26］．http：//www.esrc.ac.uk/my-esrc/grants/RES-062-23-0164/outputs/Download/469d4723-5363-4e69-b87c-94feacc306dd.

[59] 莫于川，林鸿潮．政府信息公开条例实施指南［M］．北京：中国法制出版社，2008：316-317.

[60] 法治政府研究院．我校教育法研究中心发布的《2010—2011高校信息公开观察报告》获得温家宝总理的批示［EB/OL］．［2013-10-28］．http：//www.cupl.edu.cn/html/news/col173/2012-02/20/20120220145838453113608_ 1.html.

[61] 邱均平，文庭孝．评价学：理论·方法·实践［M］．北京：科学出版社，2010：136-143.

[62] 张于心，智明光．综合评价指标体系和评价方法［J］．北方交通大学学报，1995，19（3）：393-400.

[63] 向小丹．关于建立公共政策评估标准的若干思考［J］．湖南社会科学，2009（4）：189-191.

[64] 张润泽．形式、事实和价值：公共政策评估标准的三个维度［J］．湖南社会科学，2010（3）31-34.
[65] 苏为华．多指标综合评价理论与方法问题研究［D］．厦门大学硕士学位论文，2000，9：13-19.
[66] 郭显光．多指标综合评价中权数的确定［J］．数量经济技术经济研究，1989（11）：49-52，81.
[67] 马海群，吕红．网络信息资源评价指标体系及其动态模糊评价模型构建研究［J］．情报科学，2011，29（2）：166-171.
[68] 吴云燕，华中生，查勇．AHP 中群决策权重的确定与判断矩阵的合并［J］．运筹与管理，2003，12（4）：16-21.
[69] 王光远，欧进萍，汪培庄．动态模糊集［J］．模糊系统与数学，1988，2（1）：1-8.
[70] 刘文彬．模糊综合评价系统研究与实现［D］．河北工业大学硕士学位论文，2003：10.
[71] 李凡长，朱维华．动态模糊逻辑及其应用［M］．昆明：云南科技出版社，1997，11：3-5.
[72] 曹志梅．数据的动态模糊依赖关系及应用研究［D］．苏州：苏州大学，2005，4：5-8.
[73] 陈宝峰，王以廉．动态模糊综合评价法及其应用［J］．北京农业工程大学学报，1991，11（3）：22-24.
[74] 马海群，吕红．C2C 电子商务网站竞争力动态模糊综合评价研究［J］．现代情报，2011，31（10）：3-8.
[75] 曹志梅．基于动态模糊集的图书馆动态模糊综合评价［J］．图书情报工作，2005，49（10）：52-54.
[76] 李玉琳，高志刚，韩延玲．模糊综合评价中权值确定和合成算子选择［J］．计算机工程与应用，2006（23）：38-42，197.
[77] 曹志梅．图书馆动态模糊评价与实证分析［M］．北京：北京图书馆出版社，2007：75-76.